Reihe Psychologie
Band 33

Körperzufriedenheit und Körpertherapie bei essgestörten Frauen

Eine empirische Vergleichsstudie
und die Darstellung eines körpertherapeutischen
Behandlungskonzeptes bei Essstörungen

Julia Forster

Centaurus Verlag
Herbolzheim 2002

Die Deutsche Bibliothek – CIP-Einheitsaufnahme

Forster, Julia:
Körperzufriedenheit und Körpertherapie bei essgestörten Frauen :
Eine empirische Vergleichsstudie und die Darstellung eines körpertherapeuthischen
Behandlungskonzeptes bei Essstörungen / Julia Forster. - Centaurus-Verl., 2002
(Reihe Psychologie ; Bd. 33)
Zugl.: Köln, Univ., Diss., 2001
ISBN 3-8255-0387-9

ISSN 0177-2791

Alle Rechte, insbesondere das Recht der Vervielfältigung und Verbreitung sowie der Übersetzung, vorbehalten. Kein Teil des Werkes darf in irgendeiner Form (durch Fotokopie, Mikrofilm oder ein anderes Verfahren) ohne schriftliche Genehmigung des Verlages reproduziert oder unter Verwendung elektronischer Systeme verarbeitet, vervielfältigt oder verbreitet werden.

© *CENTAURUS Verlags-GmbH & Co. KG, Herbolzheim 2002*

Satz: Vorlage der Autorin
Umschlaggestaltung: Antje Walter, Hinterzarten
Umschlagabbildung: © Bernd Bergmann, Weilheim
Druck: primotec-printware, Herbolzheim

Vorwort

Die vorliegende Promotion handelt von der Arbeit mit eßgestörten Patientinnen und deren Unzufriedenheit mit ihrem eigenen Körper. Aus klinischer Erfahrung und Forschung ist bekannt, daß diese Unzufriedenheit nicht nur eine Konsequenz des Gewichts und/oder Eßverhaltens ist, sondern ein Spiegelbild der spezifischen kognitiven Defizite bezüglich Selbstbild und Selbstwert (Bruch, 1962; Cooper & Fairburn, 1993; Fernandez-Aranda, 1996).

Die Hypothesen der vorliegenden Promotion sind die Resultate langjähriger Beschäftigung mit den Themen Körpertherapie und Körperzufriedenheit bei eßgestörten Patientinnen. Im Laufe der Jahre, in denen ich am Therapiegeschehen des Therapiezentrums für Eßstörungen (TCE) am Max-Planck-Institut für Psychiatrie in München teilnahm, empfand ich es als traurig und erschreckend, welch unrealistische, negative und selbstabwertende Bilder auch normal- bis idealfigurliche, attraktive Frauen von sich hatten. Ich habe mich gefragt, wie man möglicherweise die Unzufriedenheit der Patientinnen mit ihrem Äußeren, welche die Heilung in vielen Fällen unmöglich zu machen scheint, am besten angehen könnte. Nach eigenen klinischen Erfahrungen und ausführlichen Literaturrecherchen bin ich mittlerweile zu der Überzeugung gelangt, daß vor allem der konkreten Beschäftigung mit dem Körper, seinem Aussehen, seiner Attraktivität und seiner Figur (im Rahmen eines multimodalen Psychotherapiekonzeptes) große Beachtung geschenkt werden muß – und zwar in Form einer speziell konzipierten, individuell ausgerichteten Körpertherapie für eßgestörte Patienten.

Mit der Veröffentlichung meiner Arbeit und den gewonnenen Ergebnissen verfolge ich primär das Ziel, letztendlich all den Frauen zu helfen, welche verzweifelt versuchen, ihre Selbstwertprobleme mit einem perfekten Körper wettzumachen, welche nie gelernt haben, ihr Äußeres realistisch einzuschätzen, welche ihr Wohlgefühl allein vom Körper abhängig machen, welche ihren Körper ständig nach einem illusionären Modell verändern wollen, welche sich auf Kosten ihrer Gesundheit dem Diktat der Mode anpassen, welche permanent mit eingezogenem Bauch herumlaufen, welche glauben, liebenswerter zu sein, wenn sie schlanker wären und welchen es bisher nicht gelungen ist, ihren Körper und ihre Figur anzunehmen und wertzuschätzen, anstatt ihn zu quälen und zu zerstören.

Generell allen Frauen wünsche ich, daß sich das hierzulande gängige, nunmehr seit fast vier Jahrzehnten herrschende Schönheitsideal eines makellosen, straffen und untergewichtigen Körpers bald wieder in Richtung Natürlichkeit und Normalgewicht hin entwickelt. Seit Beginn der 90er Jahre erscheint das Ziel, dem Schönheitsideal zu entsprechen, noch utopischer. Viele, traurigerweise besonders junge

Frauen, scheuen derzeit keinerlei Kosten und sehen in der Schönheitschirurgie ihre letzte Chance, um ihren Traumkörper mittels operativer Eingriffe zu realisieren, in der Hoffnung, damit ihre Unzufriedenheiten und Lebensprobleme zu lösen.

Nach einigen Überlegungen habe ich mich aufgrund der Thematik und der ausschließlich weiblichen Probanden der Studie dazu entschlossen, dann die weibliche Sprachform zu verwenden, wenn es sich um geschlechtsrollenspezifische Themen oder um die eigene Studie handelt, in welcher ausschließlich weibliche Patientinnen befragt wurden. Da die Unzufriedenheit mit dem eigenen Aussehen heutzutage auch männlichen Personen Schwierigkeiten bereitet – wenn auch bei heterosexuellen Männern bisher in einem wesentlich geringerem Ausmaß – gelten viele Aussagen gleichermaßen für weibliche und männliche Personen, daher spreche ich in diesen allgemeineren Fällen einfachheitshalber von den Patienten. In keinem Fall sind soziale Etikettierung oder Stigmatisierung beabsichtigt.

Inhalt

	Vorwort	V-VI
1.	Einführung	1
2.	Fragestellung	5
3.	Klassifikation der Eßstörungen Anorexie und Bulimie	7
3.1.	Anorexie	8
3.2.	Bulimie	9
3.3.	Vergleich zwischen Anorexie und Bulimie	11
3.4.	Diagnoseaspekte auf Körperebene	13
3.5.	Vergleich zwischen eßgestörten und nicht-eßgestörten Frauen	14
4.	Ätiologie	17
4.1.	Soziokulturelle Faktoren	18
4.2.	Psycho-soziale Faktoren nach Bruch	22
5.	Stand der Forschung: Körperwahrnehmung	24
5.1.	Begriffsvielfalt	24
5.2.	Strukturierungsversuch	25
5.3.	Körperschema	27
5.4.	Körperbild	29
5.4.1.	Geschichte	30
5.4.2.	Einführung	30
5.4.3.	Definitionen	31
6.	Körperwahrnehmungsstörungen bei Anorexie und Bulimie	33
6.1.	Einführung	33
6.2.	Definitionen	34
6.3.	Charakteristika	35
6.4.	Entstehung	37
6.4.1.	Neurologische oder physische Veränderungen	38
6.4.2.	Soziokulturelle Einflüsse	38
6.4.3.	Entwicklungspsychologische Aspekte nach Bruch	39
6.4.4.	Entwicklung der Sexualität	40
6.4.5.	Autonomie und Effektivität	40
6.4.6.	Bedeutung von sozialer Entwertung	41
6.4.7.	Negativer sozialer Vergleich	41
6.4.8.	Einflüsse durch Freunde	42
6.4.9.	Selbstwert	42
6.4.10.	Tragfähige Beziehungen	43
6.4.11.	Weitere Einflußfaktoren	43

7.	Bedeutung der äußeren Erscheinung	45
7.1.	Fremd- und Selbsteinschätzung	45
7.2.	Stereotypien bezüglich des Äußeren	45
7.3.	Einflußmöglichkeiten auf die eigene Attraktivität	46
8.	Körperzufriedenheit	48
8.1.	Bedeutung der Körperzufriedenheit	48
8.2.	Definition	49
8.3.	Studien zur Körperzufriedenheit	50
8.3.1.	Körperzufriedenheit in der Normalbevölkerung	51
8.3.2.	Körperzufriedenheit bei eßgestörten Frauen	55
8.3.3.	Körperzufriedenheit im Zusammenhang mit Persönlichkeitsmerkmalen und Krankheitssymptomen	57
9.	Therapie von Eßstörungen	59
9.1.	Ambulante und teilstationäre Methoden	60
9.2.	Gruppenmethoden	61
9.3.	Interdisziplinäre Kooperation relevanter Fachgebiete	62
9.4.	Unterschiedliche psychotherapeutische Ansätze	62
9.5.	Innovative, multimodale Behandlungskonzepte	63
9.6.	Therapieziele eßgestörter Patienten	64
10.	Körpertherapie bei Eßstörungen	66
10.1.	Geschichte der Körperpsychotherapie	66
10.2.	Einführung in die Theorie der Körpertherapien	67
10.3.	Vernachlässigung konkreter Körperarbeit in der heutigen Praxis	70
10.4.	Ansätze zur Behandlung von Körperbildstörungen	72
10.5.	Körpertherapeutische Verfahren bei Eßstörungen	74
10.5.1.	Tanztherapie	74
10.5.2.	Konzentrative Bewegungstherapie	76
10.5.3.	Feldenkrais-Methode	78
10.6.	Experimentelle Versuche zur Veränderung des Körperbildes	80
11.	Das Therapiezentrum für Eßstörungen (TCE)	83
11.1.	Einführung	83
11.2.	4-Phasen-Therapiemodell	84
11.3.	Gruppenansatz	86
11.4.	Therapiebausteine	87
11.4.1.	Gesprächspsychotherapie	87
11.4.2.	Ernährungsprogramm	88
11.4.3.	Kunsttherapie	88
11.4.4.	Sozialtraining	89
11.4.5.	Therapeutische Wohngruppen	89
11.4.6.	Familien- und Angehörigengruppen	90
12.	Die Körpertherapie am TCE	92
12.1.	Einführung	92
12.2.	Themen	93
12.2.1.	Körper- und Sinneswahrnehmung	93

12.2.2.	Sport, Bewegung, Hyperaktivität	94
12.2.3.	Entspannung	94
12.2.4.	Figurprobleme und mangelnde Körperzufriedenheit	95
12.2.5.	Kleidung, Körperpflege und Kosmetika	95
12.2.6.	Zwischenmenschliche Nähe und Distanz	96
12.2.7.	Frausein und Sexualität	97
12.3.	Ablauf und Übungen	98
12.4.	Ziele	107
13.	Hypothesen	111
14.	Methoden zur Operationalisierung der Körperwahrnehmung	113
14.1.	Verfahren zur Erfassung der Körperwahrnehmung	113
14.2.	Fragebögen zur Selbstbeurteilung des Körperbildes	113
15.	Methodik und Verlauf der Untersuchung	115
15.1.	Beschreibung der Patientenauswahl	115
15.1.1.	Ausschlußkriterien und Therapieabbrecher	115
15.1.2.	Soziodemographische Patientenmerkmale	117
15.1.3.	Klinische Patientenmerkmale	118
15.2.	Beschreibung der Vergleichsgruppe	120
16.	Fragebogen zur Selbstbeurteilung der Körperzufriedenheit	123
16.1.	Konzeption und Inhalt des Fragebogenkatalogs	123
16.2.	Eating Disorder Inventory (EDI)	125
16.3.	Body Attitude Test (BAT)	126
16.4.	Fragebogen zur Beurteilung des eigenen Körpers (FBK)	127
16.5.	Body Shape Questionnaire (BSQ)	127
16.6.	Semantisches Differential (SED)	128
17.	Datenerhebung und -verarbeitung	129
17.1.	Untersuchungsplan	129
17.2.	Auswertung des Datenmaterials zur Körperzufriedenheit	130
17.2.1.	Antwortkategorien und Normalisierung	130
17.2.2.	Rechenoperationen, Analyseverfahren und Signifikanzniveau	131
18.	Ergebnisse	133
18.1.	Gewichtsveränderungen	133
18.2.	Veränderung der Körperzufriedenheit der eßgestörten Patientinnen	135
18.2.1.	Ergebnis des EDI: Subskala „Drang, dünn zu sein"	138
18.2.2.	Ergebnis des EDI: Subskala „Körperunzufriedenheit"	139
18.2.3.	Ergebnis des Body Attitude Tests	141
18.2.4.	Ergebnis des FBK: Subskala „Attraktivität und Selbstvertrauen"	143
18.2.5.	Ergebnis des Body Shape Questionnaires	144
18.2.6.	Ergebnis des Semantischen Differentials	146
18.3.	Vergleich der Körperzufriedenheit eßgestörter und nicht-eßgestörter Frauen	148
18.4.	Vergleich der Körperzufriedenheit anorektischer und bulimischer Patientinnen	150
18.5.	Ergebnis hinsichtlich der angewendeten Meßinstrumente	152

19.	Diskussion der Ergebnisse	154
19.1.	Diskussion der Nebenergebnisse	154
19.1.1.	Gewichtsnormalisierung	154
19.1.2.	Vergleich der Körperzufriedenheit der behandelten Patientinnen mit den nicht-eßgestörten Frauen	156
19.1.3.	Vergleich der Körperzufriedenheit der anorektischen mit den bulimischen Patientinnen	157
19.1.4.	Vergleich der angewendeten Meßinstrumente	158
19.2.	Diskussion des Hauptergebnisses: Körperzufriedenheit der eßgestörten Patientinnen im Vergleich vor und nach der Therapie	160
19.3.	Kritische Betrachtung der Ergebnisse und methodische Probleme	162
19.4.	Ausblick	170
20.	Zusammenfassung	177
21.	Anhang	181
	Anhang 1: Untersuchungsergebnisse zum Thema Über- und Unterschätzung der Körperdimensionen bei Anorexie und Bulimie	182
	Anhang 2: Verfahren zur Erfassung der Körperwahrnehmung	183
	Anhang 3: Anregungen für Körperbild-Curricula zur Prävention von Körperbild-Störungen	184
	Anhang 4: Selbstbeurteilungsverfahren zur Erfassung des Körperbildes	186
	Anhang 5: Arbeitsmaterial des TCE	188
	Anhang 5.1: Körpertherapie-Konzept des TCE	188
	Anhang 5.2: Symptomsammlung	197
	Anhang 5.3: Symptom-Zielplan einer bulimischen und übergewichtigen Patientin	199
	Anhang 5.4: Symptom-Zielplan einer anorektischen und untergewichtigen Patientin	201
	Anhang 5.5: Angsthierarchie – Teil 1 (Tagklinik-Phase)	203
	Angsthierarchie – Teil 2 (Ambulante Phase)	204
	Anhang 5.6: Hausaufgabenpaß (Muster)	205
	Anhang 5.7: Selbstdokumentationen	206
	Anhang 6: Body-Maß-Index und Broca-Formel	210
	Anhang 7: Übersicht: Aufbau und Inhalt des Fragebogens zur Selbstbeurteilung der Körperzufriedenheit	211
	Anhang 8: Soziodemographische und klinische Daten der Patientinnen	212
	Anhang 9: Soziodemographische und klinische Daten der Vergleichsgruppe	213
	Anhang 10: Fragebogen-Muster: Fragebogen zur Selbstbeurteilung der Körperzufriedenheit	214
	Anhang 11: Interview mit der Körpertherapeutin des TCE am Max-Planck-Institut für Psychiatrie	223
22.	Literaturverzeichnis	228

Tabellenverzeichnis

Tab. 1: Diagnostische Kriterien für 307.1 (F50.00; F50.01) der Anorexia nervosa nach DSM-IV   8
Tab. 2: Diagnostische Kriterien für 307.51 (F50.2) der Bulimia nervosa nach DSM-IV   10
Tab. 3: Vergleich zwischen Anorexie und Bulimie   12
Tab. 4: Die wichtigsten Merkmale bezogen auf die Körperwahrnehmung eßgestörter Patienten nach DSM-III-R (1989), DSM-IV (1997) und ICD-10 (1995) im Überblick   13
Tab. 5: Verschiedene deutschsprachige Konzepte zur Körperlichkeit   24
Tab. 6: Verschiedene englischsprachige Konzepte zur Körperlichkeit   24
Tab. 7: Strukturierungsversuch des Phänomens Körperwahrnehmung   26
Tab. 8: Die wichtigsten Ergebnisse hinsichtlich Über- und Unterschätzung der Körperdimensionen   29
Tab. 9: Zusammenfassung wichtiger Ergebnisse bezüglich des Körperbildes   32
Tab.10: Begriffsabgrenzung: Körperwahrnehmungs-, Körperschema- und Körperbildstörungen   34
Tab.11: Wahrnehmungs- und Denkstörung bei eßgestörten Patienten nach Bruch   35
Tab.12: Charakteristika der Körperstörungen bei Eßstörungen   36
Tab.13: Mangelnde Körperzufriedenheit im Vergleich: 1972 und 1985   53
Tab.14: Körperzufriedenheit bei anorektischen und bulimischen Patienten   55
Tab.15: Die wichtigsten Ergebnisse zur Körperzufriedenheit bei Eßstörungen   57
Tab.16: Ergebnisse zur Körperzufriedenheit im allgemeinen   58
Tab.17: Zentrale Therapieziele eßgestörter Patienten   65
Tab.18: Einige wichtige Grundregeln körpertherapeutischen Vorgehens   69
Tab.19: Zusammenfassung: Bedeutung der Körperarbeit für die klinische Praxis   72
Tab.20: Ziele der einzelnen Therapiephasen am TCE   86
Tab.21: Vorgehen und Ziele der Gesprächsgruppen   87
Tab.22: Wochenstundenplan des TCE   91
Tab.23: Themen der Körpertherapie am TCE   93
Tab.24: Inhalte der Körpertherapie   106
Tab.25: Elemente körperorientierter Therapie bei Eßstörungen   107
Tab.26: Die zentralen Ziele der Körpertherapie   109
Tab.27: Übungen, Ziele und Themen der Körpertherapie   110
Tab.28: Therapieabbrecher und von der Untersuchung ausgeschlossene Patientinnen   117
Tab 29: Soziodemographische Daten der Probanden   118
Tab.30: Unterschiede zwischen Anorexie- und Bulimie-Patientinnen bzgl. klinischer Daten im Vergleich   119
Tab.31: Therapeutische Vorerfahrungen der Patientinnen   120
Tab.32: Soziodemographische Daten der Vergleichsgruppe   121
Tab.33: Untersuchungsplan für die Analyse   129
Tab.34: Vergleich der Mittelwerte der Skalengesamtscores zu den verschiedenen Phasen der Behandlung der eßgestörten Patienten   137
Tab.35: Vergleich der Anorexie- und Bulimiepatientinnen hinsichtlich der Skalscores der verschiedenen Instrumente   151

Abbildungen

Abb. 1: Schlankheitswunsch bei Kindern und Jugendlichen — 15
Abb. 2: Schönheits- und Wertmaßstäbe westlicher Gesellschaften — 54
Abb. 3: Patientinnenverteilung und Drop-Outs während des Untersuchungszeitraumes — 116
Abb. 4: Mittelwerte des Body-Maß-Index bei Anorexie und Bulimie:Prä-Post-Therapie — 135
Abb. 5: Selbsteinschätzung der Körperzufriedenheit eßgestörter Patientenim Verlauf der Therapie (Mittelwerte-Vergleich) — 136
Abb. 6: Verlauf der Mittelwerte der Items des EDI: „Drang, dünn zu sein" der eßgestörten Patienten (Prä-Post-Vergleich) — 139
Abb. 7: Verlauf der Mittelwerte der Items des EDI „Körperunzufriedenheit" der eßgestörten Patienten (Prä-Post-Vergleich) — 140
Abb. 8: Verlauf der Mittelwerte der Items des BAT der eßgestörten Patienten (Prä-Post-Vergleich) — 142
Abb. 9: Verlauf der Mittelwerte der Items des FBK: „Attraktivität und Selbstvertrauen" der eßgestörten Patienten (Prä-Post-Vergleich) — 144
Abb. 10: Verlauf der Mittelwerte einzelner Items des BSQ der eßgestörten Patienten (Prä-Post-Vergleich) — 145
Abb. 11: Verlauf der Mittelwerte der Items des SED der eßgestörten Patienten (Prä-Post-Vergleich) — 147
Abb. 12: Körperzufriedenheit der nicht-eßgestörten Frauen und der behandelten Patientinnen (1. und 4. Meßzeitpunkt) im Vergleich — 149

Abürzungsverzeichnis

Skalen der Fragebögen
EDI   Eating Disorder Inventory
BAT   Body Attitude Test
FBK   Fragebogen zur Beurteilung des eigenen Körpers
BSQ   Body Shape Questionnaire
SED   Semantisches Differential
EDI(D)   Eating Disorder Inventory: Subskala: Drang, dünn zu sein
EDI(K)   Eating Disorder Inventory: Subskala: Körperunzufriedenheit

Statistische Symbole
M   Arithmetisches Mittel (Mittelwert)
N   Anzahl der Untersuchungspersonen (Probanden)
p   Irrtumswahrscheinlichkeit
SEM   Standardabweichung

Patienten-/Diagnosegruppen und Kontrollgruppe
AN   Anorexie-Patienten/innen
BN   Bulimie-Patienten/innen
KN   Kontrollgruppe
VG   Vergleichsgruppe

Sonstige
TCE   Therapiezentrum für Eßstörungen
               (am Max-Planck-Institut für Psychiatrie in München)
MPI   Max-Planck-Institut für Psychiatrie in München
ÜS   Überschätzung (von Körperdimensionen)
US   Unterschätzung (von Körperdimensionen)
CBT   Kognitiv-verhaltenstherapeutisches Therapieprogramm
DSM   Diagnostisches und Statistisches Manual Psychischer Störungen
ICD   Internationale Klassifikation psychischer Störungen
APA   American Psychiatric Association

Abkürzung in Tabellen
led   ledig
led/1   ledig und 1 Kind
ver   verheiratet
ver/2   verheiratet und 2 Kinder;
a   ambulante Therapie
s   stationäre Therapie;
ts   teilstationäre Therapie

1. Einführung

Zahlreiche Studien belegen, daß die allgegenwärtigen Sorgen um Gewicht und Figur unter den Frauen westlicher Gesellschaften zugenommen haben (Cash, Winstead & Janda, 1986; Rodin, 1993 a,b). Unzufriedenheit mit dem eigenen Körper, seinem Aussehen und seiner Figur, stellt bei Mädchen und Frauen ein weit verbreitetes und teilweise schwerwiegendes Problem dar. Es ist auf diesem Boden auch nicht verwunderlich, daß Eßstörungen in den letzten 15 Jahren bei sinkendem Alter kontinuierlich zugenommen haben.

Es gilt heute als erwiesen, daß die Aspekte Unzufriedenheit mit dem eigenen Körper und extreme Sorgen um die Figur bei der Entstehung und Aufrechterhaltung von Eßstörungen eine entscheidende Rolle spielen (Bunnell, Cooper, Hertz, Shenker, 1992). Das Bild vom eigenen Körper ist bei der psychotherapeutischen Behandlung von Eßstörungen wesentlich. *„Die Körperlichkeit eßgestörter Frauen ist wahrscheinlich der Bereich der Persönlichkeit, der am gravierendsten gestört und auch am schwierigsten zu behandeln ist"* (Gerlinghoff & Backmund, 1995, S. 94). Signifikante Verbesserungen sind nach therapeutischen Interventionen im Bereich Eß-Diät-Verhalten, Erbrechen und Gewichtsnormalisierung wesentlich größer als im Bereich des Körperbildes, garantieren jedoch nicht gleichzeitig eine Verbesserungen hinsichtlich der Zufriedenheitsproblematik bezüglich der äußeren Erscheinung (Rosen, 1996). Untersuchungen zeigten, daß bei eßgestörten Patienten auch nach Überwindung der Eßproblematik die Probleme auf Körperebene oft noch viele Jahre lang bestehen bleiben (Deter & Herzog, 1994; Deter, Manz, Herzog, Müller, 1997). Bruch postulierte bereits 1962, daß die Aufhebung der Körperbildstörung bzw. die Herstellung eines realistischen Körperbildes eine Vorbedingung zur Genese ist.

Nach Meinung verschiedener Autoren auf dem Gebiet der Körperbildforschung bei Eßgestörten können Langzeiterfolge erst dann eintreten, wenn die Patienten gelernt haben, ihren Körper zu akzeptieren und realistisch einzuschätzen (Meermann & Vandereycken, 1987; Bruch, 1991; Gerlinghoff & Backmund, 1995). Oft dauert es bis zu mehreren Jahren bis das Selbstwertgefühl der Frauen nicht mehr alleinig von Figur und Gewicht abhängig gemacht wird und der eigene Körper akzeptiert werden kann. Die Verringerung der Unzufriedenheit mit dem eigenen Körper ist in einzelnen Einrichtungen eines der wichtigsten Ziele der Eßstörungstherapie überhaupt (Gerlinghoff & Backmund, 1995; Meermann & Vandereycken, 1987). Zahlreiche Autoren fordern, körpertherapeutische Elemente mehr und mehr in die Therapieeinrichtungen zu integrieren. Bisher gibt es kaum Informationen über erwiesenermaßen erfolgreiche, systematische und gezielte

Körperbildarbeit und Körpertherapie-Konzepte bei Eßstörungen, welche sich einer empirischen Überprüfung stellten.

Die Motivation der Arbeit entsprang demnach aus der Erkenntnis, daß die Bearbeitung des körperlichen Aspektes der Zufriedenheit mit dem eigenen Körper in den Behandlungsprogrammen für eßgestörte Patienten einerseits von großer Bedeutung ist, andererseits aber vernachlässigt wird und intensiver erfolgen müßte. Hauptanliegen und Ziel dieser Studie ist es daher, auf die enorme, aber vernachlässigte Bedeutung des Aspektes der Körperzufriedenheit hinzuweisen, sowie ein Therapieprogramm vorzustellen, welches explizit auf die Körperbild-Problematik eingeht und somit europaweit noch eine große Ausnahme darstellt: das multifaktorielle, teilstationäre Therapiekonzept des Therapiezentrums für Eßstörungen (TCE) am Max-Planck-Institut für Psychiatrie in München.

Im Mittelpunkt dieser Darstellung steht die Körpertherapie des TCE, welche in jahrelanger Praxisarbeit stets weiterentwickelt wurde. Die vorliegende Publikmachung körperorientierter Therapiemethoden und konkreter Körpertechniken soll zu einem vermehrten Einsatz dieser Verfahren in den Therapieeinrichtungen für Eßstörungen beitragen.

Zusammenfassend lassen sich folgende Gründe aufzählen, welche die Bedeutsamkeit der vorliegenden Thematik für die klinische Praxis aufzeigen:
- Eßstörungen nehmen bei sinkendem Alter kontinuierlich zu (Wakeling, 1996) und haben unter den psychiatrischen Störungen die höchste Mortalitätsrate (DSM-IV, 1997).
- Die langfristigen Therapieerfolge bei Eßstörungen sind in der klinischen Praxis eher enttäuschend. Die direkte Arbeit am Körper scheint laut klinischen Erfahrungen die Therapieerfolge zu verbessern (Rosen, 1996).
- Die Akzeptanz des eigenen Körpers ist eines der problematischsten und gleichzeitig wichtigsten Therapieziele bei eßgestörten Patienten (Gerlinghoff & Backmund, 1995). Stabilere Langzeiterfolge können dann eintreten, wenn die Betroffene gelernt hat, ihren Körper realistisch einzuschätzen und zu akzeptieren. Die Bedeutsamkeit der Körperakzeptanz wird in der therapeutischen Praxis jedoch noch weitgehend ignoriert (Vandereycken, 1989).
- Das Körperbild eßgestörter Patienten sollte im Rahmen einer multimodalen Therapie zusätzlich non-verbal, in einer spezifischen Körpertherapie, angegangen werden. Gesprächspsychotherapie allein erwies sich bisher in einigen Fällen als weniger erfolgreich als die Kombination aus beiden (Vandereycken, 1989).
- Die Publikmachung nachweislich erfolgreicher, körperorientierter Therapie methoden soll zu einem vermehrten Einsatz dieser Verfahren in den Einrichtungen für Eßstörungen führen. Es mangelt an Informationen über konkrete

Körpertechniken, um das Körperbild bei eßgestörten Patientinnen direkt zu verändern (Vandereycken, 1989). Literaturrecherchen zeigten: es gibt hierzu bisher kaum hilfreiche, praxisorientierte und fundierte Literatur.

Die vorliegende Arbeit stellt nach einer kurzen Einführung (Kapitel 1) und der Fragestellung (Kapitel 2) die Klassifikation der Eßstörungen Anorexie (Magersucht) und Bulimie (Eß-Brech-Sucht) dar (Kapitel 3). Dieses Kapitel fokussiert in besonderem Maße die verschiedenen Diagnoseaspekte auf Körperebene. Außerdem werden sowohl die beiden Diagnosen Anorexie und Bulimie miteinander verglichen, als auch eßgestörte und nicht-eßgestörte Frauen bezüglich ihrer Sorge um ihr Körpergewicht. Auf die Entstehung von Eßstörungen wird ansatzweise im Kapitel 4 eingegangen. Das 5. Kapitel befaßt sich mit dem Stand der Forschung auf dem Gebiet der Körperwahrnehmung. Es versucht, das Begriffschaos im Rahmen von Körperschema und Körperbild zu ordnen und Definitionen anzubieten. Das 6. Kapitel geht näher auf die speziellen Körperwahrnehmungsstörungen bei eßgestörten Patienten ein und beleuchtet wichtige Einflußfaktoren. Das 7. Kapitel weist auf die Bedeutung der äußeren Erscheinung in unserem Leben im allgemeinen hin. Es beschreibt, wieviel Einfluß das Aussehen auf menschliches Verhalten und zwischenmenschliche Beziehungen hat. Schließlich kristallisiert sich nach vorangegangenen Definitions-, Abgrenzungs- und Konkretisierungsversuchen für die vorliegende Thematik der Begriff der Körperzufriedenheit heraus, der im Rahmen der Thematik Eßstörungen eine bedeutende Rolle für die Therapie und Langzeitverläufe spielt (8. Kapitel). Das 9. Kapitel zeigt schließlich Therapiemöglichkeiten und -ziele bei Eßstörungen im allgemeinen auf. Das 10. Kapitel geht konkret auf Möglichkeiten der Körpertherapie bei Eßstörungen ein. Es betont einleitend die Defizite auf diesem Gebiet und das Fehlen konkreter Körperbildprogramme für die Behandlung von Eßstörungen. In diesem Kapitel sind bekannte Körpertherapieverfahren vorgestellt, welche den Bezugsrahmen der Körpertherapie am TCE darstellen. Hier werden bereits Anregungen für zukünftiges Vorgehen gegeben. Im weiteren wird das Therapiezentrum für Eßstörungen (TCE) und sein spezielles Konzept vorgestellt (Kapitel 11). Diese Institution erwies sich aufgrund der Betonung des Körperaspektes für das vorliegende Vorhaben zur spezifischen Thematik der Körperzufriedenheit als besonders geeignet. Im weiteren werden in diesem Kapitel die einzelnen Therapiebausteine erläutert. Der Körpertherapie am TCE und seinem speziell konzipiertem und jahrelang erprobtem und stets modifiziertem Konzept ist ein eigenes Kapitel gewidmet, da die ausführliche Schilderung des therapeutischen Vorgehens von besonderer Bedeutung ist und eine Seltenheit in der Literatur darstellt (Kapitel 12). Die Hypothesen der vorliegenden Arbeit sind im Kapitel 13 nachzulesen. Das 14. Kapitel gibt eine Übersicht über die gängigen Methoden zur Operationalisierung des Körperbildes. Das 15. Kapitel beschäftigt sich mit der Methodik der Arbeit: in ihm findet man die Beschreibung der Stichprobe, der Ausschlußkriterien, der Therapieabbrecher und nicht-eßgestörten Vergleichsgruppe. Im 16. Kapitel wird der speziell konzipierte Fragebogenkatalog *Fragebogen zur Selbstbeurteilung der Körperzufriedenheit* vorgestellt. Im 17. Kapitel werden der Untersuchungsplan, die Erhebung und die Auswertung des Datenmaterials beschrieben. Das 18. Kapitel legt die Ergebnisse der angefertigten Studie dar. Im 19. Kapitel werden die Ergebnisse diskutiert und und unter methodischen Gesichtspunkten kritisch beleuchtet sowie Anregungen für weiterführende Forschung gegeben. Das 20. Kapitel gibt eine Zusammenfassung der Studie und deren Resultate.

Im Anhang (21. Kapitel) befinden sich u.a. ergänzende Übersichtstabellen, Arbeitsmaterialien des TCE, dessen Körpertherapie-Konzept, schriftliche Aufzeichnungen einiger Patientinnen zum Thema Körper, ein Musterexemplar des verwendeten Fragebogenkataloges sowie ein ausführliches Interview mit der langjährig praktizierenden Körpertherapeutin des TCE, welche an der Entwicklung des Körpertherapie-Konzeptes maßgeblich beteiligt war. Diese Materialien bieten dem Leser facettenreiche und veranschaulichende Darstellungen zum Thema Körpertherapie bei Eßstörungen. Das Literaturverzeichnis (22. Kapitel) ist am Ende der Arbeit nachzuschlagen.

2. Fragestellung

Mit Gerlinghoff & Backmund (1995), sowie mit Meermann und Vandereycken (1987), gehe ich davon aus, daß eine konkrete Beschäftigung mit dem eigenen Körper und seinem Aussehen bzw. eine systematische Bearbeitung der individuellen Körperbildstörung im Rahmen eines multimodalen Psychotherapie-Konzeptes bei Eßstörungen dazu führt, daß sich die Patientinnen nach Beendigung einer mehrmonatigen Therapie, gemäß ihres subjektiven Selbstempfindens, als zufriedener beschreiben und sich in ihren Körpern wohler fühlen als zu Therapiebeginn.

In der vorliegenden Untersuchung möchte ich daher herausfinden, ob sich die subjektiv empfundene Zufriedenheit mit dem eigenen Körper bei den eßgestörten Patientinnen, welche 12 Monate lang am TCE eine Psychotherapie machen, in positiver Richtung verändert. Ich gehe davon aus, daß die meisten Frauen zu Beginn einer Therapie ihren Körper nicht akzeptieren können und sich unzufrieden und selbstabwertend über diesen äußern. Ferner nehme ich an, daß diese Unzufriedenheit nach der Psychotherapie am TCE, welche neben verschiedenen Therapiebausteinen wie Gesprächspsychotherapie, Ernährungsprogramm, Kunsttherapie, Familientherapie und Sozialem Training ergänzend ein spezielles Körpertherapie-Programm beinhaltet, wesentlich abgenommen hat.

Aufgrund der generellen, weitverbreiteten Unzufriedenheit mit dem eigenen Körper unter Frauen in westlichen Kulturen (Fisher, 1986; Thompson, 1990) wurden bereits Unterschiedsmessungen bezüglich der Körperzufriedenheit bei akut eßgestörten und nicht-eßgestörten Frauen vorgenommen. Die Ergebnisse waren widersprüchlich. Sie besagten entweder, daß sich die nicht-eßgestörten Frauen zwar auch negativ über ihren Körper äußerten, aber in einem wesentlich geringerem Ausmaß als die akut anorektischen oder bulimischen Frauen (Garfinkel, Goldbloom, Davis, Olmstedt, Garner & Halmi, 1992), oder, daß sich die beiden Gruppen nicht wesentlich voneinander unterschieden (Freeman, Thomas, Solyom & Hunter, 1984). Ich möchte daher auch der Frage nachgehen, wie sehr sich der Grad der subjektiv empfundenen Unzufriedenheit mit dem eigenen Körper bei nicht-eßgestörten Frauen erstens, im Vergleich zu den nicht-behandelten eßgestörten Frauen und, zweitens, im Vergleich zu den behandelten Patientinnen meiner Untersuchung nach 12monatiger Therapie unterscheidet. Eine Vergleichsgruppe, bestehend aus 32 nicht-eßgestörten Frauen, diente dazu, einen Orientierungs- und Vergleichswert für eine durchschnittliche Zufriedenheit mit dem eigenen Körper zu liefern.

Ein Vergleich zwischen den beiden Patientinnengruppen (Anorexie und Bulimie) soll außerdem zeigen, ob sich die Diagnosegruppen hinsichtlich ihrer negativen Körperzufriedenheit voneinander unterscheiden. Auch bezüglich dieses Vergleichs sind die bisherigen Ergebnisse widersprüchlich. Die meisten Untersuchungsergebnisse besagen bisher, daß sich die beiden Diagnosegruppen hinsichtlich ihrer Unzufriedenheit stark ähneln (Freeman, et al., 1985; Touyz, Beaumont, Collins & Cowie, 1985). Einzelne Studien besagen jedoch auch, daß restriktive Anorektikerinnen zufriedener sind als Anorektikerinnen des bulimischen Subtypus, als Bulimikerinnen im allgemeinen, und sogar zufriedener als nicht-eßgestörte Kontrollpersonen (Fernandez, Probst, Meermann & Vandereycken, 1994). Meine Frage lautet daher, ob sich der Grad der Unzufriedenheit mit dem eigenen Körper der Anorektikerinnen (bulimischer Subtypus) von dem Zufriedenheitsgrad der bulimischen Frauen unterscheidet.

Eine weitere Frage, welche anhand der Arbeit überprüft werden kann, betrifft die Gewichtsveränderungen der eßgestörten Patientinnen im Verlauf der Therapie. Erfahrungsgemäß können untergewichtige Patienten im Lauf der mehrmonatigen Therapie am TCE eine Gewichtsnormalisierung erreichen und normalgewichtige Patienten ihr Gewicht bei gleichzeitiger Symptomaufgabe aufrechterhalten und stabilisieren. Übergewichtigen Patientinnen gelingt meist eine erhebliche Gewichtsreduzierung in Richtung Normalgewicht.

Die Klärung der Fragen könnte dazu beitragen, neue Perspektiven für eine differenzierte Forschung hinsichtlich einer vermehrten Einbeziehung körpertherapeutischer Elemente in die Diagnostik und Therapie bei eßgestörten Patienten aufzuzeigen. Die vorliegende Untersuchung kann letztendlich keine statistisch abgesicherten Aussagen über die Effektivität der Körpertherapie bei Eßstörungen an sich liefern. Sie soll jedoch den Weg ebnen und Anregungen geben, in weiterführenden, groß angelegten Forschungsarbeiten eine vermutete Effektivität unter Beweis zu stellen.

3. Klassifikation der Eßstörungen Anorexie und Bulimie

Anorexie und Bulimie stellen ein großes Gesundheitsproblem bei weiblichen Jugendlichen und jungen Frauen in der westlichen industrialisierten Welt dar. Untersuchungen zeigen, daß Eßstörungen kontinuierlich zugenommen haben (Wakeling, 1996). Eßstörungen habe unter den psychiatrischen Störungen die höchste Mortalitätsrate (10% bei der Magersucht nach DSM-IV, 1997), vor allem aber beeinflußt eine Eßstörung jeden Aspekt des Lebens der Betroffenen und ihrer Angehörigen.

Anorexie und Bulimie sind zwei der vier Pathologien, die auf Grundlage der diagnostischen Kriterien DSM-IV Störungen des Eßverhaltens darstellen. Bei diesen komplexen Krankheitsbildern sind Probleme der Verhaltensebene sowie der kognitiven, emotionalen und interpersonalen Ebene eng miteinander verbunden. Betroffene versuchen verzweifelt, durch die Manipulation von Nahrungsaufnahme und Körpergewicht psychischen Streß oder Anpassungsschwierigkeiten zu beseitigen oder zu verstecken. Die Patienten beschäftigen sich übermäßig mit ihrem Gewicht und ihrer Figur. Allen Betroffenen gemeinsam ist eine tiefverwurzelte, überwertige Idee und Angst, zu dick zu werden oder zu sein. Die Betroffenen legen eine sehr niedrige Gewichtsschwelle für sich selbst fest. Ein Gewichtsverlust wird als Leistung angesehen, wohingegen eine Zunahme als ein nicht zu entschuldigendes Versagen der eigenen Kontrolle betrachtet wird. Das Selbstwertgefühl der Betroffenen hängt meist übermäßig oder sogar vollständig von ihrer Figur und vom Körpergewicht ab.

Für viele Patienten bedeutet die Eßstörung eine Form des Widerstandes, ein Ausdruck von Protest gegen geforderte Anpassung, eine Ablehnung der Erwachsenenwelt oder ein Nicht-Zurechtkommen mit der etablierten Gesellschaft.

Im Fall der Eßstörungen werden vornehmlich zwei Klassifikationssysteme benutzt: die Feighner-Kriterien (Feighner, Robins, Guze, Woodruff, Winocur & Monuz, 1972) und das Diagnostische und Statistische Manual Psychischer Störungen (DSM; American Psychatric Association, 1980, 1987, 1993). Die erstgenannten sind insbesondere für Wissenschaftler formuliert worden, die letzteren für wissenschaftliche Zwecke und die klinische Praxis. Aufgrund zahlreicher Probleme und Kritiken, die die Feighner-Kriterien hervorgerufen hatten (Vandereycken & Pierloot, 1980; Askevold, 1983), beziehe ich mich in den folgenden Kapiteln zur Klassifikation auf die DSM-Kriterien.

3.1. Anorexie

„In Anbetracht ihrer mutmaßlichen Ätiologie kann die Anorexia nervosa am besten als eine neurotische Störung beschrieben werden; phänomenologisch gesehen paßt ihre Symptomatologie am besten auf die Beschreibung einer psychophysiologischen Störung; und ihr Verlauf ist unverwechselbar dem einer Suchtkrankheit ähnlich."
(Meermann & Vandereycken, 1987, S. 26).

Hauptmerkmale der Anorexie sind die Weigerung des Patienten, ein Minimum des normalen Körpergewichts zu halten, große Angst vor Gewichtszunahme und eine erhebliche Störung der Wahrnehmung der eigenen Figur und des Körperumfanges, sowie die Verleugnung der Krankheit und der Gefahr medizinischer Konsequenzen. Die Anorexie tritt in einem Kontinuum von verschiedenen Schweregraden der Ausprägung des Krankheitsbildes auf.

Tab.1: Diagnostische Kriterien für 307.1 (F50.00; F50.01) der Anorexia nervosa nach DSM-IV

A. Weigerung, das Minimum des für Alter und Körpergröße normalen Gewichts zu halten (z.B. der Gewichtsverlust führt dauerhaft zu einem Körpergewicht von weniger als 85% des zu erwartenden Gewichts; oder das Ausbleiben einer während der Wachstumsperiode zu erwartenden Gewichtszunahme führt zu einem Körpergewicht von weniger als 85% des zu erwartenden Gewichts).

B. Ausgeprägte Angst vor einer Gewichtszunahme oder davor, dick zu werden, trotz bestehenden Untergewichts.

C. Störung in der Wahrnehmung der eigenen Figur und des Körpergewichts, übertriebener Einfluß des Körpergewichts oder der Figur auf die Selbstbewertung oder Leugnen des Schweregrades des gegenwärtigen geringen Körpergewichts.

D. Bei postmenarchalen Frauen das Vorliegen einer Amenorrhoe, d.h. das Ausbleiben von mindestens drei aufeinanderfolgenden Menstruationszyklen (…).

Restriktiver Typus (F 50.00): Während der aktuellen Episode hat die Person keine regelmäßigen „Freßanfälle" oder kein selbstinduziertes Erbrechen, Mißbrauch von Laxantien, Diuretika oder Klistieren gezeigt.
Binge-Eating/Purging-Typus (F 50.01): Während der aktuellen Episode hat die Person regelmäßig Freßanfälle gehabt und hat Purgingverhalten (...) gezeigt.

(leicht verkürzt nach American Psychiatric Association, 1997)

Der restriktive Typus zeigt in höherem Maße emotionale Störungen und neigt eher zu Depressionen als der bulimische Subtypus, welcher im Vergleich eher als extrovertiert, impulsiv und sexuell aktiv beschrieben werden kann (Mitchell, Hatsukammy, Eckert und Pyle, 1985). Bulimische Patientinnen und Anorektikerinnen mit bulimischen Episoden zeigten sich im Vergleich mit restriktiven Anorektikerinnen in verschiedenen Tests bezüglich folgender Kategorien als deutlich auffälliger: Selbstmordgefahr, Triebhaftigkeit, Diebstahl, Alkohol- und Drogenkonsum, emotionale Labilität (Garner, Garfinkel, und O´Shaughnessy, 1985).

Die Mehrheit der veröffentlichten Heilungsraten bei Magersucht liegt zwischen 30 und 50%. *„Ungefähr 40% aller Patienten werden vollständig geheilt, 30% erholen sich beträchtlich, mindestens 20% zeigen keine Veränderungen oder aber eine Verschlechterung, und ca. 9% sterben"*, (Meermann & Vandereycken, 1987, S. 232). Ungünstige Prognosen haben erfahrungsgemäß eher Patientinnen, die zum Krankheitsbeginn schon älter waren, einen längeren Verlauf oder ein sehr niedriges Körpergewicht hatten oder bei denen Bulimie, Erbrechen oder/und Laxantienabusus auftraten. Die Eßstörung frühzeitig zu erkennen ist einer der wichtigsten Behandlungseinflüsse.

3.2. Bulimie

Kennzeichnend für eine Bulimie sind eine andauernde Beschäftigung mit Essen und eine unwiderstehliche Gier nach Nahrung. Der Patient erliegt Heißhunger-Attacken, bei denen große Mengen, meist hochkalorischer Nahrungsmittel in sehr kurzer Zeit konsumiert werden. Der Patient versucht daraufhin, dem dickmachenden Effekt der Nahrung durch verschiedene Verhaltensweisen entgegenzusteuern: selbstinduziertes Erbrechen, Mißbrauch von Abführmitteln, Hungerperioden, Gebrauch von Appetitzüglern, Schilddrüsenpräparaten oder Diuretika. Bulimie-Betroffene schämen sich meist sehr für ihr Eßverhalten und versuchen, die „Freßanfälle" so heimlich wie möglich zu gestalten. Die „Freßattacken" werden typischerweise durch dysphorische Stimmungszustände, zwischenmenschliche Belastungssituationen, intensive Hungergefühle nach diätischer Einschränkung oder durch auf das Körpergewicht, die Figur oder die Nahrung bezogene Gefühle ausgelöst. Im Anschluß an einen Freßanfall kommt es häufig zu vernichtender Selbstkritik und depressiver Stimmung (APA, 1997).

Tab.2: Diagnostische Kriterien für 307.51 (F50.2) der Bulimia nervosa nach DSM-IV

A. Wiederholte Episoden von „Freßattacken". Eine „Freßattacken"-Episode ist gekennzeichnet durch beide der folgenden Merkmale:
(1) Verzehr einer Nahrungsmenge in einem bestimmten Zeitraum (z.B. innerhalb eines Zeitraumes von 2 Stunden), wobei diese Nahrungsmenge erheblich größer ist, als die Menge, die die meisten Menschen in einem vergleichbaren Zeitraum und unter vergleichbaren Bedingungen essen würden.
(2) Das Gefühl, während der Episode die Kontrolle über das Eßverhalten zu verlieren (z.b. das Gefühl, weder mit dem Essen aufhören zu können, noch Kontrolle über Art und Menge der Nahrung zu haben)

B. Wiederholte Anwendung von unangemessenen, einer Gewichtszunahme gegensteuernden Maßnahmen, wie z.B. selbstinduziertes Erbrechen, Mißbrauch von Diuretika, Laxantien oder Klistieren oder anderen Arzneimitteln, Fasten oder übermäßige körperliche Betätigung.

C. Die „Freßattacken" und das unangemessene Kompensationsverhalten kommen drei Monate lang im Durchschnitt mindestens zweimal pro Woche vor.

D. Figur und Körpergewicht haben einen übermäßigen Einfluß auf die Selbstbewertung.

E. Die Störung tritt nicht ausschließlich im Verlauf von Episoden einer Anorexia Nervosa auf.

Purging-Typus: Die Person induziert während der aktuellen Episode regelmäßig Erbrechen oder mißbraucht Laxantien, Diuretika oder Klistieren.
Nicht-Purging-Typus: Die Person hat während der aktuellen Episode andere unangemessene, wie z.b. einer Gewichtszunahme gegensteuernde Maßnahmen gezeigt, wie beispielsweise Fasten oder übermäßige körperliche Betätigung, hat aber nicht regelmäßig Erbrechen induziert oder Laxantien, Diuretika oder Klistieren mißbraucht.

(American Psychiatric Association, 1997)

Das DSM-IV (APA, 1997) beschreibt in seinen Ausführungen explizit die charakteristische Unzufriedenheit eßgestörter Patienten mit ihrem eigenen Körper.

3.3. Vergleich zwischen Anorexie und Bulimie

Die Psychopathologie der verschiedenen Formen der Eßstörungen ist fast identisch (Fairburn & Garner, 1986). Die Erscheinungsformen können sich auch bei ein und derselben Person abwechseln oder überlappen. Die Ähnlichkeit von Bulimie und Anorexie zeigt sich deutlich darin, daß bulimische Patienten im Verlauf ihrer Krankheit meist genauso viel an Gewicht verloren haben wie anorektische Patienten, nur haben diese auf einem anderen Gewichtsniveau mit den „*Diätmaßnahmen*" begonnen (Garner, 1985).

Eine eindeutige Gemeinsamkeit ist die gedankliche Fixierung auf die Themen Gewicht und Essen (Shaw & Fichter, 1996), sowie die extreme Abhängigkeit des Selbstwertempfindens vom eigenen Aussehen und vor allem der Figur.

Bruch (1962, 1991) nannte als weitere, gemeinsame zentrale Problembereiche bei allen eßgestörten Patienten Störungen der proprio- und interozeptiven Wahrnehmung und ein alles durchdringendes Gefühl eigener Unzulänglichkeit. Andere Autoren sehen eine Vorgeschichte von zahlreichen fehlgeschlagenen Versuchen der Gewichtsreduktion als das wesentlich verbindende Merkmal dieser Patientengruppen an.

Hinsichtlich der medizinischen Komplikationen unterscheiden sich die beiden Krankheitsgruppen deutlich voneinander: aufgrund des Erbrechens leiden Menschen mit Bulimie typischerweise u.a. an verschiedenen Zahn(-schmelz/-fleisch)problemen (APA, 1994), an Hypokalimänie mit Folgen wie Nierenerkrankung, Magen-Darm-Störungen, Herzrhythmusstörung, Herzschädigungen, Schädigung der Speiseröhrenwand mit Folgen wie innere Blutungen oder einem tödlichen Riß in der Speiseröhre (Mitchell et al., 1985 a). Für die Anorexie typische medizinische Komplikationen sind: erniedrigte Körpertemperatur, niedriger Blutdruck, geschwollener Bauch, reduzierte Knochendichte und verlangsamter Puls, Störungen des Stoffwechsels und des Elektrolythaushalts, welche zum Tod oder Kreislaufkollaps führen können (Sharp & Freeman, 1993). Die schwere Unterernährung kann auch deutliche Veränderungen im Erscheinungsbild der Haut, Haare und Nägel verursachen (Comer, 1995). Inwieweit sich die beiden Betroffenengruppen grundsätzlich voneinander unterscheiden zeigt folgende Tabelle:

Tab.3: Vergleich zwischen Anorexie und Bulimie

	Anorexie (restriktiver Typus)	Beide Syndrome	Bulimie
Epidemiologie	90-95% weiblich; etwas jünger; ca. 1-3% aller Mädchen vor der Hochschulreife zeigen (prä-)klinische Symptome	Nimmt mit höherem sozioökonomischen Status zu	Mehr als 80% weiblich; etwas älter; 5-13% der Collegebesucherinnen zeigen (prä-)klinische Symptome
Krankheitsverlauf	Häufige Umwandlung in chronische Bulimie		Manchmal Umwandlung in eine chronische essenseinschränkende Anorexie
Körper und Gewicht	Immer Untergewicht; mind. 15% unter Normalgewicht; manchmal phasenweise Stolz oder Zufriedenheit mit dem Körper	Meist mangelnde Körperzufriedenheit	(Stark) schwankendes Gewicht in oder um den Normbereich; meist größere Unzufriedenheit mit dem Körper
Menstruelle Perioden	Fehlen; Amenorrhoe bei 60-100%		Unregelmäßig oder fehlen; Amenorrhoe bei 40-50%
Verhaltensziel	Abnehmen wollen; schonungsloses Streben nach Abmagerung		Nicht zunehmen wollen; Angst vor Zunahme
Therapieverlangen	Gering; sind sich der psychologischen Gestörtheit weniger bewußt		Groß; sind sich der psychologischen Gestörtheit stärker bewußt
Leidensdruck	Gering; starke Verleugnungstendenz		groß
Frau-Sein	Lehnen traditionell weibliche Rolle eher ab; weniger Interesse an Attraktivität		Akzeptieren traditionell weibliche Rolle eher; große Wertlegung auf Attraktivität
Sexualität	Eher sexuell unreif und unerfahren		Eher sexuell erfahrener und aktiver
Verhalten	Erbrechen: bei 15-30%; Angst vor dem Dickwerden, durch erwarteten Kontrollverlust beim Essen; mehr zwanghaft; größere Selbstkontrolle; übermäßige Beherrschung; mißtrauisch, insbesondere gegenüber Fachleuten; weniger antisozial; vor der Störung eher Anpassung an die Eltern; Tendenz der Leugnung familiärer Konflikte	Besessenheit mit Nahrung, Gewicht und Körperfülle; selbst-bezichtigend; oft dysphorisch, schuldbeladen, oft gesellschaftlich isoliert	Erbrechen: bei 85%; Angst vor dem Dickwerden, durch tatsächlichen Kontrollverlust beim Essen; mehr hysterisch; stärkere Impulsivität; weniger mißtrauisch; stärkere Tendenz zu antisozialem Verhalen (Alkohol) vor der Störung eher Konflikte; Tendenz familiäre Konflikte wahrzunehmen

(Quellen: Meermann & Vandereycken, 1987, S. 4; Csef, 1997, S. 384; Comer, 1995, S. 441)

3.4. Diagnoseaspekte auf Körperebene

Körperbezogene Konzepte sind Bestandteile in den verschiedenen Klassifikationssystemen – DSM, Feighner und ICD (Weltgesundheitsorganisation, 1993) – und werden regelmäßig modifiziert. Lange galten vor allem perzeptive Körperschemastörungen zu den vermuteten Hauptmerkmalen der Eßstörungen überhaupt. Das Bild einer ausgezehrten Magersüchtigen, welche sich im Spiegel als „zu dick" wahrnimmt, war lange Zeit beliebt, um das Krankheitsbild zu erklären. Heute wird aufgrund verschiedener empirischer Studien an der Spezifität der Verbindung von Eßstörungen und perzeptiven Störungen gezweifelt (Hsu, 1982), da diese Form der Wahrnehmungsstörung auch bei nicht-klinischen Kontrollpersonen, z.b. während Schwangerschaften (Slade, 1977) oder in der frühen Adoleszenz vorkommt (Halmi, Goldberg, Cunningham, 1977). Perzeptive Störungen können nicht zu den diagnostischen Kriterien gerechnet werden. Dagegen nehmen Diagnosekriterien wie Sorge um Gewicht und Figur und intensive Angst vor dem Dickwerden, trotz stetigem Gewichtsverlust oder Untergewicht, bei der Charakterisierung der Eßstörungen eine bedeutende Rolle ein und stellen primäre Symptome dar.

Tab.4: Die wichtigsten Merkmale bezogen auf die Körperwahrnehmung eßgestörter Patienten nach DSM-III-R (1989), DSM-IV (1997 und ICD-10 (1995) im Überblick

- Weigerung, das Minimum des für Alter und Körpergröße normalen Körpergewichts zu halten (z.B. Körpergewicht von weniger als 85% des zu erwartenden Gewichts).
- Leugnen des Schweregrades des gegenwärtigen geringen Körpergewichts.
- Ausgeprägte Angst vor einer Gewichtszunahme oder vor dem Dickwerden, trotz bestehendem Untergewichts.
- Angst, zu dick zu werden, als tiefverwurzelte, überwertige Idee.
- Festlegung einer sehr niedrigen, scharf definierten Gewichtsgrenze für sich selbst, deutlich unter dem prämorbiden, vom Arzt als optimal oder „gesund" betrachteten Gewicht.
- Störung in der Körperwahrnehmung/Wahrnehmung der eigenen Figur und des Körpergewichts.
- Störungen des Körperbildes, z.B. fühlen sich manche Betroffenen insgesamt als übergewichtig. Andere erkennen, daß sie dünn sind, sind aber dennoch besorgt, daß gewisse Körperpartien (Bauch, Gesäß, Hüften) „zu dick" seien.
- Anwendung eines breiten Spektrums von Verhaltensweisen, um Figur oder Körpergewicht einzuschätzen: übermäßiges Wiegen, zwanghaftes Abmessen von Körperpartien, ständiges Benutzen eines Spiegels.
- Andauernde übertriebene Beschäftigung mit Figur und Gewicht.
- Übertriebener Einfluß des Körpergewichts oder der Figur auf die Selbstbewertung.

Betonungen, wie beispielsweise ausgeprägte Angst oder übertriebener Einfluß, zeigen das Extrem bei Eßgestörten, denn auch bei nicht-klinischen Gruppen ist die Angst vor einer Gewichtszunahme weit verbreitet.

3.5. Vergleich zwischen eßgestörten und nicht-eßgestörten Frauen

Die Früherkennung von Eßstörungen ist schwer, denn eßgestörtes Verhalten zeigt sich nicht immer in einem auffälligen Untergewicht. Eßgestörte, auch magersüchtige Patienten, können genauso übergewichtig sein. Das Gewicht ist also kein Kriterium, um eine Unterscheidung zwischen eßgestörten und nicht-eßgestörten Menschen zu treffen.

Auch der Wunsch nach einer Gewichtsreduzierung ist kein Kriterium, da sich in einzelnen Studien zeigte, daß sich das Ausmaß der Diskrepanz zwischen Wunsch- und Ist-Bild in einer Gruppe normalgewichtiger Kontrollpersonen nicht wesentlich von dem Ausmaß eßgestörter Gruppen unterscheidet (Freemann, Thomas, Solyom & Koopman, 1985; Lehmkuhl, Schmidt & Masberg, 1989-1990). Die Angst vor einer Gewichtszunahme und der Wunsch nach einer Gewichtsreduzierung, einem Körpergewicht unter der Norm und die Unzufriedenheit bezüglich der Figur stellen zwar Hauptcharakteristika für Eßstörungen dar, jedoch sind diese Symptome auch innerhalb der weiblichen Normalbevölkerung weit verbreitet. Die weitverbreitete Unzufriedenheit mit Gewicht und Figur erklärt nicht die Entstehung von Eßstörungen, könnte aber eine Vorbedingung dafür sein.

Besorgniserregend ist das unverhältnismäßig häufige Auftreten unangemessener eßstörungstypischer Verhaltensweisen besonders unter weiblichen Jugendlichen. Es ist schmerzlich, mitansehen zu müssen, wie bereits sehr junge Mädchen ihre Entwicklung durch bizarre Eßgewohnheiten gefährden, da sie sich ein Gewicht wünschen, das weit unterhalb des für ihr Alter und ihre Größe angemessenen Normwertes liegt. Viele Mädchen beschäftigen sich bereits vor Eintritt der Pubertät mit ihrem Körpergewicht und führen Diäten durch.

Dies bestätigte eine aktuelle Studie des Therapiezentrums für Eßstörungen (TCE) am Max-Planck-Institut für Psychiatrie in München im Rahmen eines Präventionsprojektes an sechs bayerischen Gymnasien (1999). Insgesamt nahmen 647 Schüler und Schülerinnen an der Untersuchung teil: 425 Mädchen und 222 Jungen im Alter zwischen 9 und 13 Jahren (M=10,8, SD=0,66). Die Mehrzahl der Kinder befand sich im Bereich des Normalgewichts, aber auch 23% der Mädchen und 17% der Jungen waren untergewichtig, 6-9% übergewichtig bzw. extrem übergewichtig. Die Ergebnisse zeigten: Über die Hälfte der Mädchen (51%) und 1/3 der Jungen (34%) bejahten die Frage, schon einmal den Wunsch, dünner sein zu wollen, gehabt zu haben. 38% der Mädchen und 28% der Jungen gaben an, daß sie schon einmal versucht haben abzunehmen. Auch 16% der untergewichtigen Kinder wollten schon einmal dünner sein, 8% haben schon – trotz Untergewicht – eine Diät gemacht. Die Ergebnisse belegen, daß Kinder schon vor Eintritt in die Pubertät zu einem hohen Prozentsatz Diäten durchführen und unzufrieden mit ihrem momentanen Gewicht sind (Studie des TCE, veröffentlich in: Focus, 37/1999). Einen Teil der Ergebnisse zeigen folgende Grafiken der Abbildung 1:

Abb. 1: Schlankheitswunsch bei Kindern und Jugendlichen

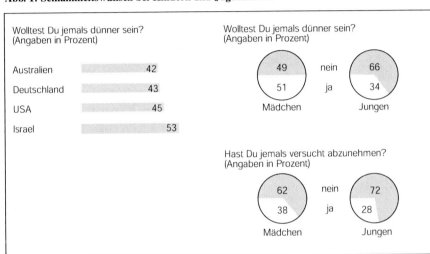

In weiteren Studien zeigten viele Frauen der Normalbevölkerung unangemessenes eßstörungstypisches Verhalten: 50% der Studentinnen gaben periodische Freßanfälle zu, 6% hatten versucht Erbrechen herbeizuführen, 8% hatten mindestens einmal Laxantien ausprobiert (Mitchell et al., 1991) und 41% der jungen berufstätigen Frauen berichteten von Freßanfällen (Hart & Ollendick, 1985).

Hinsichtlich der Schwierigkeit, eßgestörte von nicht-eßgestörten Menschen zu unterscheiden, geben Vandereycken und Meermann (1987, S. 3) folgenden Hinweis:
„Es gibt jedoch auch einen qualitativen (psychopathologischen) Unterschied zwischen anorektischen Patienten und der wachsenden Zahl der von ihrem Körpergewicht besessenen Frauen".
  Immer wieder stellt sich die Frage, wann Untergewicht, Diätverhalten oder Abnehmen den Gefahrenpunkt zur Verschlechterung des Zustandes in Richtung Eßstörung überschreitet oder wer dazu veranlagt ist, ein pathogenes Verhaltensmuster zu entwickeln und warum?

Ein wesentlicher Unterschied zwischen eßgestörten und nicht-eßgestörten Frauen ist der, daß die Frauen der Normalbevölkerung, die zwar angeben, gerne schlanker zu sein, im Gegensatz zu eßgestörten Frauen, meist nicht so viel dafür tun, um ihr Ziel zu erreichen. Ein frühes Warnzeichen ist daher die Rigidiät, mit der am selbst auferlegtem Ernährungs-/Gewichts-/Sport-Programm festgehalten wird.

Entscheidend ist es, zu prüfen, welchen Stellenwert die Themen Schlanksein und Abnehmen im Leben tatsächlich einnehmen. Das heißt, es gilt zu prüfen, mit welcher Häufigkeit und Intensität gezielte, meist inadäquate Verhaltensmaßnahmen ergriffen werden, um das Wunschgewicht zu erreichen. Von Eßstörungen Betroffene ziehen verschiedene, extreme, unangemessene und selbstzerstörerische Maßnahmen heran, um jedes Gramm zu kontrollieren. Anhand dieser verhaltensmäßigen Aspekte könnten eßgestörte von nicht-eßgestörten Menschen unterschieden werden. Regelmäßige Spiegel- oder Gewichtskontrollen, ständiges Wiegen, Kontrollieren und Abmessen des Körperumfangs könnten beispielsweise wichtige Indikatoren sein, um das Risiko einer Eßstörung aufzuzeigen (Huon & Brown, 1984).

Auch körperbezogenes Vermeidungsverhalten wie beispielsweise Spiegel vermeiden, Verstecken des Körpers mittels weiter Kleidung, Vermeidung enganliegender Kleidung, Verhinderung körperlicher Intimität oder das Meiden sozialer Situationen, in denen der Körper gesehen und beurteilt werden könnte, z.B. Schwimmbäder, können Hinweise auf eine Eßstörung sein (Rosen, 1992). Ein sicheres Zeichen dafür, daß etwas nicht in Ordnung ist, ist jedoch die bei Sinken des Körpergewichts wachsende gesellschaftliche Isolation, statt befreiter und befriedigender zwischenmenschlicher Beziehungen (Bruch, 1976).

Es scheint plausibel, daß unsichere und von neurotischen Ängsten geplagte junge Frauen dazu neigen können, ihr Aussehen und ihr Gewicht überzubewerten. Dabei richten sie sich streng danach, was nach dem heutigen Gesellschaftsbild als attraktiv gilt (Clarke & Palmer, 1983).

Bisher wurden nur wenige Vergleichsuntersuchungen zwischen eßgestörten und nicht-eßgestörten Personen veröffentlicht.

4. Ätiologie

In der Vergangenheit wurden zahlreiche Ansätze herangezogen, um die Entstehung von Eßstörungen zu erklären: genetisch-biologische (Vandereycken & Pierloot, 1981; Strober, 1995), soziokulturelle (Rathner, 1996), feministische (Orbach, 1978, 1990), psychodynamische Ansätze (Sayers, 1988; Murray, 1986), entwicklungspsychologisch persönlichkeitsbedingte (Bruch 1973), familiendynamische (Selvini-Palazzoli, 1982) sowie systemische Familienansätze (Minuchin, Rosman & Baker, 1978). Auf die einzelnen Modelle kann hier jedoch nicht näher eingegangen werden.

Theoretiker, Forscher und Praktiker sind sich heute weitgehend einig: Es ist keine einzelne, alleinige Ursache bekannt. Nur eine mehrdimensionale Sichtweise hilft, die komplexe Ätiologie und Pathogenese der Eßstörungen im jeweiligen Einzelfall zu entschlüsseln. Nach Comer (1995, S. 442) sind die entscheidenden Risikofaktoren, eine Eßstörung zu entwickeln, folgende: *„soziokulturelle Belastung, familiäres Milieu, Ich-Schwäche und kognitive Störungen, biologische Faktoren und affektive Störungen"*.

Die Beschreibung eines sehr geringen Selbstwertes sowie Beziehungsprobleme werden heute von vielen Autoren als wichtigste Ursachen für die Entstehung von Eßstörungen angesehen (Bruch, 1962, 1986; Vandereycken, 1989). Das Diäthalten, die scheinbare Kontrolle über den eigenen Körper und seine Entwicklung und die Gewichtsverluste sollen dazu beitragen, den eher geringen Selbstwert der Patienten zu erhöhen.

Grundsätzlich kann eine „stabile gute Bezugsperson" in der Kindheit und Jugendzeit für den späteren Erwachsenen einen Schutz vor Erkrankung darstellen (Tress, 1986).

Als möglicher Faktor zur Entstehung von Eßstörungen wird die Rolle traumatischer sexueller Erlebnisse, die zur Ablehnung der psychosexuellen Reife führen könnten, gesehen (Palmer, 1995). Von 541 Frauen, welche sexuelle Mißbrauchserfahrungen erleben mußten, entwickelten 47% eine Eßstörung (Teegen & Cerney-Seeler, 1999).

Ein weiterer psycho-sozialer Erklärungsansatz versucht heute zunehmend die Bedeutung des elterlichen Bindungsstils zu erhellen (Bowlby, 1969; Garner & Garfinkel, 1985; Armstrong & Roth, 1989; Sharpe, Killen, Bryson, Shisslak, Estes, Gray, Crago & Taylor, 1998).

Nachdem die Forschungsbemühungen zur Erklärung von psychischen Fehlentwicklungen bei Kindern stets verstärkt die Rolle der Mütter fokussiert haben, wird heute immer häufiger auch auf eine defizitäre Rollenfunktion des

Vaters hingewiesen. Hinsichtlich psychosomatischer Krankheiten wird die schützende Rolle des Vaters in bezug auf eine maligne werdende Symbiose mit der Mutter diskutiert. Die Väter würden häufig aufgrund ihrer inneren und/oder äußeren Realität als Dritter fehlen und damit würde der notwendige Prozeß einer präödipalen Triangulierung erschwert werden (Frank, 1987). Oftmals wird der Vater psychosomatisch erkrankter Kinder als fern, hilflos, passiv, weich und schwach (Overbeck, 1985) beschrieben, ist aufgrund von Scheidung, Tod oder Krankheit nicht ansprechbar oder wird als *„schizoid, narzißtisch gestört"* (Wirsching & Stierlin, 1983) charakterisiert. Die haltende Funktion der Mutter kann zur Fessel für das Kind werden („over-protection") und zu einer symbiotischen Abhängigkeit führen. Eine positive Identifikation mit dem Vater kann hiervor Schutz geben.

Aufgrund der speziellen Körper-Thematik sollen hier lediglich zwei Sichtweisen zur Erklärung von Eßstörungen herausgegriffen werden: 1. Soziokulturelle und 2. Psycho-soziale Faktoren, da diese beiden Aspekte bei der Entstehung von Körperwahrnehmungsstörungen am häufigsten genannt werden.

4.1. Soziokulturelle Faktoren

„Das Körpergefühl einer Frau spiegelt unweigerlich ihre Verinnerlichung von vorherrschenden gesellschaftlichen Normen wider. Und je nachdem, wie ihr eigenes Urteil ausfällt (wie ‚in' oder ‚out' ihr Körper ist, gemessen an den zur Zeit herrschenden Normen weiblicher Attraktivität), steigt oder fällt ihre Selbstachtung" (Orbach, 1990, S. 261).

Magersucht und Bulimie sind Krankheiten, die ohne Gesellschaft nicht denkbar wären. Die Gesellschaft schlechthin aber kann es nicht sein, die als pathogenetischer Faktor wirkt. Soziokulturelle Faktoren sind notwendige, aber nicht hinreichende Bedingungen für die Entstehung von Eßstörungen. Sie sind jedoch entscheidend an der derzeitigen Häufigkeitszunahme von Eßstörungen beteiligt (Rathner, 1996).

In jüngster Zeit hat sich das Schlankheitsbewußtsein (und daher auch die Eßstörungen) in allen Schichten und auch unter Männern stärker ausgebreitet (Seligmann, Rogers & Annin, 1994). Die Unzufriedenheit und Sorgen um Aussehen, Gewicht und Figur unter den Frauen und Männern westlicher Gesellschaften, sowie der Druck, gut aussehen zu müssen, steigen stetig (Fisher, 1986; Cash et al., 1986 b, Rodin 1993 a, b). Dennoch sind nur 5%-10% aller Männer von Eßstörungen betroffen. Die Gründe für den extremen Geschlechterunterschied sind noch nicht geklärt, folgende Vermutungen wurden geäußert: Das männliche Ideal-Bild wird auch heute noch als muskulös, stark und athletisch – und nicht als extrem dünn – beschrieben. Außerdem versuchen Männer eher durch Sport als durch Diäten abzunehmen. Als weiterer Unterschied hinsichtlich der Auslöser von Eßstörungen bei Männern und Frauen wird folgendes vermutet: Viele der eßgestörten Männern stehen weniger unter dem Druck, einem Schlankheitsideal gerecht zu werden, sondern sind oft (Spitzen-)Sportler und müssen vielmehr den Erfordernissen bestimmter Sportarten nachkommen (z.B. Jockeys, Ringer). Ihnen geht es weniger um Attraktivität und Schlanksein, als vielmehr um ihre gewichtsabhängige Leistungsfähigkeit.

An Frauen werden allgemein besonders hohe Erwartungen an körperliche und sexuelle Attraktivität gebunden, bei Männern bezieht sich die Attraktivität eher auf die Leistungsfähigkeit. Untergewicht gilt bei Männern als weniger attraktiv.

Schließlich werden Eßstörungen bei Männern wahrscheinlich seltener diagnostiziert als bei Frauen: einerseits, da manche Männer dieses „frauentypische Problem" bewußt verheimlichen und andererseits, weil Kliniker bei Männern womöglich seltener Eßstörungen erkennen. Beispielsweise kann das klinische Merkmal der Amenorrhoe bei Männern kein Indikator sein (Comer, 1995).

Hilde Bruch (1962) war die erste, welche die Zunahme der Häufigkeiten von Eßstörungen auf soziokulturelle Faktoren zurückführte. Diese wären im einzelnen:

- das gesellschaftliche (extreme) Schlankheitsideal und der daraus resultierende Druck,
- die allgemeine, weit verbreitete Unzufriedenheit mit dem eigenen Körper und der Figur,
- die Überbewertung der äußeren Erscheinung vor allem bzgl. Frauen,
- ein Leistungs- und Anpassungsdruck und die Doppelbelastung für Frauen,
- die Stigmatisierung von Übergewicht,
- divergierende Rollenerwartungen an Frauen (Rollenüberlastung).

Schlankheit wird in westlichen industrialisierten Ländern gleichgesetzt mit Kompetenz, Selbstkontrolle, Erfolg und Schönheit. Üppige weibliche Formen werden oft mit einem Mangel an Intelligenz und mit beruflicher Inkompetenz assoziiert (Silverstein, Perdue, Peterson, Vogel & Fantani, 1986). Das daraus resultierende Diätverhalten und andere gewichtsreduzierende Maßnahmen sind die Basis für die Entwicklung einer Eßstörung. Ohne Diät gibt es keine Eßstörung. Anorexie und Bulimie stellen den Endpunkt eines Kontinuums dar. Eßstörungen sind sogenannte „kulturgebundene Syndrome", d.h., sie sind mit zentralen, kulturspezifischen Werten, Normen oder Lebensstilen verbunden (Rathner, 1996).

Anthropologische Studien zeigen, daß das Schlankheitsideal und die Stigmatisierung von Übergewicht keineswegs universell sind. Zu manchen Zeiten und in den meisten nicht-westlichen Gesellschaften wird Körperfülle als attraktiv angesehen und mit Fruchtbarkeit, Gesundheit, Schönheit und Reichtum assoziiert (Fallon, 1990). Epidemiologische Forschungen haben einheitlich vier Risikofaktoren gefunden: westliches Gesellschaftssystem, weibliches Geschlecht, das Alter der Pubertät, Adoleszenz oder junges Erwachsenenalter und *„weiße Herkunft"* (Thompson, Corwin & Sargent, 1996). Von Bedeutung ist ferner, daß vor allem von Magersucht Betroffene überwiegend den oberen sozialen Schichten angehören und meist überdurchschnittlich begabt sind (Gerlinghoff, Backmund & Mai, 1997 b).

Weitere Risikofaktoren sind bestimmte Berufsgruppen, in denen das Aussehen entscheidend ist: Schauspieler, Tänzer, Modells und bestimmte Sportlergruppen oder Homosexualität bei Männern (Fallon, 1990).

Ebenso können ein Unbehagen am traditionellen Rollenverständnis der Frau Ängste vor sich ändernden Lebensumständen und zu erwartende, unklare Leistungsanforderungen erfahrungsgemäß den Übergang von Schlankheit zu Magersucht oder Bulimie begünstigen (Gerlinghoff et al., 1997 b).

Von einer psychodynamischen Sichtweise aus wird angenommen, daß die Frauen Angst haben, erwachsen zu werden und die traditionell weibliche Rolle einzunehmen. Diese klassische Sichtweise wird aber von der feministischen Seite her häufig kritisiert. Statt einer Ablehnung der Weiblichkeit wird angenommen, daß eßgestörte Frauen verzweifelt versuchen, sich in eine stereotype weibliche Rolle einzupassen, aufgezwungen durch eine sexistische Gesellschaft (Smead, 1983). Dies zeigt sich in einem permanenten Streben nach Dünnsein und einer passiven, sich anpassenden und hilflosen Einstellung zum Leben. Die Frauen sehnen sich einerseits nach Anerkennung durch einen Mann, haben aber andererseits eine *„ungeheure Angst vor Männern und deren Macht der Ablehnung"* (Meermann & Vandereycken, 1987, S. 48).

Der Versuch einer rigiden Kontrolle über das Körpergewicht wird von vielen Frauen auch als ein Ersatz für die Kontrolle über die wirklich wichtigen Angelegenheiten ihres Lebens, über die sie keine Kontrolle haben, angesehen (Orbach, 1985). Hinsichtlich der Nahrungsaufnahme und des Gewichts fühlen sich viele der Frauen stark und kontrolliert, auf der anderen Seite erleben sie sich allerdings in „einer von Männern regierten Welt" als unterlegen, machtlos und ohne jegliche Kontrollmöglichkeiten. Die Anorexie ist so gesehen ein hoffnungsloser und selbstzerstörerischer Versuch, die eigene Lebenslage zu verbessern, indem versucht wird, Selbstkontrolle an Stelle einer effektiven Kontrolle über die Welt, in der die Frau lebt, einzusetzen (Lawrence, 1979, S. 100).

Die Medien verbreiten die Bilder untergewichtiger, magersüchtig aussehender Models und die Schönheits- und Fitneßmaßnahmen, mit denen man dieses propagierte Schönheitsideal (angeblich) erreichen könne. Meermann und Vandereycken (1987, S. 176f) beschreiben den starken Druck, unter dem Mädchen und Frauen heutzutage stehen, um dem Mode-Ideal zu entsprechen, folgendermaßen:
„Mannequins, Filmschauspielerinnen und Popstars geben das Vorbild ab. Hierdurch entsteht der falsche Eindruck, daß allein schlanke Menschen Erfolg haben, anziehend sind oder geliebt werden. Dabei zeigte eine Untersuchung, daß zwar die heute modernen Schönheitsmodelle schlanker als in der Vergangenheit sind, daß allerdings das Durchschnittsgewicht der Frau in den letzten 30 Jahren angestiegen ist! Anders ausgedrückt entsteht also eine zunehmend größere Kluft zwischen der Realität (wie ich bin) und dem Ideal (wie ich zu sein versuche). (...) Aus all diesem resultiert, daß viele Frauen mit ihrem Körper unzufrieden sind, da sie die ‚ideale' Figur nicht haben und höchstwahrscheinlich auch nie bekommen werden. Das, was viele Frauen an sich selbst als ‚übergewichtig' beurteilen, ist statistisch gesehen ein Normalgewicht. Andere Frauen, die offensichtlich untergewichtig sind, weigern sich anzuerkennen, daß ihr Gewicht zu niedrig ist. Wieder andere wollen sich operieren lassen, damit ihr Körper schöner wird. (...) Sehr viele machen sich dadurch zum Sklaven dieser Modeerscheinung."

Auch die Mütter haben oft einen Anteil an der Entstehung der Eßstörungen, natürlich unbewußt und ungewollt und meist vermittelt durch die Rolle, die sie als Frau übernommen haben. Auch sie haben meist schon eine langjährige Diätgeschichte hinter sich (Gerlinghoff & Backmund, 1992). Oft äußern Mütter eßgestörter Kinder beispielsweise, sie wünschten sich ihr Kind schlanker – unabhängig davon wie schlank es ohnehin schon ist. In unserer Gesellschaft wird bereits bei Kindern Übergewicht mit negativen Merkmalen und Eigenschaften verbunden. So wachsen Kinder teilweise schon von klein auf mit einem gestörten Verhältnis zu ihrem Körper oder Gewicht auf. Gezügeltes Eßverhalten scheint heutzutage beim weiblichen Geschlecht das „normale" Eßverhalten zu sein.

Es ist auf diesem Boden nicht verwunderlich, daß Eßstörungen in den letzten 15 Jahren bei sinkendem Alter kontinuierlich zugenommen haben.

Weitere soziokulturelle Faktoren zur Entstehung von Eßstörungen werden im Kapitel 6.4.2. geschildert.

4.2. Psycho-soziale Faktoren nach Bruch

Hilde Bruch, als Pionierin der Erforschung und Therapie der Eßstörungen bekannt, entwickelte eine einflußreiche Theorie, die sowohl psychodynamische (insbesondere aus der Psychologie des Selbst) als auch kognitive Vorstellungen vereinigt. Bruch zufolge führen gestörte Mutter-Kind-Interaktionen beim Kind zu schweren Ich-Schwächen (niedriges Selbstwertgefühl, schwaches Autonomie- und Kontrollbewußtsein) und schweren Wahrnehmungs- und anderen kognitiven Störungen, welche gemeinsam Eßstörungen hervorbringen können. Bruch betont zwei Merkmale, die von fundamentaler Bedeutung für die Entwicklung schwerer Eßstörungen sind: *„die Unfähigkeit, Hunger und andere Körperempfindungen zu erkennen, und fehlendes Bewußtsein darüber, daß es das eigene Leben zu leben gilt"* (Bruch, 1991, S. 68). Zweiteres beinhaltet einen *„Mangel an Zutrauen in die Effektivität eigener Gedanken und Handlungen"* (Bruch, 1991, S. 86). Sie faßt die Anorexie als eine Erkrankung im kognitiv-konzeptuellen Feld der Persönlichkeit auf, die sich u.a. auf die Erkennung von Hunger und Sattsein bezieht und durch eine Störung in der frühen Mutter-Kind-Beziehung entsteht.

Ihre Grundhypothese besagt, daß Hunger keine angeborene Fähigkeit oder Wissen, Trieb oder Instinkt ist, sondern daß sowohl die Wahrnehmung als auch die Beherrschung des Hungers gelernt werden muß. Ein Säugling zeige neben einem Verhalten, daß aus ihm selbst heraus initiiert wird, sein Verhalten als Reaktion auf äußere Stimuli. Die Gesundheit oder Gestörtheit des Säuglings hängt davon ab, wie angemessen und differenziert die Umwelt (meist die Mutter) auf ihn reagiert. Angemessene Reaktionen auf Hinweisreize sind notwendig, damit Kinder die bedeutsamen Bausteine für die Entwicklung von Selbstwahrnehmung und eigenständigem Handeln organisieren können. *„Wenn die angeborenen Bedürfnisse des Kindes und die Reaktionen der Umgebung nur mangelhaft aufeinander abgestimmt sind, entsteht dagegen ein verwirrendes Durcheinander in seinem konzeptuellen Bewußtsein"* (Bruch, 1991, S. 69). Bietet eine Mutter dem Säugling auf Signale, die beispielsweise ein Nahrungsbedürfnis anzeigen, in differenzierter Weise Nahrung an, dann entwickelt dieser schrittweise, derartige Empfindungen von anderen Spannungszuständen oder Bedürfnissen zu unterscheiden. Ist die Reaktion der Mutter aber kontinuierlich unangemessen, nachlässig, achtlos, überfürsorglich oder unterschiedslos permissiv, kann der Säugling nicht lernen, sich seiner eigenen Bedürfnisse und Funktionen bewußt zu werden. Er kann kein kohärentes Selbst entwickeln. Da sie sich nicht auf ihre eigene innere Wahrnehmung verlassen können, vertrauen sie äußeren Richtlinien, wie etwa ihren Eltern.

Kutter (1980) und Frank (1988) unterstützen die Theorie Bruchs und beschreiben den Zusammenhang zwischen der Mutter-Kind-Beziehung und der Entwicklung einer psychosomatischen Erkrankung folgendermaßen: Bei einer frühen Mutter-

Kind-Beziehungsstörung nimmt das Kind seinen Körper selbst zum Objekt und geht mit diesem eine pathologische, symbiotische Beziehung ein. Ziel ist es, sich aus der frustran erlebten Beziehung zur Mutter vorzeitig zu lösen, zumal Bedürfnisse und auch Affekte wie Wut und Empörung letztendlich nicht wahrgenommen, fehlinterpretiert, nicht bestätigt und im Ergebnis verdrängt werden müssen. Die fehlende Möglichkeit des Kindes zur Abfuhr von körperlichen und emotionalen Reaktionen, die Verleugnung aggressiv-destruktiver Impulse kann letztendlich zu psychosomatischen Störungen führen.

Eßgestörte Patientinnen können oftmals ebenso wenig ihre offenkundigen Emotionen, elementaren Regungen und Körpersignale der verschiedensten Art erkennen und auf natürliche Weise darauf reagieren. Elementare Bedürfnisse des Körpers, wie Bewegung, Entspannung, Lust und Zärtlichkeit, werden nicht wahrgenommen, geschweige denn befriedigt. Solche Menschen haben laut Bruch genauso Schwierigkeiten, zwischenmenschliche Situationen zu identifizieren (Bruch, 1991).

Klinische Erfahrungen und Studien stützen Bruchs Theorie in gewissem Maße. Kliniker beobachteten wiederholt, daß die Eltern der Betroffenen dazu tendieren, die Bedürfnisse ihrer Kinder zu definieren, statt dies den Kindern selbst zu überlassen (Steiner, Smith, Rosenkranz & Litt, 1991).

Die Forschung stützt auch Bruchs Ansicht, daß eßgestörte Menschen innere Signale wie Hunger oder auch Emotionen falsch wahrnehmen, daß sich Anorektiker z.B. schneller „voll gegessen" fühlen oder daß Bulimiker Hunger nur schwer von anderen Bedürfnissen oder Gefühlen unterscheiden können (Garner & Bemis, 1982).

Tests ergaben, daß Patienten glauben, relativ wenig Kontrolle über ihr Leben zu haben und daß sie höhere Werte erzielten, die Konformismus und mangelndes Eingehen auf eigene Bedürfnisse messen (Striegel-Moore, Silberstein & Rodin, 1993).

Eßgestörte Menschen reagieren übermäßig auf die Wünsche, Meinungen und Ansichten anderer (Striegel-Moore et al., 1993). Es ist von größter klinischer Bedeutung, daß die Patienten durch die Psychotherapie lernen, ihre eigenen Körperempfindungen zu erkennen und ihren Gedanken und Handlungen zu vertrauen. Dies ist jedoch ein weitaus mühsamerer und schwierigerer Prozeß, als es den Anschein hat – es ist wahrscheinlich einer der letzten Schritte auf dem Wege zur klinischen Genesung.

Heute enthalten die meisten Therapieansätze bei Eßstörungen mehrere von Bruch entwickelte Interventionsformen (Comer, 1995).

5. Stand der Forschung: Körperwahrnehmung

5.1. Begriffsvielfalt

Die Verwirrung aufgrund der Begriffsvielfalt zur inhaltlichen Umschreibung subjektiver Aspekte der Körperlichkeit im Rahmen der Thematik Körperwahrnehmung ist enorm (vgl. hierzu Tabelle 5 und 6):

Tab. 5: Verschiedene deutschsprachige Konzepte zur Körperlichkeit

Körperwahrnehmung, Körperbild, Körperschema, Körperorientierung, Körperausdehnung, Körperkenntnis, Körperbewußtsein, Körperausgrenzung, Körpereinstellung, Körpererleben, Körperselbst, Körper-Ich, Körperbildgrenzen, Leibbild

(Probst, Vandereycken, van Coppenolle, Leuven-Belgien & Meermann, 1990, S. 115)

Tab. 6: Verschiedene englischsprachige Konzepte zur Körperlichkeit

Body-experience, Body-scheme, Body-orientation, Body-estimation, Body-knowledge, Body-image, Body-conciousness, Body-boundary, Body-attitudes, Body-cathexis, Body-awareness, Body-concept, Body-percept, Body-satisfaction, Body-identity, Body-cognition, Body-acceptance, Postural scheme

(Probst, et al., 1990, S. 11; Differenzierung bei Shontz, 1969, 1990)

Es erscheint bei dem derzeitigen Kenntnisstand fast unmöglich, Begriffe wie z.B. Körperbild und Körperschema, deren theoretische und empirische Bedeutung nicht annähernd intersubjektiv übereinstimmend geklärt sind und welche jahrelang in der Literatur synonym verwendet wurden, voneinander abzugrenzen (Hsu & Sobkiewicz, 1991).

Es herrscht bis heute Übereinstimmung in der Erkenntnis, daß es bisher keine allgemein akzeptierte Definition der einzelnen Konzepte gibt. Daher verlieren übergeordnete, historisch und theoretisch belastete Begriffe wie Körperbild und Körperschema an Bedeutung.

Ihr Nutzen als übergreifende Konstrukte im Beschreibungs- und Erklärungszusammenhang des Verhaltens ist als gering einzuschätzen – auch wenn es schade ist, Begriffe zu verbannen, die anfänglich so sensationell wegweisend und vielversprechend erschienen. Heute stehen vielmehr einzelne, konkretere Aspekte im Vordergrund des Forschungsgeschehens (einen Überblick geben Paulus, 1982 und Bielefeld, 1986).

5.2. Strukturierungsversuch

Im Rahmen dieser Arbeit erscheint es zweckmäßig, sich für einen übergeordneten Begriff zu entscheiden, welcher durchgehend für das eigene Anliegen verwendet werden kann und die verschiedenen Facetten des psychologischen Erlebens der eigenen Körperlichkeit klar strukturiert. In der vorliegenden Arbeit wird der Begriff „Körperwahrnehmung" als der am besten geeignete Oberbegriff für die Gesamtthematik gewählt, welcher neurophysiologische, psychische, emotionale, verhaltensmäßige und soziale Aspekte zusammenfaßt (vgl. Bielefeld, 1986).

Es haben sich im Lauf der Zeit der Erforschung der Thematik insbesondere folgende zwei verwandte, zusammenhängende, aber sehr unterschiedliche Aspekte der Körperlichkeit herauskristallisiert: (1) der perzeptive Aspekt (Körperschema) und (2) der affektiv-kognitive Aspekt (Körperbild). Der erste meint die Wahrnehmung und Einschätzung der Körperdimensionen/-proportionen (Perzeptionen/ Größenschätzungen einzelner Körperregionen), der zweite Aspekt beschreibt die subjektive Bewertung (Einstellungen, Gedanken, Erfahrungen und Gefühle) und Zufriedenheit mit der eigenen Körperlichkeit.

Eine klare theoretisch-begriffliche Abgrenzung in die Teilbereiche Körperschema und Körperbild erleichtert von einem praktischen Standpunkt aus die Untersuchung und Diskussion des komplexen und komplizierten Themas und wird daher für das weitere Verständnis vorgenommen (s. Tabelle 7).

Tab. 7: Strukturierungsversuch des Phänomens Körperwahrnehmung

Körperwahrnehmung ↓ Körperschema < > Körperbild	
• **Neurophysiologisches Konzept** • **perzeptive Aspekte** • eher kognitiv geführte Auseinandersetzung • Definitionen, die Prozesse der Informationsverarbeitung und Verarbeitung körperlicher Erfahrungen hervorheben: Wahrnehmung und Größeneinschätzung der eigenen Körperdimensionen oder einzelner Körperteile/ -partien, Wissen, Vorstellung und Kenntnis	• **Psychopathologisches Konzept** • **kognitiv-affektive Aspekte** • eher emotional geführte Auseinandersetzung • Definitionen, die gefühlsmäßig bewertende Prozesse betonen und das Verhältnis des Individuums zu seinem eigenen Körper thematisieren: bewußte Einstellung zum Körper, Meinungen, Überzeugungen, Gefühle dem Körper gegenüber, Aussehen, Attraktivität, Körpergefühle, gesundheitliche Bedenken und Sorge um die Figur
• den perzeptiven Verfahren ist gemein, daß Größeneinschätzungen von Körpermerkmalen erfaßt werden, die im Hinblick auf unbewußte Einstellungen gegenüber dem Körper interpretiert werden • zahlreiche Theorien, viele Meßinstrumente (apparativ) und zahlreiche Untersuchungen	• den kognitiv-affektiven Verfahren ist gemein, daß bewußte Einstellungen zum Körper erfaßt und interpretiert werden • zahlreiche Theorien, wenig geeignete Meßinstrumente (meist Fragebögen) und Untersuchungen
• die Untersuchungsergebnisse sind sehr widersprüchlich • Forschungshochzeit: 1980-1990 • heute eher vernachlässigte Forschungsrichtung	• homogenere Ergebnisse als bei Studien zur Perzeption • Forschungshochzeit: seit Ende der 80er Jahre • heute sind besonders konkrete Teilaspekte des Phänomens Körperbild von Interesse: z.B. Körperzufriedenheit oder Drang, dünn zu sein

Eine derartige Abtrennung ist sicherlich als artifiziell kritisierbar, da die beiden Teilbereiche eng miteinander verwoben sind. Grundsätzlich ist immer von einem Zusammenhang zwischen Emotionen, Kognitionen und Perzeptionen aus kognitionspsychologischer Sicht auszugehen. Die Art, wie sich Patienten mit Eßstörungen sehen, hat viel damit zu tun, wie sie sich fühlen und wie sie denken, daß sie sind (hierfür ist keine visuelle Information notwendig). Diese enge Verwobenheit zeigte sich in diversen Versuchen: Probanden überschätzten dann ihren Körper, als sie angeleitet wurden, ihren Körper so einzuschätzen, wie sie fühlen, daß er aussieht (im Gegensatz zu der Anleitung ihn so einzuschätzen, wie er ihrer Meinung nach tatsächlich aussieht). Man konnte daraus schließen, daß Größeneinschätzungsverfahren nicht die bloßen Perzeptionen messen und daß Größeneinschätzungen stets von Kognitionen beeinflußt sind (Hsu & Sobkiewicz, 1991).

Um weitere Verwirrungen hinsichtlich der Begrifflichkeit zu vermeiden, gelten dennoch für die vorliegende Untersuchung die in der Tabelle 7 genannten Definitionen. Gemäß diesem Strukturierungsversuch dient uns in der vorliegenden Arbeit der Begriff Körperbild als der am besten geeignete Oberbegriff für den schwerpunktmäßig untersuchten Aspekt der Körperzufriedenheit. Körperbild, bzw. Body-Image wird im englisch- und deutschsprachigen Raum mit der höchsten intersubjektiven Übereinstimmung gebraucht. Von Körperschema hingegen ist im weiteren Verlauf nur dann die Rede, wenn der rein neurophysiologische/perzeptive Aspekt gemeint ist.

In Zukunft sollten ausschließlich Studien durchgeführt werden, die sich auf klar definierbare und konkrete Teilaspekte des Konstruktes *Körperbild* zu verschiedenen Zeitpunkten der Krankheit und der Genesung konzentrieren (Hsu et al., 1991). Die konkreten Teilaspekte, um die es in der vorliegenden Arbeit schwerpunktmäßig geht, lauten gemäß der verwendeten Fragebögen: *Körperzufriedenheit, Attraktivität und Selbstvertrauen* sowie *Drang, dünn zu sein.*

5.3. Körperschema

Die Erforschung des Körperschemas hat ihren Ursprung auf dem Gebiet der Neurologie. Die Neurologen sahen sich mit Patienten konfrontiert, die aufgrund von Verletzungen im Zentralnervensystem von den bizarrsten Körperempfindungen und -verzerrungen berichteten (Bsp. Phantomschmerzen). Erst zu Beginn des 20. Jahrhunderts begannen Forscher systematisch, Störungen des Körpererlebens, vor allem neurologische Symptome, zu untersuchen (Pick, 1908; Head, 1911, 1912 und Schilder, 1923, 1935). Phänomene dieser Art warfen die Frage nach Störungen auf, welche die zentrale Verarbeitung somatosensorischer Informationen betrafen. Als Erklärungsmodell für diese Störungen und die Verarbeitungsprozesse, die eine Orientierung am eigenen Körper gewährleisten, wurde das Konzept des Körperschemas entwickelt. Vollständigkeitshalber sollen in der vorliegenden Arbeit die wichtigsten Studienergebnisse dieses perzeptiven Forschungszweiges genannt werden, welcher sich mit dem Phänomen der Einschätzung und Genauigkeit der eigenen Körperdimensionen beschäftigt (Ausführungen bei Meermann & Fichter, 1982; Cash & Brown, 1987 und Hsu et al., 1991).

Lange Zeit hieß es, daß viele eßgestörte Patienten ihre Körperdimensionen nicht richtig einschätzen können, oder aber Patienten zwar den allgemein abgemagerten Zustand ihres Körpers wahrnehmen, aber dennoch einzelne Körperbereiche wie Bauch und Oberschenkel überschätzen. Leider ist der Glaube, diese Form der Störung sei ein Kardinalsymptom der Eßstörung, immer noch weit verbreitet.

Im Hinblick auf Anorexie variieren die Ergebnisse zwischen einer Überschätzung des eigenen Körperumfangs einerseits und fehlenden signifikanten

Unterschieden in der Schätzung gegenüber der Kontrollgruppe andererseits (Meermann, 1983 a; Probst, van Coppenolle, Vandereycken und Goris, 1992; Fernandez, Probst, Meermann, & Vandereycken, 1994).

Bezüglich der Bulimie waren die Ergebnisse homogener: Bulimie-Patienten überschätzen ihre Körperdimensionen signifikant häufiger als die gesunde Kontrollgruppe (Freeman et al., 1984; Freeman, Thomas, Solyom, Koopman, 1985; Williamson, Kelley, Davis, Ruggiero & Blouin, 1985; s. Anhang 1).

Andere Untersuchungen zeigten gar keine Wahrnehmungsproblematik bei eßgestörten Patienten im Vergleich zur Kontrollgruppe. In manchen Studien zeigten die Ergebnisse Über- und Unterschätzung bei anorektischen, bulimischen und nichteßgestörten (klinischen und nicht-klinischen) Gruppen; es wünschten sich alle drei Gruppen gleichermaßen eine schlankere Figur (Fernandez et al., 1994).

Um eine allgemeine Wahrnehmungsproblematik auszuschließen, wurde in diversen Studien parallel die Einschätzungen von externen Kontrollobjekten untersucht, sowie die eigene Körperhöhe und die Höhe weiblicher Modelle (Fernandez-Aranda, 1996).

Ergebnisse der Forschungsbemühungen, welche eine größere Übereinstimmung erzielten, betrafen den Zusammenhang von Überschätzung und Behandlungserfolgen. Verzerrungen in der Körperschemawahrnehmung scheinen bei langsamer Gewichtszunahme unter Therapie abzunehmen (Slade & Russell, 1973). Es gibt Hinweise für eine Beziehung zwischen dem Ausmaß der Fehleinschätzung des eigenen Körpers und der Dauer des Heilungserfolges nach der Klinikentlassung. Therapeutische Fehlschläge, Rückfälle, geringere Gewichtszunahmen und stärkere Krankheitsverleugnungstendenzen seien wahrscheinlicher, wenn die Überschätzungstendenz nach der Entlassung fortbesteht (Casper, Halmi, Goldberg, Eckert, Davis, 1979; Slade, 1988).

Untersuchungen, die sich mit der Verbesserung der Körpereinschätzung im Laufe einer Therapie beschäftigen, sind rar und widersprüchlich (Birtchnell, Lacey & Harte, 1985), was teilweise auf methodische Probleme zurückzuführen ist (Meermann, Vandereycken, Napierski, 1986; Hsu et al., 1991). Die perzeptive Einschätzung des eigenen Körpers hängt außerdem von zu vielen Faktoren ab: Alter (Halmi et al., 1977), Geschlecht (Shontz, 1974), Stimmung (Taylor & Cooper, 1986), Selbstsicherheit (Thompson & Thompson, 1986), Methode, Sehvermögen, Meßapparaturen, Anleitung (Huon & Brown, 1986) und Größe der Probanden (Ben-Tovim, Whitehead & Crisp, 1979; Hsu et al., 1991).

Viele Autoren zweifeln grundsätzlich an dem Konzept und der Existenz von spezifischen Körperschemastörungen bei eßgestörten Patienten (Hsu, 1982). Das Fazit lautet: die Überschätzung von Körperdimensionen ist nicht spezifisch für eßgestörte Frauen. Eine Tendenz zur Überschätzung zeigen auch andere psychiatrische Patientengruppen, z.B. Neurotiker (Norris, 1984) und Schizophrene (Meermann,

1981 b), aber auch nicht-klinische Personen wie Ballett-Tänzerinnen (Meermann, 1982), Schwangere (Slade, 1977) und normalgewichtige, nicht-eßgestörte Frauen (Cash & Green, 1986 a).

Trotz exzessiver Forschung blieben die Ergebnisse auf dem Gebiet des Körperschemas letztendlich widersprüchlich und wenig hilfreich. Die Forschungsversuche gelten als gescheitert (Smeets & Panhuysen, 1995). Heute herrscht die Meinung, daß die alleinige Verwendung perzeptiver Meßmethoden keinen Sinn macht und den kognitiv-affektiv orientierten Methoden uneingeschränkte Beachtung geschenkt werden sollte (Hsu, 1982; Freeman et. al., 1985 b).

Eine gute Zusammenfassung der Forschungsergebnisse auf diesem Gebiet geben Fisher & Cleveland (1968), Shontz (1969, 1974), sowie Fernandez, Probst, Meermann, Bents & Vandereycken (1993).

Die bekanntesten Meßinstrumente zur Einschätzung von Körperstörungen zeigt die Tabelle im Anhang 2, die wichtigsten Ergebnisse zur Einschätzung die Tabelle im Anhang 1 und die Tabelle 8:

Tab.8: Die wichtigsten Ergebnisse hinsichtlich Über- und Unterschätzung der Körperdimensionen

1. Sowohl Anorektiker als auch Bulimiker überschätzen ihre Körperbreiten, einige aber auch nicht.
2. Auch nicht-eßgestörte Personen überschätzen ihre Körperbreiten.
3. Überschätzung ist kein Charakteristikum für Eßstörungen. Das Konstrukt der Überschätzung hat nicht dazu beigetragen, die Psychopathologie von Eßstörungen besser zu verstehen.

5.4. Körperbild

Der affektive Aspekt ist heute von weitaus größerer klinischer Bedeutung als der perzeptive. Die Forschungsarbeiten widmen sich seit einigen Jahren mehr und direkter den Gefühlen und Einstellungen gegenüber dem Körper. „*Dies ist wahrscheinlich der Aspekt, dessen man sich am meisten bewußt ist, ob man nun mit seinem Körper und seinem Äußeren zufrieden oder unglücklich ist*" (Bruch, 1991, S. 130).

In der vorliegenden Arbeit wird der Schwerpunkt auf affektiv-kognitive Aspekte der Körperwahrnehmung gelegt.

5.4.1. Geschichte

Schilder beginnt in den 20er Jahren als erster psychoanalytische und soziologische Aspekte in die Definition von Körperbild miteinzubeziehen und liefert einen Ansatz, der die weitere Entwicklung der Wissenschaft in diesem Bereich entscheidend mitbestimmt (vgl. Maaser, Besuden, Bleichner & Schütz, 1994). Seit den 50er Jahren befassen sich auch psychologisch und psychosomatisch orientierte Forscher mit dem Phänomen Körperbild. Hier standen inhaltlich (im Rahmen der Schizophrenie-Thematik) vor allem Depersonalisations-Phänomene im Mittelpunkt. Zu den Wegbereitern hierzu gehören Fisher und Cleveland (1958). Vor allem aber seit Hilde Bruch (1962), welche auf die Bedeutung der Körperbildstörungen aufmerksam machte, stiegen die psychologisch orientierten Forschungsbemühungen enorm an.

5.4.2. Einführung

Das Körperbild ist zentral für die Diagnose, Symptomatologie und Therapie der Anorexie und Bulimie. Daher wurde zunehmend versucht, das Körperbild genau zu untersuchen und seine Störungen zu quantifizieren. Die Tatsache, daß zwischen Körperbild und Selbstachtung ein direkter Zusammenhang besteht, ist vor allem aus therapeutischer Sicht von großer Bedeutung.

Leider steht das Körperbild, trotz der zahlreichen, interessanten Studienergebnisse der vergangenen Jahre, immer noch viel zu selten im Mittelpunkt therapeutischer Bemühungen. Obwohl dies schon früh kritisiert wurde, hat sich daran erstaunlicherweise bis heute nicht viel geändert (Cash & Brown, 1987). Außerdem kann man anhand ausführlicher Literaturrecherchen feststellen, daß das einst entstandene Interesse an der Körperbildforschung und -behandlung in den letzten Jahren eher rückläufig erscheint. Trotz der zweifellos großen Bedeutung für die klinische Praxis kann derzeit eine Art „Übersättigung" an dem jahrzehntelang (teils wenig gewinnbringend) bearbeiteten und erforschten Thema vermutet werden.

Die Entwicklung des Körperbildes wird, wie Untersuchungen zeigten, durch das Feedback anderer beeinflußt (Stormer & Thompson, 1996). Ebenso spielen aktuelle Ereignisse wie Unfall, Krankheit, Operation, sexueller oder physischer Mißbrauch (Connors & Morse, 1992; Kearney-Cooke, 1988; Teegen & Cerney-Seeler, 1998), die allgemeine Selbstachtung (Butters & Cash, 1987), sowie eine geschlechtsspezifische Sozialisation eine entscheidende Rolle bei der Entstehung des Körperbildes. Das Körperbild erwies sich ferner als unabhängig vom realen Körpergewicht (Steinhausen, 1985).

5.4.3. Definitionen

Der vorangegangene Strukturierungsversuch in Tabelle 7 ermöglichte bereits einen ersten Eindruck über die Bedeutung des Begriffs Körperbild. Aufgrund der jahrelangen Kontroversen und widersprüchlichen Ergebnissen ist es auch heute noch unmöglich, die spezifischen Charakteristika des Konstruktes klar darzustellen (Cash & Deagle, 1997). Es gibt bisher keine gängige, allgemein anerkannte Definition (Fichter & Meermann, 1981; Garfinkel & Garner, 1982) oder eine Störungslehre des Körperbildes (Maaser et al., 1994). Die spezifische Bedeutung von Körperbild hängt stets von der individuellen Definition und Akzentuierung des jeweiligen Wissenschaftlers ab. Auch ist die Frage, was unter einem gesunden Körperbild zu verstehen ist, noch in keiner Weise theoretisch und konzeptionell geklärt. Nur für einzelne Krankheitsbilder, wie das der Anorexie, liegen schon vereinzelte Ansätze vor (Maaser, 1982).

Das Körperbild bleibt ein multidimensionales Konstrukt, welches kognitive, affektive und verhaltensmäßige Aspekte umfaßt (Raich, Soler & Mora, 1995).

Beim gegenwärtigen Stand der Forschung bleibt nur die Alternative, verschiedene Definitionen und zahlreiche Komponenten, in denen bisher weitgehende Übereinstimmung erzielt worden sind, als Orientierungspunkte zu markieren, um die Kompliziertheit und Vielschichtigkeit deutlich zu machen.

Die umfangreiche Definition von Jasper & Maddocks (1992) gibt einen Eindruck über die Vielschichtigkeit und Kompliziertheit des Phänomens:
Das Körperbild umfaßt:
- Gedanken und Meinungen über den eigenen Körper, z.B. „Je dünner ich bin, desto mehr bin ich wert."
- Interozeptive Wahrnehmung und Erleben
- Wahrnehmung der Körpergröße und Körperform (Über- oder Unterschätzung)
- Gefühle bezogen auf den eigenen Körper
- Scham, Stolz, Bewertungen, moralische Urteile: „Ich bin zu fett."
- soziale Komponente: scharfsinniges Bewußtsein/Kenntnis der Gefühle
- Einstellungen und Meinungen anderer, deren Kritik, Wünsche oder Mißachtung: „Du trampelst wie ein Elefant."
- kinesthetische Komponente: Wie fühlen sich die eigenen Bewegungen an?
- taktile Komponente: Gefühl der Durchlässigkeit oder Festigkeit.

Der Verhaltensaspekt ist eine interessante Erweiterung der allgemein verbreiteten zweidimensionalen Sichtweise (perzeptiv – affektiv), wurde bisher allerdings leider noch wenig beachtet und erforscht (Rosen, 1990). Die behaviorale Dimension entspricht einem veränderten Lebensstil, z.B. häufiges Wiegen, Kontrollieren und

Abmessen des Körperumfangs, Spiegelkontrollen oder Spiegelvermeidung, Verstecken des Körpers mittels weiter Kleidung/Vermeidung enganliegender Kleidung, Vermeidung von körperlicher Intimität oder Meiden sozialer Situationen, in denen der Körper nach Meinung der Patienten „zur Schau gestellt" und beurteilt werden könnte (z.b. auf Parties, im Schwimmbad). Hierin lassen sich eßgestörte von nichteßgestörten Patienten deutlich differenzieren (Rosen, Saltzberg & Srebnik, 1989, 1990).

Das Fazit der zahlreichen Forschungsbemühungen zum Thema Körperbild zeigt die Tabelle 9:

Tab.9: Zusammenfassung wichtiger Ergebnisse bezüglich des Körperbildes

1. Körperbilder beziehen sich auf Wahrnehmungen (perzeptiv), Gedanken, Gefühle und Beurteilungen (kognitiv – affektiv) bezüglich des eigenen Körpers, sowie auf Verhaltenseisen und Erfahrungen mit dem eigenen Körper, wobei sich jeder einzelne Aspekt wieder in zahlreiche Aspekte untergliedern läßt.
2. Körperbilder und Selbstwertgefühle sind eng miteinander verflochten.
3. Körperbilder unterliegen von Geburt an sozialen und soziokulturellen Einflüssen.
4. Körperbilder sind nicht starr und statisch, sondern unterliegen ständigen Einflüssen und Veränderungen.
5. Körperbilder bestimmen unser Verhalten und zwischenmenschliche Kommunikation.

(vgl. Cash &Pruzinsky, 1990, S. 337-347)

Zu den wichtigsten Teilaspekten des Phänomens Körperbild, welche derzeit für die Diagnostik und Therapie psychischer Störungen von besonderer Bedeutung zu sein scheinen, gehören die Körperzufriedenheit und der *Drang, dünn zu sein*. Sie stellen in der vorliegenden Arbeit den Untersuchungsschwerpunkt dar und sind Inhalt von Kapitel 8. Insofern besteht an dieser Stelle kein Anlaß, sich hinsichtlich des Begriffs Körperbild definitorisch festzulegen.

6. Körperwahrnehmungsstörungen bei Anorexie und Bulimie

"Body image disorder refers to a distressing preoccupation with some imagined or exaggerated defect in physical appearance" (Rosen, 1992).

6.1. Einführung

Es gilt als erwiesen, daß subjektiv empfundene Körperbildstörungen in einem engen Zusammenhang mit gestörtem Eßverhalten stehen (Brown, Cash & Lewis, 1989; Fabian & Thompson, 1989). Daher erhebt sich nun die interessante Frage nach dem spezifischen Charakter der Körperwahrnehmung speziell bei Eßstörungen.

Eßgestörte Frauen glauben oftmals, hauptsächlich nach ihrem Äußeren, und nicht nach anderen Persönlichkeitsmerkmalen, beurteilt zu werden. Dünnsein stellt für sie den wichtigsten Aspekt ihres Selbstbildes dar. Nicht-Dünnsein bedeutet schwach, faul, wenig liebenswert und inkompetent zu sein (Rosen, 1990). Viele Patienten machen den Körper für ihr Daseinsversagen und ihre zwischenmenschlichen Schwierigkeiten verantwortlich. Gedanken wie *„wäre ich nicht so dick, wäre ich beliebter"* oder *„wenn ich dünn wäre, hätte ich mehr Erfolg"* sind charakteristisch. Diese Überbewertung des Aussehens und sein enormer Einfluß auf den Selbstwert eßgestörter Patienten ist für die therapeutische Arbeit von großer Bedeutung.

Körperwahrnehmungsstörungen bei anorektischen Frauen wurden schon 1873 von dem französischen Arzt Laséque beschrieben. 1962 hat H. Bruch die Diskussion darüber wieder aufgegriffen. Patienten berichteten ihr, nicht „sehen" und auch nicht „festhalten" zu können, wie dünn sie sind: *„Ungeachtet dessen, was sie im Spiegel sah, war da dieser innere Mechanismus, der ihr Bild von sich selbst aufblähte"* (Bruch, 1991, S. 118). Zahlreiche Autoren beschreiben seitdem bei ihren eßgestörten Patienten ähnliche Störungen auf der Körperebene (Slade & Russell, 1973; Garner & Garfinkel, 1981, Vandereycken, 1989).

Körperwahrnehmungsstörungen können eine große Spannbreite von Psychopathologien nach sich ziehen – nicht nur Eßstörungen: u. a. Hypochondrie, Selbstverstümmelungen oder körperdysmorphe Störungen. Die von Körperwahrnehmungsstörungen Betroffenen fokussieren unterschiedliche Körperaspekte wie z.B. Aussehen, Attraktivität, Größe, Grad der Männlichkeit oder Weiblichkeit, Körpergrenzen oder Körperkraft.

Die langfristigen Therapieerfolge bei Eßstörungen gelten noch heute in der klinischen Praxis als eher enttäuschend. Die Ansicht, daß Körperwahrnehmungsstörungen in prognostischer Hinsicht von großer Relevanz seien, gewinnt neuerlich an besonderer Bedeutung (Rosen, 1990).

6.2. Definitionen

Der Terminus Körperwahrnehmungsstörung allein ist genauso unpräzise und wurde in der Vergangenheit genauso unkritisch benutzt wie der Terminus Körperwahrnehmung. Mit der Unterteilung der Körperwahrnehmung in Ungenauigkeit der Körpereinschätzung und mangelnde Körperzufriedenheit erklären sich die meisten Autoren einverstanden (Garner & Garfinkel, 1981; Niebel, 1987).

Genaugenommen umfassen die Körperwahrnehmungsstörungen jedoch Störungen perzeptueller, kinesthetischer, kognitiver, affektiver und verhaltensmäßiger Natur.

Um weitere Verwirrung hinsichtlich der verschiedenen Begriffe zu vermeiden, sollen für die vorliegende Studie von nun an – gemäß der Strukturierung in Kapitel 5.2. – folgende Definitionen gelten:

Tab. 10: **Begriffsabgrenzung: Körperwahrnehmungs-, Körperschema- und Körperbildstörungen**

- **Körperwahrnehmungsstörung**
  als Sammel-/Oberbegriffe für folgende zwei Richtungen:
  1. perzeptive Aspekte: Unfähigkeit, den Körperumfang einzuschätzen
  2. kognitiv-affektive Aspekte: falsche Annahmen oder extreme Ablehnung gegenüber dem eigenen Körper/mangelnde Körperzufriedenheit

Gemäß dieser Zweiteilung ergeben sich folgende Definitionen:
- **Körperschemastörung:** wahrnehmungsbedingte Störungen, d.h. Größeneinschätzungsstörungen oder -ungenauigkeiten, bezogen auf einzelne Körperteile oder auf den gesamten Körper
- **Körperbildstörung:** affektiv-kognitiv bedingte Störungen, d.h. Unzufriedenheit, Ängste, Sorgen, Gedanken oder Bewertungen, bezogen auf den eigenen Körper oder einzelne Körperteile

Auf jene drei eben genannten, wenig nützlichen Begriffe versucht man heute im einzelnen immer häufiger zu verzichten und wendet sich vorzugsweise konkreteren Aspekten zu, wie z.B. mangelnde Körperzufriedenheit (Body Disparagement, Body Dissatisfaction), Gewichtsphobie, Angst vor Dicksein, oder Drang, dünn zu sein.

Diese Begriffe sind klar und unmißverständlich. Sie sind frei von der jahrzehntelangen Debatte um die Konzepte Körperbild- oder Körperschemastörung.

6.3. Charakteristika

Zahlreiche Autoren beschreiben bei eßgestörten Patienten massive Störungen auf der Körperebene (Slade & Russell, 1973; Garner & Garfinkel, 1981; Vandereycken, 1989). Eßgestörte Patientinnen scheinen sich im Vergleich zu nicht-klinischen Kontrollgruppen hinsichtlich des Ausmaßes negativer Körpergefühle, einer negativen Selbsteinschätzung der eigenen Attraktivität und körperbezogener Einstellungen zu unterscheiden (Lehmkuhl, Flechtner, Woerner, Woerner, & Masberg, 1990).

Hilde Bruch (1962) teilte die Wahrnehmungs- und Denkstörung bei eßgestörten Menschen in drei Bereiche ein:

Tab. 11: Wahrnehmungs- und Denkstörung bei eßgestörten Patienten nach Bruch:

(1) Störung des Körperbildes und Körperkonzeptes (unrealistisches, geistiges Bild über den eigenen Körper; verzerrte Wahrnehmungen des eigenen Körpers).

(2) Störung in der Wahrnehmung und der kognitiven Interpretation der interozeptiven Reize (vor allem Störungen des Hungererlebens).

(3) Ein allumfassendes lähmendes Gefühl der eigenen Unzulänglichkeit/Unvermögens (die Überzeugung hilflos und unfähig zu sein und nichts am eigenen Leben ändern zu können).

Die von Bruch angesprochenen drei Bereiche werden im folgenden näher erläutert:
zu (1): Die bekannteste und am weitesten verbreitete Störung ist die grotesk erscheinende, extrem verzerrte Wahrnehmung der eigenen Körperdimensionen und Figur. Eßgestörte Menschen nehmen sich fast ausnahmslos als wesentlich dicker wahr, als sie in Wirklichkeit sind. Meist bezeichnen sie sich, trotz enormen Untergewichts, selber als *„viel zu fett"*. Diese Wahrnehmung hat, wie man herausgefunden hat, weniger etwas mit einer perzeptiven Störung zu tun, sondern entspricht vielmehr dem, wie sich die Patienten in ihrem Körper fühlen und der Angst, noch mehr zuzunehmen. Eßgestörte Patienten sind extrem fixiert auf Gewicht und Figur und nehmen jedes zugenommene Gramm am Körper in übertriebenem Maße wahr. Diese Wahrnehmungsverzerrung stellt auch eines der Hauptprobleme in der Therapie dar.

Zu (2): Eßgestörten Patienten konnte nachgewiesen werden, daß sie große Schwierigkeiten haben, körperliche Empfindungen, Gefühle und Signale differenziert wahrzunehmen und richtig zu deuten. Hierzu zählen vor allem die Bedürfnisse wie Hunger, Durst, aber auch Kälte, Müdigkeit, Schmerz, Lust oder Gefühle wie Traurigkeit oder Wut. Charakteristisch ist demzufolge auch deren mangelhafte Bedürfnisbefriedigung.

Zu (3): Im letztgenannten Kardinalsymptom sieht Bruch die wesentliche Ursache für Körperwahrnehmungsstörungen. Ein unterschwelliges Gefühl tiefgehender Ineffektivität bewirke eine Haltung der Hilflosigkeit und Passivität. Eßgestörte Menschen erleben sich oftmals als von außen gesteuert, ohne eigene Initiative und Selbständigkeit „*als das traurige Produkt ihrer Eltern*" (Bruch, 1991, S. 137). Sie äußern das Gefühl, keine Kontrolle über ihr Verhalten, ihre Bedürfnisse und Impulse zu haben, als ob ihr Körper unter dem Einfluß anderer – meist der Eltern – stünde (Bruch, 1973). Viele Patienten berichten, daß ihnen nie bewußt war, daß sie es selbst waren, die ihrem Körper Qualen zugeführt haben (Bruch, 1991). Eßgestörte Menschen sprechen oft von ihrem Körper, wie von einem außenstehenden Objekt, das nicht wirklich zu ihnen gehört und mit dem sie sich nicht identifizieren. Sie fühlen sich in ihrem Körper gefangen und empfinden es als Strafe, mit ihm leben zu müssen. Später faßte Bruch das dritte Merkmal unter Ausdruck eines defekten Selbstkonzepts zusammen (Bruch, 1991). Die Definition von Bruch löste zahlreiche Studien auf dem Gebiet der Körperwahrnehmungsstörungen aus.

Vandereycken's Verständnis von Körperwahrnehmungsstörungen bei eßgestörten Patienten ist dem Bruchs ähnlich. Sie umfassen:
- Fehler in der Wahrnehmung extero- und interozeptive Reize,
- Störungen der kognitiven Verarbeitungsprozesse und
- Fehler in den persönlichen, emotionalen Meinungen und Einstellungen zum eigenen Körper (Vandereycken, 1989).

In der Literatur zeigte man sich über folgende Charakteristika einig:

Tab. 12: Charakteristika der Körperstörungen bei Eßstörungen

1. allgemeine Unzufriedenheit mit dem eigenen Körper
2. das permanente Gefühl, man sei zu dick/fett
3. permanente Fixierung auf die Themen Essen/Körper/Figur/Gewicht
4. Mangel an Vertrauen in den eigenen Körper; Mangel, sich körperlich sicher zu fühlen
5. Depersonalisation: der Körper wird als fremdes, seltsames, passives, totes Objekt wahrgenommen
6. Trennung von Körper und Geist (Kopf)
7. Hyperaktivität und Ruhelosigkeit.

(vgl. Van Coppenolle, Probst, Vandereycken, Goris & Meermann, 1990; leicht abgeändert)

Eßgestörte Patientinnen erleben sich oftmals von ihrem Körper „getrennt", ihr eigener Körper erscheint ihnen leer, hohl, ausgelaugt und leblos. Für eßgestörte Patientinnen ist eine Vernachlässigung und Verdrängung des Themas Körper und sämtlicher Aktivitäten, die eine Konfrontation mit dem Körper unvermeidlich machen, d.h. Baden, sich Eincremen, sich im Spiegel betrachten, enganliegende Kleidung tragen, etc., charakteristisch.

„*Der Körper wird verstärkter Kontrolle unterworfen, da er als unberechenbar und bedrohlich fremd erscheint. Der Körper wird vernachlässigt, es wird sorglos und gesundheitsschädlich mit ihm umgegangen, er wird als Schutzwall benutzt, um Stärke oder Schwäche zu signalisieren. Das Individuum fühlt sich nicht wohl in seiner Haut, ist unfähig, Sicherheit, Geborgenheit und inneren Frieden im eigenen Körper zu finden*" (Paulus, 1982, S. 104).

Eßgestörte Frauen glauben oftmals, hauptsächlich nach ihrem Äußeren, und nicht nach anderen Persönlichkeitsmerkmalen, beurteilt zu werden. Dünnsein stellt für sie den wichtigsten Aspekt ihres Selbstbildes dar. Nicht-Dünnsein bedeutet schwach, faul, wenig liebenswert und inkompetent zu sein (Rosen, 1990). Viele Patienten machen den Körper für ihr Daseinsversagen und zwischenmenschliche Schwierigkeiten verantwortlich. Gedanken wie „*wäre ich nicht so dick, wäre ich beliebter*" oder „*wenn ich dünn wäre, hätte ich mehr Erfolg*" sind charakteristisch. Eßgestörte Frauen unterscheiden sich von nicht-eßgestörten Frauen aufgrund dieser übertriebenen Bedeutung, welche sie dem Aussehen, vor allem der Figur und dem Gewicht, beimessen. Ihr Aussehen beeinflußt den eigenen Selbstwert mehr als alle anderen Persönlichkeitsmerkmale. Selbstwertprobleme eßgestörter Menschen sollen folglich mit einem schönen Körper wettgemacht werden (Wardetzki, 1991). Diese Überbewertung des Aussehens und sein enormer Einfluß auf den Selbstwert eßgestörter Patienten ist für die therapeutische Arbeit von großer Bedeutung.

6.4. Entstehung

Körperwahrnehmungsstörungen sind äußerst komplex und multidimensional. Neurologische, psychische oder physische Erkrankungen oder Veränderungen am Körper und deren komplexes Zusammenspiel kommen als Ursache für ein verändertes psychisches Körperbild in Betracht. Man weiß bis heute nicht, ob diese Art der Störung bei anorektischen oder bulimischen Patientinnen eine sekundäre Folge des Hungerns und der physischen Ausmergelung ist, oder ein kompensatorischer Mechanismus, um eine belastende, kognitive Dissonanz zu verhindern, oder, ob Körperwahrnehmungsstörungen bei der Entwicklung von Eßstörungen als prädisponierender, auslösender oder chronifizierender Faktor anzusehen sind (Meermann & Vandereycken, 1987; Vandereycken, 1989). Dies gilt auch für das Phänomen der

Verzerrung der inneren Wahrnehmung der Körperreize (Propriozeption). Für Körperwahrnehmungsstörungen gibt es unterschiedliche Erklärungsversuche:

6.4.1. Neurologische oder physische Veränderungen

Neurologische oder physische Erkrankungen oder Veränderungen am Körper kommen als Ursache für ein verändertes Körperbild in Betracht, z.b. bei Hautekzemen, Verbrennungen, bei einer Erkrankung des Nervensystems oder bei bleibenden Behinderungen, z.B. nach einer Amputation. Solche Tatbestände stellen meist den Glauben an die eigene Gesundheit, Leistungsfähigkeit und Attraktivität in Frage und erfordern, je nach Schweregrad, in den meisten Fällen eine tiefgreifende Umgestaltung des Lebens und/oder zumindest eine Umstrukturierung des Selbst- und Körperbildes.

6.4.2. Soziokulturelle Einflüsse

Schlankheit gilt als wichtigstes Merkmal der physischen Attraktivität (Berscheid, Walster, Bohrnstedt, 1973). Zahlreiche Untersuchungen bestätigen die massiven Veränderungen des Körperideals der Frau seit Beginn unseres Jahrhunderts. Der Vergleich von Schaufensterpuppen, Gewinnerinnen amerikanischer Schönheitswettbewerbe und Maße der Playmates aus den Playboy-Magazinen in den letzten 40 Jahren (Garner, Garfinkel, Schwartz & Thompson, 1980), sowie die Durchsicht von Frauen-Magazinen von 1900-1986 zeigen diesen Wandel deutlich. *„Das augenblickliche Ideal orientiert sich an präpubertierenden Mädchen mit einem faltenfreien, straffen und unreifen Körper"* (Garner, 1990, S. 15).

Verschiedene Studien belegen, daß schon bei Mädchen zwischen 9 und 12 Jahren das Gefühl, zu dick zu sein, sowie der Wunsch, das Gewicht zu reduzieren und Diätverhalten weit verbreitet sind (Rosen & Gross, 1987; Koff & Rierdan, 1991; TCE, 1999).

Das Ideal-Körperbild der Frau wurde in den Medien immer dünner (Rodin, 1993 a, b). Dieser massive Wandel im soziokulturell vermittelten und subjektiv erlebten (Ideal-)Bild vom Körper ist ursächlich für die neue Beachtung der Körperlichkeit mit verantwortlich (Stormer & Thompson, 1996). Der Einfluß der Medien (vor allem des Fernsehens) spielt erwiesenermaßen eine wichtige Rolle. Untersuchungen belegen den negativen Einfluß idealisierter Frauenbilder der Medien auf die Körperwahrnehmung (Tiggemann & Pickering, 1996). Psychisch repräsentierte individuelle Körperidealbilder stehen oft in kognitiver Diskrepanz zu dem subjektiven Körperrealbild. *„Mit wachsender Diskrepanz zwischen Ideal- und Durch-*

schnittsfigur steigt die Unzufriedenheit mit dem eigenen Körper bei Mädchen und Frauen" (Eltze, 1996, S. 45). Insbesondere die Auswahl des Fernsehprogrammes – mehr als das Ausmaß – erwies sich als entscheidend für eine Negativ-Beeinflussung. Bestimmte Fernsehprogramme, in denen vermehrt Frauen-Klischees oder Frauenidealkörper gezeigt wurden, wie z.b. in Musikvideos, führten zu einer größeren Körperunzufriedenheit oder dem Drang, dünn zu sein (Tiggemann & Pickering, 1996).
Auch Printmedien zeigen ihre Wirkung auf die weiblichen Betrachter. Nach Durchsicht von Fotos von Mannequins aus internationalen Modezeitschriften hatte sich die Körperwahrnehmung bei eßgestörten Patienten (im Vergleich zu nicht-eßgestörten) negativ verändert: Es ließen sich eine Verschlechterung der Stimmung und ein Anstieg von Gefühlen wie Wut und Depression feststellen, sowie, daß eßgestörte Frauen im Vergleich zu einer nicht-eßgestörten Kontrollgruppe für derartige Medieneinflüsse anfälliger sind (Pinhas, Toner, Ali, Garfinkel & Stuckless, 1998).

6.4.3. Entwicklungspsychologische Aspekte nach Bruch

Der hier beschriebene entwicklungspsychologische Ansatz geht auf Hilde Bruch zurück. Sie nimmt eine Fehlentwicklung kognitiver Strukturen zur Organisation der Körperwahrnehmung bei Eßgestörten an (vgl. Kapitel 4.2.). Stimuli vom Körperinneren oder der Körperoberfläche können nicht oder nicht korrekt wahrgenommen werden. Die wichtigsten entwicklungspsychologischen Aspekte sind hier genannt:
- Störung in der Wahrnehmung der Proportionen des eigenen Körpers (Verleugnung der Abnormalität des Körpergewichts)
- Fehlwahrnehmung und falsche kognitive Interpretation körperlicher Funktionen wie Hunger, Durst, Schmerz, Müdigkeit oder Temperaturschwankungen
- gestörte Wahrnehmung und kognitive Interpretation sexueller Bedürfnisse
- Verleugnung jeglicher Müdigkeit, Erschöpfung und Hyperaktivität
- Schwierigkeiten bei der Identifizierung und Unterscheidung verschiedener emotionaler Zustände (Traurigkeit, Wut, Angst,...)
- Fehlen eines Gefühls der eigenen Körperidentität oder tiefgreifendes Gefühl der Ineffektivität (kein Zugang zum eigenen Körper; das Gefühl, keine Kontrolle über ihn zu haben; Gefühl, der Körper gehöre nicht zu einem).

(vgl. Maaser, 1982, S. 30f)

6.4.4. Entwicklung der Sexualität

Die Theorie, daß anorektische Verhaltensweisen eine Vermeidung der biologischen Reifung oder eine Antwort Jugendlicher auf Konflikte, Ängste, Anforderungen und Erwartungen des Erwachsenwerdens darstellen, ist weit verbreitet. Bruch sieht in der Anorexie eine Angst vor sowie eine Ablehnung von Sexualität oder Schwangerschaft. Mädchen versuchen durch Diäten „*die Wahrnehmung von Kurven und Brüsten aus ihrem Körperbild auszuschließen*" (Bruch, 1991, S. 126). Es wird hier zwischen anorektischen und bulimischen Frauen unterschieden: erstere versuchten Weiblichkeit durch Abmagerung zu vermeiden, wohingegen letztere oftmals den extremen Wunsch hätten, der Idealversion der aktuellen Weiblichkeit exakt zu entsprechen. Einige Autoren sehen in sexuellen Ängsten, sexueller Unreife oder sexuellen Traumata mögliche Faktoren zur Entstehung von Körperbildstörungen (Rosen, 1990). Allgemein machten Frauen mit chronischen Eßstörungen signifikant häufiger Angaben zu schwerwiegenden Traumatisierungen als Frauen ohne Eßstörungen: bei einer Untersuchungsgruppe muß bei ca. 30% der bulimischen und anorektischen Frauen von einer sexuellen Traumatisierung ausgegangen werden (Connors & Morse, 1992). Andererseits entwickelten von 541 Frauen, welche sexuelle Mißbrauchserfahrungen erleben mußten, 47% eine Eßstörung, 40% berichteten von traumabezogenen Ängsten vor Berührungen und Sex, 35% gaben an, Sexualität zu vermeiden oder abzuwehren und 45% gaben an, ihren eigenen Körper abzulehnen (Teegen & Cerney-Seeler, 1999).

6.4.5. Autonomie und Effektivität

Der Einfluß der Familie auf die Entstehung oder Aufrechterhaltung von Eßstörungen und negativen Körpereinstellungen ist vielerorts untersucht und beschrieben worden (Levy, 1932, Bruch, 1991, Gerlinghoff & Backmund, 1992, 1995). Charakteristisch für das Familiensystem eines eßgestörten Patienten sind u.a. Rigidität, Überbehütung, Kontrolle, Dominanz und „Einmischung" der Eltern (meistens der Mütter), ein hoher Abhängigkeitsgrad von den Familienmitgliedern, Defizite bei Problemlösungen, die Leugnung aggressiver Gefühle und Konflikte zugunsten der Familienharmonie, Grenzüberschreitungen (keinerlei Intimsphäre) und Verhinderung von Autonomiebestrebungen, indem vorgegeben wird, den anderen vor Mißerfolgen bewahren zu wollen. Der Drang nach asketischem Dünnsein und die Fixierung auf das Gewicht und die Figur wurden als Versuche interpretiert, sich wenigstens einen eigenen Bereich zu schaffen, in dem die Kontrolle in der eigenen Hand liegt und die Eltern keinen Einfluß nehmen können. Gewichtsabnahmen helfen somit, sich von den Eltern abzugrenzen und die eigene Effektivität, die in anderen Lebensbereichen unmöglich gemacht wird, wahrzunehmen (Bruch, 1973).

6.4.6. Bedeutung von sozialer Entwertung

In den vergangenen 10 Jahren bestätigten verschiedene Untersuchungen einen signifikanten Zusammenhang zwischen einer Karriere des „Gehänseltwerdens" und Körperbildstörungen, sowie einem geringen Selbstbewußtsein, Depression und Eßstörungen im allgemeinen (Thompson & Heinberg, 1993; Catterin & Thompson, 1994; Fabian & Thompson, 1989; Stormer & Thompson, 1996). Erwachsene, welche in ihrer Jugend bezüglich ihres Äußeren negatives Feedback, soziale Ablehnung oder Entwertung erleben mußten, äußerten eine geringere Körperzufriedenheit als Erwachsene, die keine derartigen Erfahrungen gemacht hatten. Eine Untersuchung mit 2000 Befragten bestätigte diesen Zusammenhang: es mögen 48% der Frauen und 45% der Männer, die gehänselt wurden, ihr Aussehen als Erwachsener nicht. Abwertende Spitznamen führten zu bleibenden Bildern und Unzufriedenheiten (Berscheid et al., 1973, 1974). Ein ungewöhnlich hoher Anteil bulimischer Frauen war vor Beginn der Eßstörung übergewichtig, was die Vermutung nahe legt, daß diese in besonderem Maße negativem Feedback ausgesetzt waren. Früh schon zeigte sich, daß Kinder vor allem die Einstellungen der Eltern, insbesondere herabsetzende Haltungen hinsichtlich des Körpers, in ihr Körperbild integrieren (Levy, 1932). Oft waren die Mütter eßgestörter Mädchen besonders kritisch mit dem Aussehen ihrer Töchter. Die häufigsten abwertenden Kommentare scheinen die Gleichaltrigen untereinander zu machen, die Mütter kommen laut einer Studie an zweiter Stelle (30%) und die Väter an dritter Stelle (24% – Schwartz, Phares, Tantleff-Dunn & Thompson, 1999). Die Korrelation zwischen abwertenden Kommentaren und der Körperzufriedenheit erwies sich bei den gehänselten Töchtern als signifikant – nicht so bei den Jungen (Schwartz et al., 1999).

6.4.7. Negativer sozialer Vergleich

Eine weitere Erkenntnis besagt, daß das Ausmaß der Tendenz, sich und sein Aussehen stets mit einem Idealbild oder dem Aussehen anderer Personen (Familienmitglieder, Freunde, Klassenkameraden, Berühmtheiten, Frauen aus der unmittelbaren Nähe, etc.) zu vergleichen, die geringe Körperzufriedenheit oder das Gefühl, „zu fett" zu sein, teils radikal verstärke und somit das Risiko erhöhe, an einer Eßstörung zu erkranken (Striegel-Moore, Mc Avay & Rodin, 1986; Thompson, Heinberg & Tantleff, 1991; Thompson, 1992; Heinberg & Thompson, 1992). Um die spezifischen Charakteristika dieses negativen sozialen Vergleichs detailliert benennen zu können, werden jedoch noch weitere Forschungsbemühungen benötigt.

6.4.8. Einflüsse durch Freunde

Der Freundeskreis, dessen Ansichten, Verhaltensweisen und Werte spielen bei der Entstehung von eßgestörtem Verhalten und einem Mangel an Körperzufriedenheit eine beachtenswerte Rolle (Paxton, Schultz, Wertheim & Muir, 1996). Die Bedeutung von Dünnsein und die Ablehnung von Dicksein als gemeinsame Werte innerhalb eines Freundeskreises, sowie die Häufigkeit von Gesprächen über Themen wie Gewicht/Figur oder Techniken zur Gewichtsreduzierung, können das Verhalten der Teenager beeinflussen (Nichter & Vuckovic, 1994). Die „Clique" dient oft als Modell für eigenes Verhalten und Denken. Je mehr Sorgen sich die Freunde bezüglich ihres Gewichts machen, desto mehr Sorgen macht sich der einzelne Teenager. Das Diätverhalten der Freunde steht in engem Zusammenhang mit dem des einzelnen Jugendlichen (Paxton et al., 1996; Levine, Smolak, Hayden, 1994; Levine, Smolak, Moodey, Shuman, Hessen, 1994). Jugendliche halten nicht selten gemeinsam Diät und motivieren sich dabei gegenseitig (Paxton, 1996). Genauso aber können auch andersherum Freunde gefährdeten und sozial unsicheren Jugendlichen emotionale Unterstützung bieten und somit bei der Prävention oder der Aufgabe von eßgestörtem Verhalten hilfreich sein (Rorty, Yager & Rossotto, 1993).

Innerhalb des Freundeskreises spielen die bereits genannten Faktoren des sozialen Vergleichs und der sozialen Entwertung eine besondere Rolle.

6.4.9. Selbstwert

Allgemein ist das Selbstwertgefühl bei Frauen sehr viel stärker an die Überzeugung von der Attraktivität der eigenen Erscheinung gebunden als bei Männern (Lerner, Karabenick & Stuart, 1973).

Frauen mit Eßstörungen leiden meist unter einem extrem geringen Selbstwertgefühl. Sie glauben oftmals, „schlechter" zu sein als andere, und haben Angst vor Ablehnung und Verlassenwerden. Der Selbstwert eßgestörter Frauen hängt stark von ihrem Aussehen, insbesondere ihrer Figur und Gewicht ab. Bei eßgestörten Patienten zeigte sich: Körperwahrnehmung und Körperzufriedenheit waren bei den Patienten am meisten gestört, welche das geringste Selbstwertgefühl aufwiesen (Garner & Garfinkel, 1982). Eine naheliegende, aber nicht erwiesene Schlußfolgerung daraus lautet: negative Selbstwertgefühle erzeugen bei eßgestörten Patienten negative Körperbilder und, sobald der Selbstwert sinkt, rückt das Aussehen in den Fokus ihrer Aufmerksamkeit. Der Aspekt Selbstwert scheint bei der Entstehung und Aufrechterhaltung von Eßstörungen, und damit auch von Körperbildstörungen überhaupt, der entscheidende Faktor zu sein.

6.4.10. Tragfähige Beziehungen

Es zeigt sich, daß für die Entwicklung des Körperbildes Erfahrungen eine Rolle spielen, welche allgemein die Existenz oder Nicht-Existenz tragfähiger Beziehungen betreffen (Rosen, Orosan-Weine & Tang, 1997). Grundsätzlich kann eine „stabile, gute Bezugsperson" in der Kindheit und Jugendzeit für den späteren Erwachsenen einen Schutz vor Erkrankung darstellen (Tress, 1986). *„Ein-sich-mit-einem-anderen-Austauschen darüber, was emotional belastet, was Probleme macht, wirkt therapeutisch, wirkt lebenserhaltend"* (Lang, 1994, S. 36).

In einer Studie stimmten 96% der psychosomatischen Patienten der Aussage *„Es ist wichtig, jemand zu haben mit dem man reden kann"* zu (Lang, Faller & Schilling, 1987). Ein Partner, dem man vertrauen kann, erhält eine wichtige therapeutische Funktion. Von diesem Partner werden außerdem verlangt: Geduld, menschliche Wärme, wechselseitige Sympathie sowie Respekt vor den Worten des anderen zu bewahren. Das Selbst und das Selbstbewußtsein können sich in der Beziehung und im Gespräch mit dem anderen, im Prozeß wechselseitiger Anerkennung konstituieren, regenerieren und stabilisieren (Tress, 1986).

6.4.11. Weitere Einflußfaktoren

Weitere Einflußfaktoren und „körperbildformende" Erfahrungen ermittelten Rosen et al. (1997) in einer umfangreichen Studie: pubertätsbedingte Erfahrungen (z.B. eine frühe oder schnelle körperliche Entwicklung oder damit verbundene gesteigerte Aufmerksamkeit von seiten der Umwelt), der Grad des sexuellen Interesses und der Anerkennung (Beliebtheit) von seiten der Umwelt, Erfahrungen im Rahmen sportlicher Aktivitäten (z.B. peinliche Erfahrungen oder Probleme beim Sport aufgrund von Übergewicht), eigene Gewichts- oder Diätkarrieren (z.B. als Kind extrem dick/dünn gewesen sein; zahlreiche gescheiterte Diätversuche), ferner das Eß-/Diätverhalten der Eltern und deren Figur und Gewicht, die Qualität der zur Verfügung stehenden Kleidung (z.B. ob man als Kind die Kleider der älteren Geschwister übernommen, oder aber neue, modische Kleidung bekommen hat) sowie körperliche Veränderungen aufgrund von Krankheit, Unfall oder Operationen.

Haimovitz, Lansky & O'Reilly (1993) zeigten ferner die Instabilität und Beeinflußbarkeit der momentanen Körperzufriedenheit durch situativ- und umweltbedingte Faktoren. Die Autoren experimentieren mit verschiedenen Interaktionen und konnten somit unmittelbar Veränderungen in der Bewertung des eigenen Körpers hervorrufen. Die Autoren beeinflußten die Zufriedenheit und die Stimmung der Probanden unmittelbar, indem sie mittels Entspannungstechniken imaginierte Situationen herbeiführten. Zum Beispiel schilderten Patienten, welche sich vorstellen sollten, in einem Bikini bekleidet ein Schwimmbad zu betreten, meßbar negativere Körpergefühle als vor der Imagination.

Stimmung, Gestreßtheit, oder momentane Eßgewohnheiten spielen bei der Entwicklung und Selbstbewertung des Körperbildes eine entscheidende Rolle. Frauen beurteilten sich kurz nach ihren Mahlzeiten oder während und kurz vor ihrer Menstruation zum Beispiel kritischer und negativer.

Es erscheint vielversprechend, sämtliche mögliche Einflußfaktoren in zukünftigen Forschungsarbeiten noch genauer zu untersuchen (Rosen et al., 1997).

7. Bedeutung der äußeren Erscheinung

"What we look like is an important part of who we are – both to others, as well as to ourselves" (Cash, 1990, S. 51).

Dieses Kapitel gibt einen Überblick über die Bedeutung der äußeren Erscheinung und zeigt, wie unser Äußeres unsere Selbstwahrnehmung, zwischenmenschlichen Beziehungen, soziales Verhalten und Aktionen, und damit unser ganzes Leben beeinflußt. Es befaßt sich damit, wie andere und wie wir selbst im allgemeinen körperliche Vorzüge/Attraktivität wahrnehmen und darauf reagieren. Das Aussehen gibt einem Beobachter Anlaß zu teilweise weitreichenden Hypothesen über die Persönlichkeit des Betrachteten, ruft Reaktionen von Sympathie und Antipathie hervor und wirkt sich auf den Fortgang der Kommunikation und Interaktion aus (Berscheid & Walster, 1974; Paulus & Otte, 1979).

7.1. Fremd- und Selbsteinschätzung

Der Aspekt der Fremdeinschätzung befaßt sich mit den Einflüssen physischer Attraktivität auf soziale, zwischenmenschliche Interaktionen und menschliche Entwicklung. Die Selbsteinschätzung betrifft die subjektiven, individuellen Erfahrungen mit dem Äußeren und seinen Eigenschaften (Cash, 1990). Zufriedenheit mit dem eigenen Körper resultiert auch aus Rückmeldungen der Interaktionspartner, durch die das Individuum über die Wirkung seines Aussehens in Kenntnis gesetzt wird. Aus der eigenen Selbsteinschätzung hinsichtlich des Äußeren ergeben sich Konsequenzen für zukünftiges Verhalten (u.a. Auswahl der Kleidung, Diäten, Aufsuchen zwischenmenschlichen Kontaktes). Die Selbsteinschätzung führt zu emotionalen Reaktionen, die sich als Zufriedenheit bzw. Unzufriedenheit charakterisieren lassen (Paulus & Otte, 1979).

7.2. Stereotypien bezüglich des Äußeren

Es kursieren zahlreiche Stereotypien bezüglich des Äußeren. Übergewichtige Menschen haben in unserer Gesellschaft allgemein mit zahlreichen Vorurteilen, Diskriminierungen und Nachteilen zu kämpfen. Ihnen wird oft die Schuld ihres Aussehens gegeben und mangelnde Willens- oder Charakterstärke unterstellt.

Einige Forscher vermuten: Unattraktivität stellt einen Risikofaktor hinsichtlich der Entwicklung von Psychopathologie im allgemeinen dar (Cash, 1990). Dagegen wird auch behauptet, daß für gutaussehend befundene Menschen (angeblich) glücklicher, erfolgreicher oder beliebter seien. Einige Tests schienen dies zu bestätigen: attraktive Menschen haben größere Chancen beim anderen Geschlecht, auf dem Stellenmarkt und vor Gericht, hübsche Kinder werden von Eltern (Hildebrandt & Fitzgerald, 1983) oder auch Lehrern (Adams, 1977) bevorzugt. Aber attraktive Menschen werden auch oftmals aufgrund ihres Aussehens negativer bewertet als weniger Attraktive. Attraktiven Frauen wird z.b. im Berufsleben oft unterstellt, ihren Erfolg ihrem Äußeren und nicht ihrer Kompetenz zu verdanken. Gutaussehenden werden öfters als oberflächlicher, arroganter, egozentrischer und sexorientierter angesehen (Cash & Duncan, 1984; Cash & Janda, 1984).

Allerdings soll an dieser Stelle ausdrücklich erwähnt werden: trotz kursierender Stereotypien und einiger Forschungsergebnisse beweisen die Erfahrungen mit eßgestörten Frauen immer wieder: auffallend attraktive, idealfigurliche Patientinnen besitzen nicht selten ein ebenso geringes oder sogar geringeres Selbstbewußtsein als ihre weniger attraktiven, übergewichtigen Mitpatientinnen.

Resümierend läßt sich jedoch mit Sicherheit feststellen: Unterschiedliche Attraktivität führt zu unterschiedlichen Selbst- und Körperbildern, Stimmungen, Persönlichkeitsmerkmalen und zieht unterschiedliche Reaktionsweisen anderer, unterschiedliche zwischenmenschliche Aktionen und Chancen nach sich. Die äußere Erscheinung ist sicherlich keine belanglose und oberflächliche Variable.

7.3. Einflußmöglichkeiten auf die eigene Attraktivität

Äußere Erscheinung und Attraktivität sind keine statischen und unveränderbaren Persönlichkeitsattribute. Äußerliche Gegebenheiten des Körpers unterliegen ständigen Veränderungen. Alterungsprozesse z.B. berühren eine Vielzahl von Äußerlichkeiten. Auch verändert sich zum Beispiel das Gesicht, wenn auch nur in geringem Maße in seiner Physiognomie über einen einzigen Tag hinweg. Den Menschen stehen außerdem verschiedene Möglichkeiten zur Verfügung, aktiv auf ihre äußere Erscheinung Einfluß zu nehmen, diese selbst zu kreieren und positiv zu verändern – durch sportliche Aktivitäten, Gewichtsveränderungen, Kosmetika, Kleidung und Accessoires – oder, in Extremfällen, durch chirurgische Eingriffe. Den Aspekten Kosmetika und Kleidung wurden zahlreiche Untersuchungen gewidmet. Ergebnisse belegten, daß Körperpflege, der Gebrauch von Kosmetika und die Kleiderauswahl das Selbstbild (z.B. hinsichtlich Körperbildaspekte, Selbstwahrnehmungen, Stimmungen) und das soziale Bild (Gefühle sozialer Zufriedenheit und Effektivität) verbessern konnten (Cash, Dawson, Davis, Bowen, & Galumbeck, 1989). Kleider werden als *"mood-altering substances"* beschrieben (Cash, 1990).

Studien zeigten: Frauen, welche ihr Aussehen durch Kosmetika beeinflußten wurden von männlichen und weiblichen Beurteilern, genauso wie von den Frauen selbst, als attraktiver beurteilt, als ohne Schminke (Graham & Jouhar, 1981; Cox & Glick, 1986; Cash et al., 1989). Die Kleiderauswahl scheint ähnliche Ergebnisse zu erzielen und weitreichende soziale Botschaften zu vermitteln (Solomon, 1985; Kaiser, 1985). Der „strategische Einsatz" von Kleidung kann in speziellen Situationen große Wirkung erzielen (Bsp. Bewerbungsgespräch).

Derartige therapeutisch bedeutsame Erkenntnisse sollten zukünftig vermehrt Eingang in die klinische Praxis erhalten. Cash empfiehlt ein *"physical appearance training"* als Bestandteil der Therapie bei beispielsweise sozial ängstlichen Jugendlichen oder depressiven oder übergewichtigen Personen (Cash, 1990). Das Therapiezentrum für Eßstörungen (TCE) in München hat diese Erkenntnisse klinisch nutzbar gemacht und den Aspekt der äußeren Erscheinung bewußt in das Körpertherapie-Konzept integriert.

8. Körperzufriedenheit

8.1. Bedeutung der Körperzufriedenheit

Die Bedeutung eines positiven Verhältnisses zum eigenen Körper ist an verschiedenen Stellen schon häufig ausdrücklich betont worden. In der Forschung wurde sichtbar, welche Relevanz der Körperzufriedenheit als Teilaspekt einer umfassenden positiven Beziehung zum Körper im Kontext psychischen Wohlbefindens zukommt (Cash & Deagle, 1997). Hilde Bruch bezeichnete das Unglücklichsein über die körperliche Erscheinung als wichtigsten Aspekt des Körperbildes. Die Zufriedenheit mit dem eigenen Körper kann nicht als eine Äußerlichkeit abgetan werden, sondern subjektiv erlebte Beeinträchtigungen müssen ernst genommen werden, da sie mit weitreichenden psychischen Konsequenzen verbunden sind (Paulus & Otte, 1979).

Innerhalb des persönlichkeitspsychologischen Ansatzes der Erforschung der Körpererfahrung hat der Aspekt der Zufriedenheit mit dem eigenen Körper frühzeitig Beachtung gefunden (Secord & Jourard, 1953; Shontz, 1969; Fisher, 1970; Kiener, 1973, 1974). Mit ihren Arbeiten aus dem Jahre 1953 haben Secord und Jourard durch die Anwendung der Fragebogentechnik dem wissenschaftlichen Vorgehen neue Möglichkeiten eröffnet. Zusammenfassend läßt sich sagen, daß eine abwertende Einstellung gegenüber dem eigenen Körper häufig als wesentlicher Bestandteil einer neurotischen Selbstwertproblematik anzusehen ist. Ohne mangelnde Körperzufriedenheit gäbe es keine Eßstörung. Kaum eine Frau würde eine Diät beginnen, wäre sie nicht mit ihrem Aussehen unzufrieden (abgesehen von den wenigen Ausnahmen, die aus rein gesundheitlichen Gründen abnehmen müssen).

Seit Mitte der 80er Jahre fokussieren einige Forschungsarbeiten im Rahmen affektiver Studien den Aspekt der Körperzufriedenheit (Ben-Tovim & Walker, 1991, 1992; Cash & Brown, 1987). Ergebnisse hierzu zeigen große Übereinstimmung. Verschiedene Autoren sind sich einig darüber, daß die Körperzufriedenheit ein primäres Ziel therapeutischer Interventionen sein sollte, um eine langfristige Heilung und effektive Rückfallprophylaxe möglich zu machen. Leider gibt es bisher noch wenig Literatur und kaum empirische Nachweise speziell darüber, wie die Körperzufriedenheit am besten konkret und direkt erzielt werden kann.

8.2. Definition

Ein einfaches Konzept eines einzigen generellen Faktors „Körperzufriedenheit" gibt es nicht. Die Zufriedenheit kann sich auf das Aussehen des eigenen Körpers im ganzen, auf verschiedene Regionen im einzelnen, nur auf das Gewicht/die Figur oder auf sonstige spezielle Eigenschaften, Fähigkeiten und Funktionen des eigenen Körpers beziehen.

Die Unzufriedenheit mit dem eigenen Körper kann je nach Individuum stark in ihrer Intensität variieren: sie reicht von leichter Unzufriedenheit mit nur einem einzelnen, bestimmten Teil des Körpers bis hin zu einer extremen Ablehnung, Nichtakzeptanz und Haß gegenüber der gesamten äußeren Erscheinung.

Eßgestörte Patienten äußern sich häufig folgendermaßen: *„ich bin zu fett"*, *„ich bin häßlich"*, *„ich hasse meinen Körper/mein Spiegelbild"* oder *„ich finde meinen Körper ekelhaft"*. Die Unzufriedenheit zeigt sich bei eßgestörten Frauen vor allem darin, wie stark der Drang, dünn zu sein, ausgeprägt ist und wie extrem die Sorge um Gewicht und Figur ist (Garfinkel et al., 1992).

Die dramatischste Form von Körperablehnung drückt sich in selbstverletzendem Verhalten aus (z.B. absichtliches Brennen mit Zigaretten, Ritzen der Haut mit Rasierklingen). Die für eßgestörte Patienten charakteristische Körperentfremdung, sowie der Selbsthaß und der Glaube, man sei „sowieso nichts wert" führt bei dieser Klientel nicht selten zu derartigen Selbstverletzungen.

In der englischen Literatur setzt sich immer mehr der Begriff „Body Disparagement" durch: Body Disparagement wird definiert als ein Gefühl, daß der eigene Körper grotesk und abstoßend ist, und, daß ihn andere Menschen mit Feindseligkeit und Verachtung betrachten (Ben-Tovim & Walker, 1990).

Da mangelnde Körperzufriedenheit auch unter nicht-eßgestörten Frauen weit verbreitet ist, kommt es vor allem auf das Ausmaß an und darauf, welcher Aufwand betrieben wird, um den „Traumkörper" zu erreichen. Nicht-eßgestörte Frauen verspüren im Vergleich zu eßgestörten Frauen meist, obwohl sie Unzufriedenheiten äußern, keinen nennenswerten Leidensdruck und sehen letztendlich weniger Anlaß, ihren Körper zu verändern.

Lange wurde die Körperzufriedenheit als Teilaspekt dem Begriff des Körperbildes untergeordnet und nicht explizit beachtet. Heute gilt sie unbestritten als das wahrscheinlich wichtigste Charakteristikum und wichtigster Bestandteil des Phänomens Körperbild und bedarf besonderer Aufmerksamkeit. Es ist generell zu überlegen, ob es sinnvoll wäre, die affektive Komponente der Körperzufriedenheit, neben der kognitiven Komponente der Sorge um Gewicht und Figur, zu einem eigenständigen Diagnosekriterium zu erklären und somit die Diagnosekriterien zu präzisieren (Garfinkel et al., 1992).

In einigen Fällen extremer Körperablehnung spricht man von „Körperdysmorpher Störung", welche erstmals im DSM-III-R (APA, 1989) beschrieben wurde und vorher unter „Schönheits-Hypochondrie" bekannt war. Das Charakteristische dieser Störung ist, die permanente Überbeschäftigung und Ablehnung eines bestimmten Körperaspektes – meist Gesicht –, welcher für Außenstehende objektiv betrachtet völlig normal erscheint. Dieses Phänomen muß von einer mangelnden Körperzufriedenheit, welche aufgrund einer Eßstörung oder eines real vorhandenen physischen Defektes/einer Deformität besteht, differenziert werden (Fallon, 1990).

Für den eigenen Zweck ist es nun wichtig, den Begriff Körperzufriedenheit möglichst umfassend, aber unmißverständlich zu definieren:

> In dieser Arbeit bezieht sich das Konzept Körperzufriedenheit auf bewußte, subjektive Einstellungen, Bewertungen und Gefühle, die primär dem Aussehen (der Gesamterscheinung) des eigenen Körpers (seinem Gewicht, Figur und seiner Attraktivität) und/oder bestimmter einzelner Regionen (Hüfte, Po, Oberschenkel, Bauch, Brust) gegenüber geäußert werden.

8.3. Studien zur Körperzufriedenheit

Starke Besorgnis um die eigene Figur und eine generelle Unzufriedenheit mit dem eigenen Körper ist unter jungen Frauen westlicher Kulturen weit verbreitet. Es gibt Beweise, daß diese existiert, in jungen Jahren beginnt und bei Frauen schwerwiegender ist als bei Männern. Spezielle Körperregionen wie Bauch, Taille, Hüfte und Oberschenkel sind am stärksten betroffen (Fisher, 1986). Über die exakte Häufigkeit der Unzufriedenheit in der heutigen Gesellschaft herrscht Uneinigkeit.

Mangelnde Körperzufriedenheit ist daher nicht charakteristisch für eßgestörte Patienten, sondern auch für Frauen der Normalbevölkerung und klinische Kontrollpersonen, wie z.b. psychosomatische Patientinnen (Fernandez, Dahme und Meermann, 1994; Fernandez, Probst, Meermann, Vandereycken, 1994). In einer extremen Form stellt sie jedoch ein zentrales Symptom der Eßstörungen dar. Es gilt als erwiesen, daß eßgestörte Frauen unzufriedener sind und auch dünner sein wollen als nicht-eßgestörte Frauen (Garner, Olmsted, Polivy, & Garfinkel, 1984; Hsu & Sobkiewicz, 1991). Allgemein sind Frauen, die sich viel mit ihrem Gewicht beschäftigen, in der Regel unzufriedener (Garner et al.,1984).

8.3.1. Körperzufriedenheit in der Normalbevölkerung

Noch in den 50er und 60er Jahren, hielten nur wirklich übergewichtige Menschen Diät. Das Körpergewicht der Miss America ist in den letzten 20 Jahren kontinuierlich gesunken (Rodin, 1993). Die Zunahme von Diätartikeln in Frauenzeitschriften zeigen den Zuwachs der Bedeutung der äußeren Erscheinung (Garner, 1990). Die generelle Unzufriedenheit mit dem eigenen Körper in der (weiblichen) Normalbevölkerung ist heutzutage erschreckend groß und steigt stetig (Touyz, Beaumont, Collins, Mc Cabe, Jupp, 1984). Aufgrund der enormen Verbreitung bezeichnet Thompson sie als *„normative Unzufriedenheit"* (Thompson, 1990).

Im Jahre 1972 stuften 29% der Männer und 32% der Frauen ihr Aussehen im sozialen Alltag als sehr wichtig ein, 1993 waren dies dann 63% der Männer und 68% der Frauen (Rodin, 1993). Dieser Zuwachs ist in einer Gesellschaft, welche Dickleibigkeit immer noch mit negativen Persönlichkeitsmerkmalen assoziiert und dickleibige Menschen zu Opfern von Diskriminierung macht, wenig erstaunlich (Rothblum, 1992).

Frühe Studien zeigen, daß gerade unter jungen Mädchen die Unzufriedenheit mit dem eigenen Körper weltweit schon länger Thema ist (Huenemann, Shapiro, Hampton & Mitchell, 1966; Dwyer, Feldman & Mayer, 1967; Nylander, 1971).

Eine Auswahl einzelner Studien zum Thema der mangelnden Körperzufriedenheit in der Normalbevölkerung soll deren Verbreitung in westlichen Gesellschaften verdeutlichen:

- Die Bundeszentrale für gesundheitliche Aufklärung (BZgA) ermittelte im Jahr 2000 folgende Daten: 63% der 13- bis 14-jährigen Mädchen würden gerne besser aussehen, 59% wären gerne dünner. Fast 2/3 der 13- bis 14-jährigen Mädchen quälen sich mit einem „Makel" an ihrem Körper, über den sie nicht sprechen wollen (*„Da gibt es etwas, was ich nicht sagen mag"*), 8% der Mädchen mit objektiv zu geringem Gewicht halten sich für zu dick und machen eine Diät. Die Erfahrungen aus den Anrufen beim Kinder- und Jugendtelefon der BZgA zeigen, daß bei 25% aller Mädchen das wichtigste persönliche Thema die Auseinandersetzung mit dem eigenen Körper und Aussehen darstellt. Sie erfragen Hilfe, weil sie sich als „zu fett" sehen, „scheußlich fühlen" oder in der Schule „als Dicke" beschimpft werden. Schon 9- bis 10-jährige nutzen die Telefonberatung, da sie unzufrieden und verzweifelt über ihren Körper sind (Quelle: BundesArbeitsGemeinschaft Kinder- und Jugendtelefon e.V. im Auftrag des BZgA).

- In einer Berliner Studie gaben 44% der 7.-10. Klässlerinnen (im Vergleich zu 4% der Jungen) an, daß ihnen ihr Gewicht persönliche Probleme bereite. Die Untersuchung zeigte bei den Mädchen im Alter zwischen 12 und 16 Jahren eine starke Relevanz für eßstörungsspezifische Themen wie Unzufriedenheit mit dem eigenen Körper, Wunsch nach Schlanksein und Beschäftigung mit Diät (Hein, Neumärker & Neumärker, 1998).
- Amerikanische Forscher fanden heraus: über die Hälfte aller 15- bis 16-jährigen Mädchen bezeichnen sich als „zu fett", 46% haben mindestens schon einmal eine Diät gemacht, 19% waren zum Zeitpunkt der Untersuchung auf Diät, 22% betreiben Sport, um abzunehmen, und 19% erbrechen aus dem selben Grund (Button, Sonuga-Barke, Davies & Thompson, 1996).
- In einer belgischen Studie wünschten sich 92,6% der jugendlichen Kontrollprobandinnen – im Vergleich zu 100% der bulimischen Patientinnen – eine dünnere Figur (Fernandez, Probst, Meermann, Vandereycken, 1994).
- Seligman, Joseph, Donovan & Gosnell (1987) fanden heraus, daß von 500 befragten amerikanischen Mädchen, sich über die Hälfte als übergewichtig einstufte und sich 31% der 10jährigen „zu fett" fühlten, obwohl nur 15% der Befragten tatsächlich übergewichtig waren.
- Großangelegte amerikanische Studien zeigen, daß die Unzufriedenheit mit dem eigenen Körper und dessen Bedeutung zwischen 1972 und 1985 bei Männern und Frauen allgemein gestiegen ist (Berscheid et al., 1973, 1974; Cash, Winstead & Janda, 1986; Rodin, 1993).

Die Körperzufriedenheit ist bei den Männern im Laufe der Zeit zwischen 1972 und 1985 prozentual wesentlich stärker gesunken als bei den Frauen (s. Tabelle 13). Die Gründe für die zunehmende Unzufriedenheit und für die steigende Anzahl von Eßstörungen betroffener Männer könnten u.a. folgende sein: eine allgemein stärkere Ausbreitung des Schönheits- und Schlankheitsbewußtseins, die allgemein gestiegene Wertlegung und Bedeutung des Äußeren bei Männern und Frauen, die zunehmenden Sorgen um Aussehen, Gewicht und Figur, häufigeres Diagnostizieren einer „frauentypischen Krankheit" auch bei Männern sowie ständig steigende Erfordernisse beim (Spitzen-)Sport (s. Kapitel 4.1.). Cash, Winstead & Janda (1986) stellen die Ergebnisse von 1972 mit denen von 1985 in folgender Tabelle gegenüber:

Tab. 13: Mangelnde Körperzufriedenheit im Vergleich: 1972 und 1985

Körpereigenschaft	1972 Männer	1972 Frauen	1985 Männer	1985 Frauen
Größe	13%	13%	20%	17%
Gewicht	35%	48%	41%	55%
Gesicht	8%	11%	20%	20%
Oberkörper	18%	27%	28%	32%
Mittlerer Bereich	36%	50%	50%	57%
Unterer Bereich	12%	49%	21%	50%
Gesamterscheinung	15%	23%	34%	38%

(in: Cash & Pruzinsky, 1990)

Cash und seine Kollegen (1986) fanden ferner heraus: 1/4 aller Männer und 1/3 aller Frauen berichten über generell negative Gefühle bezüglich ihres Aussehens. Über die Hälfte aller Frauen (55%) war unzufrieden mit ihrem Gewicht, und 63% aller Frauen äußerten Angst vor einer Gewichtszunahme. Außerdem: 82% der Männer und 93% der Frauen schenken ihrem Aussehen große Aufmerksamkeit und setzen sich gedanklich und verhaltensmäßig viel damit auseinander, wobei die Aspekte Fitneß und Gesundheit weniger negativ beurteilt wurden.

Im Jahre 1985 zogen 45% aller Frauen (und ca. 1/3 aller Männer) eine Schönheitsoperation in Betracht. Zum Zeitpunkt, als die Frauen den Fragebogen ausfüllten, gaben 38% von ihnen an, derzeit auf Diät zu sein und 10%, regelmäßig Crash-Diäten zu halten. 36% der Frauen berichten von unkontrollierten Freßanfällen. Weibliche Teenager und Twens sorgen sich hierbei am meisten um ihr Aussehen, tun am meisten dafür und sind gleichzeitig jedoch am unzufriedensten. Von ihnen berichten 48% von Freßanfällen und 11% der unter 20-jährigen nehmen der Figur wegen Abführmittel. Ab dem 20. Lebensjahr nimmt die Sorge kontinuierlich ab – erst mit 60 Lebensjahren steigt sie wieder an.

Ein aus therapeutischer Sicht wichtiges Ergebnis der letztgenannten amerikanischen Studie war, daß diejenigen Befragten, welche sich um ihre Fitneß und Gesundheit kümmerten, meist zufriedener mit ihrem Körper waren und sich wohler in ihm fühlten (Berscheid et al., 1986). Daher liegt die Schlußfolgerung nahe, daß im allgemeinen „vernünftige" sportliche Betätigung dazu beiträgt, sich physisch und psychisch besser zu fühlen. Auch diese Erkenntnis läßt sich für die Planung körpertherapeutischer Interventionen nutzbar machen.

Die Unzufriedensten der Studie von Cash, Winstead & Janda (1986) waren erwartungsgemäß die mit dem höchsten Gewicht (meistens Übergewicht), sowie die, die am extremsten Diät hielten. Bei dieser Gruppe fand man auch die negativsten Ergebnisse hinsichtlich des Selbstwertes. Daher kann man folgern: Frauen mit geringer Selbstachtung und einer Tendenz zum Übergewicht zeigen das extremste Diätverhalten und die größte Unzufriedenheit (Garfinkel et al., 1992).

Die Abbildung 2 zeigt einige Ergebnisse amerikanischer Studien zum Thema Körperzufriedenheit, Diätverhalten und Schönheits-/Wertmaßstäbe:

Abb. 2: Schönheits- und Wertmaßstäbe westlicher Gesellschaften

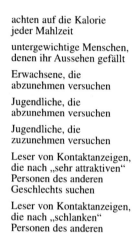
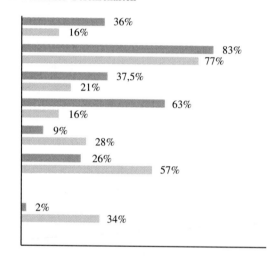

achten auf die Kalorie jeder Mahlzeit	36% / 16%
untergewichtige Menschen, denen ihr Aussehen gefällt	83% / 77%
Erwachsene, die abzunehmen versuchen	37,5% / 21%
Jugendliche, die abzunehmen versuchen	63% / 16%
Jugendliche, die zuzunehmen versuchen	9% / 28%
Leser von Kontaktanzeigen, die nach „sehr attraktiven" Personen des anderen Geschlechts suchen	26% / 57%
Leser von Kontaktanzeigen, die nach „schlanken" Personen des anderen Geschlechts suchen	2% / 34%

(nach Weiss, 1991; Calorie Control Council, 1991; Smith, Waldorf & Trembath, 1990; Britton, 1988; Rosen & Gross, 1987; Cash et al., 1986 b; in Comer, 1995, S. 430)

Das Fazit internationaler Studien lautet: Schlankheitsideale, Schönheits- und Körperkult werden für immer mehr Mädchen zur psychischen und körperlichen Belastung. Schon junge Mädchen quälen sich mit einem äußerst kritischen Selbst- und Körperbild. *„Erst richtige Kleidung, Tattoos und Piercings öffnen den Weg in die Clique, nur die schlanke Figur garantiert Attraktivität, Liebe und Zuneigung"* (BZgA, 2000).

Zahlreiche normalgewichtige Mädchen und Frauen halten sich für zu dick, untergewichtige für normal und übergewichtige schätzen sich realistisch ein. Diejenigen, welche sich als übergewichtig bezeichneten, äußerten sich allgemein negativer über ihren gesamten Körper und waren unzufriedener, sowohl mit ihrer äußeren Erscheinung, als auch mit ihrer Fitneß und Gesundheit (Cash & Hicks, 1990). Die Art und Weise, wie sich normalgewichtige Personen selbst bezüglich ihres Gewichts einstufen, hat einen starken Einfluß auf die Körperzufriedenheit und andere Körperbildaspekte, Eßgewohnheiten und das allgemeine psychosoziale Wohlbefinden.

8.3.2. Körperzufriedenheit bei eßgestörten Frauen

Der Zusammenhang von mangelnder Körperzufriedenheit und Eßstörungen ist unbestritten. Inwieweit die Unzufriedenheit mit dem eigenen Körper für die Entwicklung von Eßstörungen mitverantwortlich ist, oder inwieweit die Überbesorgnis um die Figur das gestörte Eßverhalten verursacht, ist nicht geklärt und wahrscheinlich von Fall zu Fall unterschiedlich. Der Zusammenhang von mangelnder Körperzufriedenheit und einem geringem Selbstwert gilt als erwiesen. Der Aspekt der Körperzufriedenheit gewinnt für die diagnostisch-therapeutische Exploration eßgestörter Patienten und die Abschätzung der Wirkung einzuleitender Maßnahmen zunehmend an Bedeutung.

Als wichtigsten Aspekt der Körperwahrnehmung nannte Bruch schon früh die Unzufriedenheit oder das Unglücklichsein über die körperliche Erscheinung. Die Berichte, ob von magersüchtigen oder bulimischen Frauen bezüglich ihrer Erfahrungen, Einstellungen und Gefühlen gegenüber ihrem Körper sind oft beinahe identisch. Betroffene berichten, mit ihrem Körper wegen seines Aussehens und Umfanges unzufrieden zu sein, ihn nicht wirklich wahrzunehmen, zu ignorieren oder zu hassen. *„Sie teilen ihn in verschiedene Körperpartien ein, häufig kommt es zu einer Zweiteilung in Körper und Kopf (Geist)"* (Gerlinghoff & Backmund, 1995, S. 95). Oftmals verleugnen eßgestörte Frauen ihren Körper und fühlen sich gleichzeitig an ihn gekettet. Derart negative Empfindungen stellten sich besonders unmittelbar nach der Aufnahme von Nahrungs- oder Flüssigkeitsmengen ein.

Verschiedene Studien stellten den Mangel an Körperzufriedenheit bei eßgestörten Patienten immer wieder unter Beweis:

Tab. 14: Körperzufriedenheit bei anorektischen und bulimischen Patienten

Mangelnde Körperzufriedenheit stellten fest:	
• Freeman, Thomas, Solyom & Hunter, 1984:	bei BN > bei AN und KN
• Touyz, Beaumont, Collins, Mc Cabe & Jubb, 1984:	bei AN und BN
• Freeman, Thomas, Solyom & Koopman, 1985:	bei AN, BN und KN
• Garner, Garfinkel & Shaughnessy, 1985:	bei AN bulimisch und BN, nicht bei AN restriktiv
• Touyz, Beaumont, Collins & Cowie, 1985:	bei BN (AN: 71% zufrieden)
• Garfinkel, Goldbloom, Davis, Olmsted, Garner&Halmi, 1992:	bei BN > bei KN
•Fernandez, Probst, Meermann & Vandereycken, 1994:	Unzufriedenheit: bei BN 100%, AN 42,9%, KN 92,6%

AN = Anorektische Patienten, BN = Bulimische Patienten, KN = Kontrollgruppe, >: signifikant größer als

Wie aus der Tabelle 14 ersichtlich ist, entdeckten einige Forscher, daß sich die mangelnde Körperzufriedenheit der anorektischen Patienten nicht von der bulimischer Patienten unterscheidet. Bei einzelnen Forschern aber erwies sich die Unzufriedenheit bei bulimischen Frauen als größer als bei anorektischen Probanden (Touyz et al., 1985).

Andere Ergebnisse dagegen zeigten, daß vor allem restriktive Anorektikerinnen angaben, mit ihrem Körper zufrieden zu sein (Touyz et al., 1985; Fernandez, et al., 1994 b). Diese Zufriedenheit läßt sich klinischen Erfahrungen nach jedoch in den meisten Fällen mit der vielerorts diskutierten und charakteristischen Krankheitsverleugnung und mangelnden Selbstwahrnehmungs- und Selbstexplorationsfähigkeit dieser Diagnosegruppe erklären (Probst et al., 1990; Vandereycken & Vanderlinden, 1983). Auch besteht diese subjektiv empfundene Zufriedenheit bei Anorektikerinnen zwar in manchen Momenten (z.B. morgens, wenn der Magen noch ganz leer ist oder nach einem erfolgreichen „Null-Diät-Tag"), aber mit nur wenigen hundert Gramm Gewichtszunahme einige Stunden später können sich Stolz und Zufriedenheit schnell in Unzufriedenheit und Haß verwandeln. Hohe Zufriedenheitswerte müssen daher bei dieser Klientel stets kritisch und genau betrachtet werden.

Für zukünftige therapeutische Überlegungen sind desweiteren folgende Erkenntnisse von großer Bedeutung:

Der Schwere der Körperbildstörung kommt eine erhebliche Prädiktoreigenschaft zu (Deter, Manz, Herzog, Müller, 1997; Norris, 1984). Patienten, welche zu Beginn der Therapie einen vergleichsweise großen Mangel an Körperzufriedenheit zeigten, nahmen während der Behandlung weniger an Gewicht zu und erlitten häufiger Rückfälle nach der Entlassung. Dagegen machten Bulimikerinnen, welche ihre Körperzufriedenheit im Lauf der Therapie steigern konnten, hinsichtlich ihres Eßverhaltens die größeren Fortschritte (Freeman, Beach, Davis & Solyom, 1985 a). Die Körperzufriedenheit scheint die Variable unter vielen klinischen und psychosomatrischen Variablen zu sein, welche die größte Aussagekraft bezüglich der Rückfallwahrscheinlichkeit hat (Freeman et al., 1985). Jedoch sind Veränderungsmessungen bezüglich der Körperzufriedenheit im therapeutischen Bereich leider noch selten.

Zusammenfassend läßt sich aus zahlreichen Studien folgendes schließen:

Tab. 15: Die wichtigsten Ergebnisse zur Körperzufriedenheit bei Eßstörungen

1. Viele Bulimikerinnen und einige Anorektikerinnen sind unzufriedener mit ihrem Äußeren und wünschen sich, dünner zu sein als die Kontrollgruppen.
2. Viele nicht-eßgestörte Frauen sind auch unzufrieden mit ihrem Körper.
3. Körperunzufriedenheit ist kein Charakteristikum für Eßstörungen. Nur der Grad der Unzufriedenheit ist bei eßgestörten Frauen signifikant größer als bei nicht-eßgestörten Frauen.

(Hsu & Sobkiewicz, 1991; Slade & Russell, 1973)

8.3.3. Körperzufriedenheit im Zusammenhang mit Persönlichkeitsmerkmalen und Krankheitssymptomen

Den Zusammenhang zwischen Körperzufriedenheit und anderen Persönlichkeitsmerkmalen, insbesondere die positive Korrelation zwischen Selbstwert und Körperzufriedenheit, welche für die klinische Praxis von enormer Bedeutung ist, stellten zahlreiche Autoren, sowohl bei eßgestörten als auch nicht-klinischen Probanden fest (Secord und Jourard, 1953; Gough, 1952; Rosenberg, 1965; Lerner et al., 1973; Mahoney, 1974 und Mahoney & Finch, 1976; Cash, Winstead & Janda, 1986; Gleghorn & Penner, 1989). Die Körperzufriedenheit und Idealmaßangaben bei eßgestörten Patientinnen korrelieren positiv mit der Selbstsicherheit, d.h., Patientinnen mit größerer Selbstsicherheit waren mit ihrem Körper zufriedener und bevorzugten größere Körperdimensionen als ihr Ideal, während sie ihre eigenen Körperdimensionen kleiner einschätzten als jene mit geringer Selbstsicherheit (Garner & Garfinkel, 1981). *"Obviously, if one dislikes the body one 'lives in', it's difficult to be satisfied with the self 'who lives there'"* (Cash & Pruzinsky, 1990, S. 61).

Weitere Erkenntnisse waren: Körperzufriedenheit geht einher mit der Abwesenheit von Krankheitssymptomen (Johnson, 1956; Hart, 1968), wie z.B. Depression (Marsella, Shizuru, Brennan, & Kameoka, 1981; Brodie & Slade, 1988), und mit verschiedenen körperlichen Eigenschaften, Fähigkeiten und Funktionen des Aussehens (Paulus & Otte, 1979; s. Tabelle 16). Probanden mit überdurchschnittlichen Körperzufriedenheitswerten stuften sich als liebenswerter, durchsetzungsfähiger, gewissenhafter und intelligenter ein als Probanden mit unterdurchschnittlichen Werten (Berscheid et al., 1973).

Zusammenfassend wurden immer wieder folgende Trends festgestellt (s. Tabelle 16):

Tab. 16: Ergebnisse zur Körperzufriedenheit im allgemeinen

1. Zufriedenheit mit dem eigenen Körper bedeutet für Frauen und Männer nicht dasselbe. Und: Frauen sind allgemein unzufriedener als Männer.
2. Zufriedenheit mit dem eigenen Körper korreliert positiv mit verschiedenen Aspekten des Selbstkonzeptes. Allgemein: Je zufriedener jemand mit dem eigenen Körper ist, desto höher schätzt er seinen Selbstwert ein.
3. Zufriedenheit mit dem eigenen Körper korreliert negativ mit: Ängstlichkeit, Unsicherheit, Depression, Feindseligkeit, sich fett fühlen, Selbstablehnung, Selbstverächtlichmachen, Ekel, einem höheren Gewicht, gestörter, perzeptiver Selbstwahrnehmung, einer höheren Gewichtskarriere, Diätverhalten, sowie allgemein mit dem Vorhandensein von Krankheitssymptomen.

(Hsu & Sobkiewicz, 1991; Slade & Russell, 1973)

9. Therapie von Eßstörungen

In den vergangenen Jahrzehnten sind zahlreiche Behandlungsweisen beschrieben worden, was auf die vorhandene Meinungsverschiedenheit unter den Spezialisten in bezug auf die problematische Pathologie der Eßstörungen hinweist (Herzog, Keller, Strober, Yeh & Pai, 1992). Nach dem derzeitigen Stand der Forschung kann nur wenig über die unterschiedlichen Ergebnisse der verschiedenen Behandlungsmethoden gesagt werden (Meermann & Vandereycken, 1987). Jeder Versuch einer Antwort auf die Frage, welche Methode zur Behandlung von Eßstörungen die effektivste sei, basiert letztendlich auf einem breiten Spektrum von persönlichen Überzeugungen und weniger auf zuverlässigen Daten. Jeder Praktiker und auch jeder Wissenschaftler sollte sehr vorsichtig sein, zu einseitig für die eine oder andere Behandlungsmethode zu werben. Auch ist der Erfolg nicht immer nur eine Frage der richtigen Methode. Nach wie vor sind viele Fragen unbeantwortet und jede Neuentdeckung zwingt die Kliniker, ihre Therapieprogramme zu überarbeiten. Trotz zahlreicher Forschungsversuche zur Effektivität werden die langfristigen Therapieerfolge bei Eßstörungen auch heute noch in der Literatur als *„enttäuschend"* bezeichnet (Vandereycken, 1989, S. 284).

Allgemein läßt sich zumindest folgendes feststellen: Kognitiv-verhaltenstherapeutische Verfahren sind am weitesten verbreitet, am besten untersucht und hinsichtlich ihrer Therapieeffizienz evaluiert. Diese bauen auf einer funktionalen Analyse der Zusammenhänge zwischen belastenden psychosozialen Ereignissen und dem gestörten Eßverhalten auf. Innerhalb des gesamten Spektrums verhaltenstherapeutischer Elemente eines multimodalen Ansatzes überwiegen die Elemente der kognitiven Verhaltenstherapie (Beck, 1976; Fairburn, 1985; Fairburn, Jones, Peveler, Hope, O´Connor, 1993). Operante Verfahren wurden schon früh bei der Behandlung, vor allem zur Gewichtsregulierung, eingesetzt. Der Erfolg operanter Verfahren bleibt jedoch begrenzt, solange man sie nicht mit anderen Interventionsformen ergänzt. Während früher die Veränderungen des Gewichts und des Eßverhaltens im Vordergrund standen, so sind die Therapieziele und -methoden heute um einiges differenzierter und umfassender. Die heutigen Therapien gehen meistens zweigleisig vor: Zum einen wird versucht, das pathologische Eßverhalten (und eventuell das abnorme Gewicht) zu korrigieren, zum anderen wird an den verursachenden und aufrechterhaltenden, psychologischen und situativen Faktoren gearbeitet.

Dennoch sind mittlerweile einige wichtige Erkenntnisse über Vor- und Nachteile bestimmter Behandlungsmethoden, -strategien und Therapiesettings beschrieben worden, welche zumindest als Leitlinien oder Hinweise genützt werden können:

Beispielsweise haben sich folgende Elemente als hilfreich erwiesen: die interdisziplinäre Kooperation relevanter Fachgebiete, eine Wertlegung auf multimodale Behandlungskonzepte, d.h. die Kombination mehrerer ineinandergreifender Behandlungsstrategien, die Bevorzugung ambulanter und teilstationärer/tagklinischer gegenüber rein stationärer Konzeptionen sowie eines Gruppensettings (Gerlinghoff, Backmund & Mai, 1997; Meermann & Vandereycken, 1987). Die spezifischen Vorteile dieser Elemente werden nun in den folgenden Kapiteln im einzelnen dargelegt.

9.1. Ambulante und teilstationäre Methoden

Ambulante und/oder teilstationäre Möglichkeiten (Tageskliniken) sind heute wichtige Bestandteile vieler Behandlungsprogramme für Eßstörungen. Früher wurde fast immer in Krankenhäusern behandelt, heute werden zunehmend die ambulanten Angebote in Anspruch genommen. Tagklinische und ambulante Konzepte bei der Behandlung von Eßstörungen weisen im Vergleich zu stationären Therapien diverse finanzielle und klinische Vorteile auf: geringerer Bedarf an Klinikpersonal und materiellem Aufwand, Erhalt des vertrauten Umfeldes, keine Trennung der Betroffenen von ihren Bezugspersonen, Bewahrung/Förderung der Autonomie der Patienten und des Gefühls, eigenständig etwas bewirken zu können, die Möglichkeit einer zeitlich parallelen Umsetzung der in Therapie gemachten Erfahrungen sowie die Verringerung von Hospitalisations-Phänomenen (Gerlinghoff & Backmund, 1995; Mitchell, Hatsukami, Goff, Pyle, Eckert & Davis, 1985).

Der für nicht-stationäre Angebote aufzubringende hohe Anteil an Eigenverantwortung kann nach Entlassung des Patienten eine psychologische Regression und die Gefahr des Rückfalls effektiver verhindern.

Die mit Eßstörungen verbundene Morbidität und Mortalität verstärken den Bedarf an Therapieformen, die eine Intensivierung der ambulanten und teilstationären Behandlung erreichen, aber die Nachteile stationärer Unterbringung vermeiden (Piran, Kaplan, Kerr, Shekter-Wolfson, Winocur, Gold & Garfinkel, 1989 a).

Mit dem tagklinischen Ansatz sind aber im Vergleich zum stationärem Ansatz auch folgende Schwierigkeiten verbunden: ein höheres Risiko für impulsive Handlungen, die Grenzen der klinischen Effektivität bei unmotivierten Patienten, welche selbst nicht von der Therapie profitieren und anderen Patienten schaden, sowie pathologische Gruppenprozesse wie Cliquenbildungen oder negative Gruppennormen (Gerlinghoff & Backmund, 1995).

9.2. Gruppenmethoden

An der Effektivität von Gruppenmethoden in der Behandlung von Eßstörungen besteht heute kein Zweifel mehr. Ein Gruppensetting ermöglicht durch das Expertentum der Patienten einen umfassenderen und vielfältigeren Lernprozess. Dieses hat sich in der Therapie eßgestörter Patienten eindeutig durchgesetzt. Die Gruppe gilt als „diagnostisches Werkzeug" (Meermann & Vandereycken, 1987, S. 99): Da sich die Patientinnen mit anderen Gruppenteilnehmern identifizieren können, sind sie oft weniger abwehrend und gewillter, Informationen preiszugeben, die sie dem Arzt gegenüber meist nicht geben wollten, weil sie zu ängstlich und ihnen die Informationen zu peinlich waren. Die Patienten erfahren, daß sie nicht allein an dieser Störung leiden und daß sie sich ihrer nicht schämen müssen. Gruppenmethoden können so den Motivationsprozeß, die Selbstexploration und die Gesprächsbereitschaft des Einzelnen fördern und die Krankheitsverleugnung „durchbrechen" helfen (Meermann & Vandereycken, 1987, S. 114). Das Potential der Patienten, welche als die Experten ihrer Krankheit betrachtet werden können, kann in Gruppen mit anorektischen und bulimischen Patientinnen in verschiedenen Stadien der Krankheitsentwicklung voll genutzt werden. Die Patienten unterstützen, motivieren, konfrontieren, kritisieren sich gegenseitig, geben direktes Feedback und lassen sich vor allem nicht so leicht täuschen wie Freunde, Verwandte und manchmal sogar Ärzte und Therapeuten. Sie verlangen voneinander, daß jeder die Masken fallen läßt und sich offen und ehrlich den wirklichen Problemen stellt. Eine Atmosphäre der Akzeptanz, des Vertrauens und des Gefühls der Zusammengehörigkeit, wie sie in Therapiegruppen oftmals erlebt wird, scheint dies erfahrungsgemäß zu erleichtern.

Gruppenmethoden ermöglichen einen Vergleich mit den Bildern und dem Aussehen anderer und bewirken oftmals eine Korrektur der Diskrepanz zwischen der verzerrten Körperwahrnehmung und der tatsächlichen körperlichen Erscheinung, wie sie von den anderen gesehen wird. Somit kann ein realistisches und positiveres Körperbild leichter entwickelt werden als ohne die Vergleichsmöglichkeiten und das Feedback der anderen. Eßgestörte Patienten „verhungern" an echtem emotionalen Kontakt und nicht am Essen. Die Gruppe kann lernen helfen, eine Balance zwischen Nähe und Abgenzung zu finden. Die Gruppe dient außerdem als ideales Übungsfeld, um an sozialen Ängsten wie der Angst, anderen zu mißfallen oder kritisiert zu werden oder an Berührungs-/Kontaktängsten, arbeiten zu können. Das Einnehmen von Mahlzeiten in einer Gruppe bietet ebenso Möglichkeiten der Konfrontation und Intervention. Die Befürchtung, daß Magersüchtige sich in ihrer mangelnden Krankheitseinsicht, unrealistischen Körperwahrnehmung und pathologischen Einstellung zu Essen und Gewicht gegenseitig bestärken, haben sich nicht bestätigt (Gerlinghoff & Backmund, 1995).

Auftretende Nachteile der Gruppenmethode sind ebenso beobachtet worden: So können zum Beispiel Machtkämpfe (ähnlich den Interaktionen zuhause) und *„Negativ-Wettbewerbe"* darum, wer die bedrohlichsten Symptome hat, eskalieren oder die Gruppentherapie als *„Flucht in die Gesundheit"* und *„übermäßige Abhängigkeit von der Gruppe"*, enden (Meermann & Vandereycken, 1987, S. 118f). Eine weitere Schwierigkeit können pathologische Gruppenprozesse, die zu Cliquenbildungen oder „negativen Gruppennormen" führen, darstellen. Derartige Prozesse können, sofern sie nicht thematisiert werden, Abbrüche oder einen Rückzug von der Therapie zur Folge haben. Auch stellen Gruppen für einzelne, z.b. extrem schüchterne, introvertierte Patienten eine Anforderung dar, derer zu stellen sie sich nicht in der Lage fühlen. Diese Patienten sind meist in Einzeltherapien besser aufgehoben.

9.3. Interdisziplinäre Kooperation relevanter Fachgebiete

Einer der Gründe für die unzulängliche Behandlung psychosomatischer Krankheiten ist das immer noch in der medizinischen Versorgung vorherrschende dualistische Denken. Die Trennung von Körper, Geist und Seele steht einer angemessenen Patientenversorgung im Wege. Ein Paradebeispiel für die Schwierigkeit im Umgang mit psychosomatischen Krankheiten sind die Eßstörungen und die Geschichte ihrer Konzepte und Behandlungsweisen. Erhebliche Schwierigkeiten bereiten die Eßstörungen auch der Forschung: Keiner Fachrichtung sind die Eßstörungen eindeutig zuzuordnen. Das Zusammentreffen von körperlichen und psychischen Veränderungen ist offensichtlich, das Verständnis der Zusammenhänge jedoch gering. Mit komplexen, fachübergreifenden Phänomenen hat sich die naturwissenschaftlich orientierte Forschung schon immer schwer getan. Eine gute interdisziplinäre Kooperation aller relevanter Fachgebiete (Medizin, Psychologie, Soziologie, Pädagogik u.a.) kann die Therapieergebnisse im Langzeitverlauf entscheidend optimieren, scheint aber in Anbetracht vergangener Erfahrungen keine Selbstverständlichkeit zu sein. Konkurrenz, Kontroversen und Engstirnigkeit stehen einer fruchtbaren Kooperation zwischen verschiedenen Experten auch heute noch im Wege.

9.4. Unterschiedliche, psychotherapeutische Ansätze

Die zentrale Frage in der Behandlung von Eßstörungen lautet stets: Mit welcher therapeutischen Methode hat man die besten Erfolge? Auf diese Frage gibt es keine Antwort. Jeder Versuch, diese Frage zu beantworten, würde auf einem breiten

Spektrum von persönlichen Überzeugungen der Experten auf diesem Gebiet beruhen und weniger auf zuverlässigen Tatsachen. Denn nur wenige Praktiker haben es geschafft, die Effektivität ihrer Methode unter Beweis zu stellen (Meermann & Vandereycken, 1987). Häufig werden folgende psychotherapeutischen Behandlungsmethoden herangezogen: Psychodynamische, psychoanalytische Psychotherapie, Systemische Familientherapien, Feministische Therapien, (Kognitive) Verhaltenstherapien, Klientenzentrierte Gesprächsführung, Hypnose und Paradoxe Psychotherapie, Musiktherapie, Kunsttherapie, sowie unterschiedliche Bewegungs- bzw. Körpertherapien. Auf die einzelnen Ansätze, deren Sicht- und Vorgehensweisen sowie deren Erfolge bzw. Erfolglosigkeiten bei der Behandlung von Eßstörungen kann an dieser Stelle nicht näher eingegangen werden. Meermann und Vandereycken geben in ihrem Leitfaden für die Therapie von Eßstörungen ausführliche und hilfreiche Literaturhinweise zu den einzelnen genannten Verfahren im Zusammenhang mit Eßstörungen (1987, S. 215-222).

9.5. Innovative, multimodale Behandlungskonzepte

Die kontinuierliche Zunahme von Eßstörungen und vergleichsweise hohe Mortalitätsrate machen innovative und eklektische multimodale Behandlungskonzepte und -ideen zu einem höchst aktuellen und wichtigen Thema. Unter Berücksichtigung der komplexen Symptomatik und multikausalen Bedingtheit von Eßstörungen sollte ein sinnvolles Behandlungsprogramm vielschichtig und flexibel sowie auf die individuellen Schwierigkeiten und Bedürfnisse der einzelnen Patienten zugeschnitten sein. Es bietet sich an, je nach Situation und Problemlage des Einzelfalles, eine ganze Palette von Methoden bzw. Maßnahmen in integrierter Form einzusetzen: medizinische, psychologische, pharmazeutische, ernährungswissenschaftliche, künstlerisch-kreative, körperorientierte, familienbezogene, sozialpädagogische und/oder soziale. Studien sprechen dafür, daß die Methodenkombination tatsächlich hilfreich ist und vermutlich die wirksamste Interventionsform darstellt (Tobin & Johnson, 1991).

Auch hier scheint bislang eine mangelnde Bereitschaft, unterschiedliche therapeutische Ansätze in integrierter Form anzuwenden, einhergehend mit engstirnigen Sichtweisen, Konkurrenzdenken und Schulmeinungsstreitereien, die notwendige Kooperation erschwert zu haben. Nachweise hinsichtlich der Effektivität neuer Behandlungsprogramme sind außerdem dringend erforderlich.

9.6. Therapieziele eßgestörter Patienten

"Eßgestörte Menschen müssen ihre grundlegenden emotionalen Probleme lösen und ihre fehlangepaßten Denkmuster ändern, wenn sie eine dauerhafte Besserung erzielen wollen" (Comer, 1995, S. 452).

Ein Hauptziel der Therapie ist es, den Patienten bewußt zu machen, daß ihre Eßstörung ein Ausdruck von Problemen hinsichtlich ihres Selbstwertes und ihrer Autonomie ist, sowie ihnen zu helfen, Kontrolle auf eine angemessene Weise auszuüben und Unabhängigkeit zu entwickeln (Bruch, 1986). Therapeutisch wichtig ist auch die Fähigkeit, Gefühle und Empfindungen besser wahrnehmen, identifizieren und diesen vertrauen zu können.

Patienten brauchen Hilfe wegen ihres fehlenden Autonomiegefühls, ihres gestörten Selbstkonzeptes und mangelnden Bewußtseins von sich selbst. Das vielleicht wichtigste langfristige, therapeutische Ziel ist der Aufbau und die Stabilisierung der Selbstachtung. Die Selbstachtung ist ein wesentlicher Faktor, der dazu führt, ob jemand letztendlich eßgestört wird oder nicht. Die Patienten sollen in der Therapie erfahren, daß diese auf anderen Wegen, als mittels einer dünnen Figur erzielt werden kann. Die Patienten müssen lernen, daß Dünnsein keine gesunde Quelle darstellt, um Kraft, Anerkennung und Selbstachtung zu erhalten. Hier muß den Patienten geholfen werden, sich ihrer inneren Stärken und Kompetenzen bewußt zu werden, so daß die Fixierung auf das Äußere nachlassen kann.

Mittels Therapie sollen die Patienten unterstützt werden, eine fähigere, weniger schmerzliche und weniger erfolglose Art des Umgangs mit ihren Problemen zu entwickeln.

Falsche Vorstellungen und fehlangepaßte Einstellungen zu Nahrung, Essen, Aussehen, Figur und Gewicht, sowie die Denkweisen, die zu Angst führen, d.h. auch zum Erbrechen oder extremen Diäthalten, gilt es zu verändern. Im Lauf der Therapie kann der Patient Beweise für oder gegen falsche Annahmen sammeln und der Therapeut mittels Informationen gegen derartige Unwahrheiten aufklären. Die Patienten müssen die *"umfassenden kognitiven Merkmale ihres Problems wie perfektionistische Maßstäbe, Gefühl von Hilflosigkeit und niedriges Selbstwertgefühl"* erkennen, hinterfragen und schließlich verändern (Comer, 1995, S. 457).

Die wichtigsten Therapieziele eßgestörter Patienten im Überblick zeigt die Tabelle 17 (vgl. Shaw & Fichter, 1996, S. 202):

Tab. 17: Zentrale Therapieziele eßgestörter Patienten

- Normalisierung des Eßverhaltens und Körpergewichts
- Aufklärung über gesunde Ernährung & Verbesserung des Ernährungszustandes
- Verbesserung der Wahrnehmung von Körpersignalen (Hunger) und Emotionen
- Verbesserung des direkten Ausdrucks von Gefühlen
- Veränderung dysfunktionaler Einstellungen bzgl. Essen, Gewicht und Figur
- Veränderung dysfunktionaler Kognitionen bzgl. Essen, Gewicht und Figur
- Verbesserung des Körperbildes, insbesondere der Körperzufriedenheit
- Veränderung dysfunktionaler Einstellungen bzgl. des Selbstbildes
- Stärkung von Autonomie und Selbstvertrauen
- Training sozialer Kompetenzen
- Bearbeitung psychosozialer Belastungen
- Veränderung der Interaktionen innerhalb der Familie oder ggf. Hilfe bei der Ablösung von der Familie
- Rückfallprophylaxe

10. Körpertherapie bei Eßstörungen

Die spezifische Körpertherapie speziell bei Eßstörungen stellt heute ein wesentliches Element der multimodalen Behandlung dar (Meermann & Fichter, 1982; Probst et al., 1990; Rosen, 1990; Gerlinghoff & Backmund, 1995). Körpertherapie vermag dazu beitragen, daß *„der Psychosomatiker seinen 'Kriegszustand mit seinem Körper' beendet, daß er die in den Leib hinein verdrängten Probleme erkennt und bearbeitet, vor allem, daß er sein Muster der Somatisierung wahrnimmt und ablegen lernt"* (Petzold, 1988, S. 53).

10.1. Geschichte der Körperpsychotherapie

Seit mehr als einem halben Jahrhundert wird die Bewegung als psychotherapeutische Methode immer wieder „neu" entdeckt. H. Stolze nennt die Bewegungstherapie die *„älteste, wahrhaft psychosomatische Therapie"*, sie sei *„älter noch als der Begriff Psychosomatik selbst"* (Stolze, 1981, S. V). An der Verbreitung zeittypischer und psychosomatischer Krankheiten wie der Bulimie oder Magersucht wird besonders deutlich, wie sehr die gesellschaftliche Wirklichkeit auch die Körperlichkeit prägt.

Schon in den 20er Jahren begannen die Diskussionen um die Einbeziehung des Körpers in die Psychotherapien. Seither entwickelten sich verschiedene Ansätze. Dabei sind drei Grundrichtungen ablesbar, welche unterschiedliche Körperbilder beinhalten: Auf den Psychoanalytiker W. Reich geht die Arbeit mit dem energetisch-expressiven Körper zurück, auf E. Gindler die Reformgymnastik, der Ausdruckstanz und die Arbeit mit dem sich erkundenden, sich bewegenden Körper. S. Ferenczi entwickelte die dialogische Arbeit mit dem Körper in der therapeutischen Beziehung. Aus diesen drei Richtungen gingen die verschiedenen körperpsychotherapeutischen Schulen und Methoden hervor. Um alle klinischen Potentiale zu nutzen, sollte sich die Körperpsychotherapie aller drei Grundrichtungen und Techniken bedienen (Geuter, 1996).

Auch enttäuschende Behandlungserfolge, Stagnation und Auswegslosigkeit führten in den letzten Jahren zu einer Neubelebung der Diskussion über die Bedeutung des Körpers in der Psychotherapie. Die Bedeutung der Emotionalität und der Körperlichkeit für die persönliche Entwicklung und die Entwicklung einer eigenen Identität innerhalb der Psychologie ist in jüngster Zeit wieder zunehmend gestiegen (Rosen, 1990). Die Fachwelt widmet sich wieder mehr und mehr den Möglichkeiten der Körpertherapie und führt sie aus einem Außenseiterdasein heraus, in welches sie aufgrund einer unüberschaubaren Vielzahl wenig fundierter Verfahren gelangt war.

10.2. Einführung in die Theorie der Körpertherapien

„Eine der größten Schwierigkeiten jeder Psychotherapie ist es, dem Patienten das eigene Bild zu geben in einer Form, die er glauben kann. Die rationalen Methoden versuchen es mühsam unter Zuhilfenahme von Traum, Fehlhandlung und Zeichnungen des Patienten, die aber alle erst wieder brauchbar werden, wenn sie in die Sprache des Bewußtseins übersetzt sind. Auch dann noch hat der Patient die Möglichkeit, der Deutung seiner eigenen Produktionen auszuweichen (...) Nicht so bei dem Erleben der eigenen Person in der Bewegung des eigenen Körpers. Der Fehler (...) wird in der Greifbarkeit leichter verstanden" (Stolze, 1981, S. V).

Das Bild vom eigenen Körper läßt sich schwer ändern. Es gehört zu den wichtigsten Seiten des Selbstwertgefühls des Menschen und ist deshalb auch bei der psychologischen Behandlung ganz wesentlich. Die Akzeptanz des eigenen Körpers scheint eines der problematischsten und gleichzeitig wichtigsten Therapieziele bei der eßgestörten Patientengruppe zu sein. Für Patientinnen sei der schwierigste Teil des Heilungsprozesses, dem Drang, dünn zu sein, zu widerstehen. (Rosen, 1996). Ungefähr 1/3-2/3 aller „erfolgreich behandelten" Patientinnen berichten nach der Therapie immer noch von extremen Sorgen bezüglich ihrem Äußerem (Beresin, Gordon, Herzog, 1989; Ratnasuriya, Eisler, Szmukler & Russell, 1991; Rorty et al., 1993; Goldbloom & Olmsted, 1993). Die Körperbildstörung scheint bei sonst gesundeten, anorektischen Patienten sogar noch 12 Jahre nach der klinischen Vorstellung zu persistieren (Deter & Herzog, 1994, 1995; Deter et al., 1997).

Die klinische Relevanz der Körperpsychotherapie ist nicht auf die Behandlung präverbaler oder psychosomatischer Krankheiten begrenzt, sondern sie hilft, neue Dimensionen des Wahrnehmens und Verstehens zu eröffnen, seelisches Geschehen anschaulich darzustellen, frühkindliche Beziehungsmuster in der handelnden Reinszenierung wiederzubeleben, Entwicklungsmöglichkeiten leibhaftig spürbar zu machen, therapeutische Prozesse zu veranschaulichen, zu vertiefen und leibhaftig erfahrbar werden zu lassen (Heisterkamp, 1993).

Die Integration des Körpers, die Erzeugung von Offenheit und Sensibilität in der Auseinandersetzung mit dem eigenen Erleben kann durch die Einbeziehung nonverbaler Kommunikation gefördert werden. Körpertherapien arbeiten primär mit non-verbalen und aktionsorientierten Techniken und erreichen auf einem nichtkognitiven Weg unmittelbaren Kontakt zu den verschiedensten Gefühlen und Wahrnehmungen innerer Zustände. Non-verbale Methoden dienen dazu, die Konfrontation mit dem Körper einzuleiten, mit dem eigenen Körper in Kontakt zu kommen, eine Quelle unbewußter Informationen zu erhalten, Lust am eigenen Körper, seinen Bewegungen und Aktivität zu bekommen oder positiven wie negativen Gefühlen freien Lauf zu lassen. Hierzu zählen z.b. die Sensibilisierung der Wahrnehmung und Übungen der körperlichen Ausdrucksfähigkeit (z.b. mittels Tanz) oder auch die Förderung körperlichen Kontaktes in der zwischenmenschlichen Kommunikation (z.B. mittels Massage). Non-verbale Techniken helfen, Gedanken und Gefühle, die eng mit dem Körperbild verbunden sind und nur schwer in Worte zu fassen sind, herbeizuführen. In der Körpertherapie kann der Patient den Zusammenhang seines Symptoms mit dem lebensgeschichtlich Früheren in ganz leibhaftiger Weise erfahren. Dies ist von Vorteil, da verbale Deutungsversuche des Therapeuten oder der Mitpatienten von manchen Patienten ungewönlich lange nicht angenommen werden können. Der non-verbale Ausdruck scheint *„stärker affektiv besetzt"* und dem Unbewußten näher zu sein, unterliegt also weniger der Zensur des Bewußtseins (Becker, 1989, S. 107). Der therapeutische Ansatz liegt in der Überwindung einer rationalisierenden und abstrahierenden Einstellung.

Eßgestörte Patienten sind beispielsweise oftmals für ihre intellektuellen Abwehrmechanismen bekannt und profitieren so in besonderem Maße von non-verbalen Methoden. Verbale Techniken ermöglichen dann, diese Erfahrungen in die Gruppe einzubringen.

Die Vorteile non-verbalen Vorgehens im Überblick (nach Becker, 1976, S. 102-107; Stolze, 1977, S. 112):

- Die Erlebnisqualität wird durch die Konkretisierung intensiver und fördert die Erinnerungsfähigkeit an genetisches Material.
- Die Abwehr des Intellektualisierens kann besonders gut bearbeitet werden (bei psychosomatischen Patienten kann vor allem die Fixierung auf das körperliche Symptom sehr viel früher als im verbalen analytischen Prozeß aufgegeben werden).
- Verbale Deutungsversuche des Therapeuten oder der Mitpatienten können – insbesondere in der Initialphase einer analytisch-verbal ausgerichteten Therapie – vom Patienten oft ungewöhnlich lange nicht angenommen werden. Dies hat oft eine Verlängerung der Therapiedauer zur Folge. In non-verbalen Therapien tritt dieser hemmende Faktor zu keiner Zeit auf.
- Der non-verbale Ausdruck scheint stärker affektiv besetzt und dem Unbewußten und Primär-Prozeßhaften näher zu sein, unterliegt also weniger der Zensur, wird weniger vom Bewußtsein reguliert.
- Einige Patienten, welche auf anderem Weg keinen Zugang zur Psychotherapie finden, können so erreicht werden.
- In stagnierende psychotherapeutische Behandlungen kann wieder Bewegung gebracht werden.
- Die qualitative Veränderung des therapeutischen Klimas trägt wesentlich zu einer Verbesserung der Behandlungsergebnisse bei.

Abschließend sei in dieser kurzen Einführung gesagt, daß körpertherapeutische und non-verbale Ansätze keineswegs als Alternative zu mehr verbal ausgerichteten Therapien gesehen werden sollten, sondern vielmehr als Ergänzung und damit Bereicherung bei einer bestimmten Indikation vor allem in der Initialphase einer Therapie. Vor Laientherapeuten und Inkompetenz in der körpertherapeutisch-klinischen Praxis soll an dieser Stelle ausdrücklich gewarnt werden. Der Gebrauch körpertherapeutischer Techniken wie z.b. Entspannung, Berührung oder Massage bedarf besonderer Sensibilität und Behutsamkeit, sowie Professionalität und Expertentum. Es darf auch nicht vergessen werden, daß in unserer Gesellschaft Berührung sehr schnell mit Sexualität assoziiert wird. Die Fähigkeit, individuelle Bedürfnisse und Grenzen des jeweiligen Patienten einzuschätzen, sowie eine klare Kommunikation und Transparenz sind in der Körpertherapie besonders wichtig. Die wichtigsten Grundregeln zeigt die folgende Tabelle 18:

Tab. 18: Einige wichtige Grundregeln körpertherapeutischen Vorgehens

1. Körpertherapie darf nicht zur verbalen Psychotherapie umgeformt werden. Die Patienten sollen lernen zu fühlen und zu spüren und nicht über Fühlen und Spüren zu sprechen.
2. Der Patient braucht klare und eindeutige Aufgabenstellungen als Rahmen, in dem sich sein Erleben differenzierend und klärend entfalten kann. Er muß wissen, was er tun soll, um erleben zu können.
3. Mit (voreiligen) Deutungen und Diagnosen muß sorgsam umgegangen werden. Zurückhaltung und therapeutische Geduld sind gefordert. Der Therapeut ist nicht der Wissende, sondern der Fragende, der sich vom Patienten führen läßt. Das Vorgehen ist nicht deutungs- sondern verhaltensorientiert.
4. Jeder Patient hat sein individuelles Tempo. Ihm Zeit zu lassen ist von grundlegender Bedeutung. Ohne entsprechende Zeit kommt der Erlebensprozeß nicht in Gang.
5. Transparenz und klare Kommunikation sind in der Körpertherapie von besonderer Bedeutung.
6. Körpertherapie bemüht sich niemals darum, den Patienten Fertigkeiten und Geschicklichkeiten üben zu lassen. Vielmehr geht es um das klärende und differenzierende Erleben therapeutischer Situationen.
7. Mit der Aufhebung der körperlichen Distanz zwischen Therapeut und Patient mittels Berührungen ist äußerst sorgsam umzugehen. Der Patient braucht für die Intimsphäre seines eigenen Körpers einen besonderen Schutz. Ebenso bedarf der Gebrauch körpertherapeutischer Techniken wie Massage und Entspannung besondere Sensibilität und Behutsamkeit.
8. Im kommunikativen Austausch über das Erleben muß der Therapeut dem Patienten „seine Sprache" lassen, sonst findet der Patient nicht zu sich selbst.
9. Körpertherapie bemüht sich um ressourcenorientiertes – im Gegensatz zu defizit-orientiertem – Vorgehen.
10. Körpertherapie bedarf besonderer Professionalität (Ausbildung) und Expertentum. Vor Laientherapeuten und Inkompetenz sei ausdrücklich gewarnt.
11. Körpertherapie stellt keine Alternative zu verbal ausgerichteten Therapien dar, sondern vielmehr eine Ergänzung und Bereicherung im Rahmen einer multimodalen Psychotherapie.

(teilweise aus: Maaser, Besuden, Bleichner & Schütz, 1994, S. 117-122)

10.3. Vernachlässigung konkreter Körperarbeit in der heutigen Praxis

Der Nutzen einer Kombination psychodynamischer und verhaltenstherapeutischer Therapien mit körperorientierten Methoden, wird heute kaum noch bestritten. Viele Kliniker, die mit psychosomatischen, insbesondere eßgestörten Patienten arbeiten, betonen heute die Notwendigkeit der konkreten Bearbeitung körperlicher Aspekte, vor allem im Rahmen stationärer Behandlungen (Jasper & Maddocks, 1992). Leider wurde diese Erkenntnis in vielen Einrichtungen noch nicht in die Praxis umgesetzt.

Einige Kliniker stellen die Vermutung auf, daß die Vernachlässigung dieser konkreten Körperarbeit ein Grund sein könnte für die weltweit eher geringen, langfristigen Behandlungserfolge bei Eßstörungen (Vandereycken, Depreite & Probst, 1987). Um langfristige Erfolge zu erzielen und Rückfälle zu vermeiden, müssen die Bilder, welche eine Patientin von sich und ihrem Körper hat, modifiziert werden.

Die Entwicklung einer positiven Einstellung gegenüber dem Körper sollte eines der Hauptziele zukünftiger Therapiekonzepte darstellen. Der gezielten Beschäftigung mit dem Körper, seinen Bedürfnissen, seiner Wahrnehmungsfähigkeit, seiner Pflege und seinem Aussehen muß innerhalb der Therapie mehr Beachtung geschenkt werden. Hier besteht eine ernstzunehmende Chance, bislang unbefriedigende Therapieerfolge im Bereich Eßstörungen zu verbessern.

Für die geringe Ressonanz körpertherapeutischer Methoden in psychotherapeutischen Kreisen, trotz einer tendenziell zunehmenden Ausbreitung der psychosomatischen Forschung, gibt Stolze folgende Erklärungen ab: *„Erstens ist im Erspüren die distanzierende Reflexion zum eigenen Körper aufgehoben. Unsere zivilisierte Gesellschaft hat aber fast durchgängig eine schiefe Einstellung zum Körper, die daraus resultiert, daß der Körper objektiviert, d.h. zum bloßen Objekt intellektueller Reflexionen gemacht wird: meist wird er entweder negiert oder maßlos überschätzt. Beide Einstellungen sind für das Anliegen der Bewegungstherapie gleichermaßen unbrauchbar und hemmend."* (Stolze, 1981, S. VI).

Zweitens sind die in Körpertherapien gewonnenen Einsichten und Wahrnehmungen etwas *„rein Subjektives"*, welches in den Augen des *„exakten Wissenschaftlers"* wenig gelte, da subjektive Wahrnehmungen und Empfindungen quantitativ und qualitativ nur schwer meßbar sind (Stolze, 1981, S. VI).

Drittens ist es von Nachteil, daß körperlich-seelisch Erfahrenes, genauso wie non-verbale Vorgehensweisen an sich, nur bedingt verbal/schriftlich vermittelt werden können.

Viertens habe u.a. auch diese zuletzt genannte Problematik viele erfahrene Praktiker und Praktikerinnen daran gehindert, ihre gewonnenen Erkenntnisse einem größeren Kreis von Therapeuten zu vermitteln. Nach wie vor fehlt es an einer nachgewiesenen wissenschaftstheoretischen Untermauerung der Körperverfahren.

Fünftens fehlt der Körpertherapie eine klare wissenschaftliche Einordnung. Die nach wie vor in der Wissenschaft vorherrschende Anschauung von der Leib-Seele-Dualität läßt den Körperverfahren keinen Platz in der Psychotherapie. Neuerlich scheint es, daß Gegensätze wie Leib-Seele wenigstens vielerorts überwunden werden und eine Neuordnung der psychotherapeutischen Methodenlehre angegangen werden kann.

Diese von Stolze aufgeführten Erklärungen sind sicherlich nur einige der Gründe für die mangelnde Verbreitung der Verfahren in der heutigen Praxis.

Um auf diesen Mangel aufmerksam zu machen, wurden in den vergangenen Jahren einige überzeugende Forschungsergebnisse herausgebracht. Die große Anzahl theoretischer Bemühungen und Studien steht jedoch im krassen Widerspruch zu den wenigen direkten Versuchen, das Körperbild therapeutisch zu verändern. Man weiß nur wenig über das konkrete Vorgehen oder spezielle Übungen in Therapiegruppen Eßgestörter. Obwohl viele Kliniker dies als wichtigsten Teil der Behandlung ansehen, sind die Vorstellungen zu diesem Thema noch vage und dementsprechend auch die therapeutischen Anwendungen (Vandereycken, 1989). Im Hinblick auf die Entwicklung effektiver therapeutischer Strategien ist es notwendig, mit standardisierten Verfahren und unter kontrollierten Bedingungen Behandlungsverläufe zu erfassen und zu dokumentieren, um prognostisch relevante Faktoren zu erkennen und möglichst frühzeitig in den diagnostischen und therapeutischen Prozeß einbeziehen zu können. Nur wenige Körperbildtherapien sowie Vorgehensweisen einzelner Therapeuten und Institutionen wurden bisher einer strengen, empirischen Kontrolle unterzogen. Hier ist mehr Forschungsarbeit erforderlich. Konkrete Techniken, um Körperbildstörungen anzugehen, müssen zukünftig verstärkt entwickelt, wissenschaftlich begleitet und überprüft werden. Es mangelt hierfür allerdings noch an einem allgemein anerkannten und geeigneten Instrument zur Erfassung der Körperbild-Problematik. In der Literatur findet sich kaum eine Veröffentlichung hinsichtlich effektiver körpertherapeutischer Strategien und Übungen sowie Langzeit- bzw. Verlaufsstudien (Fernandez, Probst, Meermann & Vandereycken, 1994).

Das Fazit der Recherchen zum Thema der Bedeutung von Körperarbeit bei eßgestörten Patienten ist in der Tabelle 19 formuliert worden:

Tab. 19: Zusammenfassung: Bedeutung der Körperarbeit für die klinische Praxis

- Die Bedeutung des Körperbildes für die Entstehung und Therapie von Eßstörungen ist unumstritten.
- Die Körperzufriedenheit ist eines der problematischsten und gleichzeitig wichtigsten Therapieziele.
- Stabile Langzeiterfolge können erst dann eintreten, wenn die eßgestörten Patienten gelernt haben, ihren Körper realistisch einzuschätzen und zu akzeptieren.
- Eine systematische und spezifische Körperarbeit ist ein unverzichtbarer Bestandteil eines jeden multimodalen Therapiekonzeptes.

(nach Bruch, 1962; Meermann & Vandereycken, 1987; Gerlinghoff & Backmund, 1995)

10.4. Ansätze zur Behandlung von Körperbildstörungen

Werden Körperbildstörungen als grundlegendes, und nicht als sekundäres Problem aufgrund mangelnder Ernährung oder intra- bzw. interpersoneller Probleme betrachtet, dann kommen grundsätzlich folgende Ansätze zur Behandlung der Körperbildstörung in Betracht:

I. Die Körperbildstörung wird auf indirektem oder unspezifischem Weg geändert, mit einer Behandlung, die auf das Selbstkonzept/Selbstachtung gerichtet ist: verschiedene ich-stärkende Therapien (verbal und non-verbal)
II. Die Körperbildstörung wird auf direktem oder spezifischem Weg geändert, mit einer Behandlung, die auf Körperbild/Körperzufriedenheit gerichtet ist:
   (1) perzeptive Methoden (z.B. Körperbetrachtungen)
   (2) verbale, kognitive Methoden und Therapien, welche bestimmte Ansichten, Einstellungen und Ideen, den eigenen Körper betreffend, beeinflussen
   (3) Maßnahmen, um einem Vermeidungsverhalten entgegenzuwirken
   (4) non-verbale Methoden und Körpertherapien

Zu I. Der erste Ansatz, Körperbildstörungen zu behandeln, richtet sich nicht direkt und primär an die körperlichen Aspekte, sondern versucht indirekt, insbesondere mittels des Selbstwertgefühls, Einfluß auf das Körperbild zu nehmen. Dieser Ansatz basiert auf der Annahme, daß ein gestörtes Körperbild dann korrigiert und verbessert werden kann, wenn der allgemein niedrige Selbstwert des Patienten steigt.

Der direkte Weg, um Körperbildstörungen anzugehen, kann über die perzeptive, affektiv-kognitive, körperliche und verhaltensmäßige Ebene angegangen werden:

Zu II. (1): Eine Behandlungsmöglichkeit fokussiert die perzeptive Komponente. Hier wird versucht, das Körperbild mittels Körperbetrachtungen, Einschätzungsübungen (Spiegelkonfrontationen, Videomethoden, Fotografien), Vergleichen mit anderen Frauen/Mitpatienten/Freunden, Rückmeldungen und Informationsvermittlung über Gewichtsnormen anzugehen, so lange bis die Einschätzungen der eigenen Körperdimensionen an Genauigkeit gewinnen. Mittels dieser Techniken sollen Patienten davon überzeugt werden, daß sie eben weder zu dick sind, noch dicker als die meisten anderen. Jedoch hat sich in manchen Studien gezeigt, daß der perzeptive Aspekt umstritten und nicht unbedingt ausschlaggebend für das körperliche Wohlbefinden ist. Trotz der rationalen Erkenntnis, daß man unterdurchschnittlich oder vergleichsweise wenig wiegt, empfinden sich die Patienten dennoch als „zu dick".

Zu II. (2): Die zweite Möglichkeit, negative Körperbilder zu therapieren ist der kognitiv-affektive Weg: Patienten werden dazu angeleitet, körper-/gewichtsbezogene Gedanken und Einstellungen zu sammeln. Die meisten dieser Gedanken beinhalten heftige Abwertungen der Gesamtpersönlichkeit und haben damit einen massiven Einfluß auf das Selbstwertgefühl, Beziehungen und das Sexualleben. Typische Beispiele sind: *„Wer nicht dünn ist, ist willensschwach/faul/schlecht/maßlos."* oder *„Je dünner ich bin, desto lieber mag man mich/desto erfolgreicher bin ich..."* oder *„Enganliegende, feminine Kleidung und Kosmetika sind ordinär/aufreizend".* In der Therapie werden derartige unwahre und negative Gedanken ausgesprochen und auf ihre Richtigkeit hin geprüft sowie alternative Gedanken neu formuliert (Garner & Bemis, 1982; Garner & Garfinkel, 1981). Allmählich können die Patienten versuchen, die Wahrheit in den neu formulierten Gedanken zu erkennen. Ein Gruppensetting mit der Möglichkeit zahlreicher Rückmeldungen und andersartiger Meinungen der Mitpatienten erweist sich hier als äußerst hilfreich.

Im Rahmen der Körpertherapie können traumatische Ereignisse und deren Relevanz für das Körperempfinden bearbeitet werden. Sexuell mißbrauchte Frauen beschreiben ihren Körper meist als „schmutzig" und entwickeln nicht selten einen Reinlichkeits- und Waschzwang. Auch hier hilft die Atmosphäre von Akzeptanz und Zusammengehörigkeit einer Gruppe, Erfahrenes zu bearbeiten.

Zu II. (3): Der dritte Ansatzpunkt, Körperbilder direkt anzugehen, läuft über die Verhaltensebene: Eßgestörte Patienten tendieren dazu, bestimmte Situationen zu vermeiden, da extreme körperbezogene Erwartungen und Ängste mit diesen verbunden sind. Übungsbeispiele und Hausaufgaben im Rahmen einer Psychotherapie, um dem charakteristischem Vermeidungsverhalten entgegenzuwirken, wären z.B.

enganliegende Kleidung auszuprobieren oder bislang versteckte Körperpartien zu zeigen (z.b. Minirock) und festzustellen, daß man entgegen allen Erwartungen nicht angestarrt oder kommentiert wird, abfällige Bemerkungen oder Blicke erfahren muß, sondern sogar positives Feedback erfahren kann. Ein weiteres Beispiel wäre, Berührungen oder Umarmungen zuzulassen. Die Erfahrung, daß die Befürchtungen nicht eintreten, zumindest nicht in dem erwartetem Ausmaß, und die Realität weniger schlimm ist als die vorangegangenen Phantasien, hilft den Frauen, eingefahrene Verhaltensweisen und Gewohnheiten Schritt für Schritt zu verändern.

Zu II. 4.) Die vierte Möglichkeit, d.h. Körperbildstörungen direkt und mittels speziell ausgerichteter Körpertherapie-Konzepte und individuell ausgerichteter non-verbaler Körpertechniken zu bearbeiten, stellt das Hauptthema der vorliegenden Arbeit dar und wird im Verlauf der Arbeit noch ausführlich geschildert.

10.5. Körpertherapeutische Verfahren bei Eßstörungen

In den vergangenen 40 Jahren ist eine verwirrende Vielzahl von Körpertherapien entstanden. Die meisten Verfahren sind vor allem pragmatisch entstanden; ihnen liegt keine einheitliche Theorie zugrunde. In der Literatur läßt sich keine einheitliche Verwendung finden (Green, 1994).

In den nachfolgenden Kapiteln werden nun drei für eßgestörte Menschen hilfreiche Ansätze in ihren Umrissen beschrieben, welche den Bezugsrahmen der Körpertherapie am TCE darstellen: die Tanztherapie, die Konzentrative Bewegungstherapie und die Feldenkrais-Methode.

Die folgenden Beschreibungen körpertherapeutischen Vorgehens können jedoch nur als ein Versuch einer Annäherung an das gesehen werden, was tatsächlich geschehen und vom einzelnen erlebt werden kann. Eine wirklich zutreffende, vollständige Beschreibung des individuellen körperlich-seelischen Erlebens kann letzten Endes mit Worten nicht gelingen. Wirkliche Einsicht in diese Arbeitsweisen vermittelt nur das eigene Üben.

10.5.1. Tanztherapie

Die Idee der Tanztherapie erwuchs nicht aus der Psychotherapie, sondern aus dem Tanz als künstlerische Ausdrucksform. In den USA wird die Tanztherapie seit den 50er Jahren praktiziert. In Deutschland machten amerikanische Tanztherapeutinnen diesen Ansatz in den 60er und 70er Jahren bekannt. Der Mangel an psychologischen Kenntnissen zwang die Tänzerinnen anfangs, die Tanztherapie als reine Zusatz- und Hilfstherapie in den psychiatrischen Kliniken zu praktizieren. Erst in jüngster Zeit kann sich die Tanztherapie in Deutschland zunehmend als vollwärtige *„Primär-Psychotherapieform"* durchsetzen (Klein, 1988, S. 28). Es besteht allerdings kein einheitliches Konzept; die einzelnen Therapeutinnen haben ihre Arbeit in verschiedene psychologische Theorien eingebettet. Allgemein geht das Verständnis von Tanz in der Tanztherapie auf die Wurzeln allen Tanzes zurück: Tanz wird verstanden als *„Ausdruck menschlicher Befindlichkeit, als Ausdruck von Emotionen, Zuständen und Bedürfnissen"* (Willke, 1991, S. 19).

Die Grundannahmen der Tanztherapie befinden sich im Einklang mit der humanistischen Psychologie; sie ist eine Erlebnistherapie im Hier und Jetzt. Ausgangs- und Ansatzpunkt ist stets die aktuelle Befindlichkeit in der therapeutischen Situation und das aktuelle Bewegungsmuster des jeweiligen Menschen. Nicht rationale Problemeinsicht, sondern das sinnlich erfahrene Problem stellt den Ansatzpunkt des Prozesses dar (Klein, 1988). Eine partnerschaftliche Therapeut-Patient-Beziehung, wie Carl Rogers sie propagierte, ist für die Tanztherapie kennzeichnend. Die Aufmerksamkeit des Tanztherapeutens richtet sich vorrangig auf die gesunden Anteile des Menschen. Der Therapeut geht grundsätzlich von den gesunden Lebensenergien aus, richtet seine Aufmerksamkeit vorrangig auf die gesunden Anteile des Menschen und versucht, dem Patienten Hilfestellung zu geben, so daß dieser seine Probleme eigenverantwortlich und mit Hilfe seiner angeborenen, vitalen Selbstaktualisierungstendenzen selbst angehen kann. Hierdurch kann ein Selbstheilungsprozeß in Gang kommen.

Um das gegebene Bewegungsverhalten zu beschreiben, bediente sich die Tanztherapie schon frühzeitig eines klar definierten Kategoriensystems: der Bewegungsanalyse von Rudolf von Laban (1948), einer Technik, die menschliche Bewegung unter den Aspekten Raum, Zeit, Dynamik, Einsatz von Gewicht und Koordination der Körperteile beschreiben, messen und qualifizieren, sowie schriftlich fixieren hilft. Der Bewegungsstil eines jeden Individuums wird verstanden als *„eine Mischung aus dem angeborenen ursprünglichen Aktivitätstyp, psychologischen Einflüssen und dem kulturellen Milieu"* (Willke, 1991, S. 25).

In der Tanztherapie geht es nie darum, Techniken im Sinne ästhetischer Perfektion zu erlernen, sondern vielmehr darum, ein Gespür für harmonische und natürliche Bewegungen zu entwickeln sowie innere Erlebnisse durch motorisches Vorgehen auszulösen (Willke, 1991). Wie andere körperorientierte Techniken versucht auch die Tanztherapie den Patienten über die Bewegung ihren Gefühlen näherzubringen, deren Erlebnisspektrum zu vergrößern und einen Heilungsprozeß in Gang zu bringen. Ihr liegt die Annahme zugrunde, daß der Mensch durch Bewegung Zugang zu seinem Unbewußten erlangt und daß dieser Prozeß selbst heilsame Wirkung hat (Peter-Bolaender, 1986). Durch gezieltes und problemgerichtetes Vorgehen können Gefühle und Stimmungen bewußt ausgelöst werden.

In der Tanztherapie bei Eßstörungen werden die Patienten z.B. dazu aufgefordert, vorhandenen aggressiven Impulsen wie Ärger, Wut oder Frustration durch energisches Fußstapfen freien Lauf zu lassen. Im Verhaltensrepertoire vieler eßgestörter Patienten waren derartige Gefühle meist nicht „erlaubt" und wurden beispielsweise mittels exzessiven Essens oder Erbrechens „weggemacht". Im geschützten Rahmen der Tanztherapie kann das eingeschränkte Verhaltensrepertoire erweitert werden, und die Patienten können sich als „Herr ihrer Gefühle" erfahren, anstatt von ihnen beherrscht zu werden.

Ziel der Tanztherapie ist die authentische, selbstbestimmte Bewegung. Ziel ist es, das, was sich im Moment gefühlsmäßig abspielt, wahrzunehmen und diesem einen angemessenen (non-verbalen/körperlichen) Ausdruck zu geben. Verschüttete oder unterdrückte Konflikte und Stimmungen sollen zur Darstellung gelangen und integriert werden.

Über das Medium der Bewegung kann der Patient sich ganzheitlich erfahren und ein neues Selbstvertrauen erlangen (Klein, 1988). Ziel ist auch, die Botschaften und Ausdrucksmittel unseres Körpers – aus psychohygienischen Gründen – wieder besser verstehen zu lernen und zu beachten. Hierzu zählt auch die Schulung der Sinne und somit auch der eigenen Körperwahrnehmung, um die Sensibilisierung und Bewußtmachung des Körpers, seiner Bedürfnisse und Empfindungen (Hunger, Durst, Schmerz, Müdigkeit, Lust) herzustellen.

Allgemein ist im deutschsprachigen Raum ein großes Defizit an wissenschaftlichen Untersuchungen zur Tanztherapie zu verzeichnen. Dies mag einerseits an ihrer jungen Tradition sowie der Polarität von Wissenschaft und Kunst liegen, die die Tanztherapie in sich birgt, als auch an ihrem schwer zu erfassenden ganzheitlichen Charakter.

10.5.2. Konzentrative Bewegungstherapie

Die Konzentrative Bewegungstherapie (KBT) ist ein aktives, nicht analysierendes, tiefenpsychologisch orientiertes, einzel- und gruppentherapeutisches Körperverfahren und geht in seinen Wurzeln zurück auf die Gymnastikbewegung der 20er Jahre – insbesondere auf Elsa Gindler (1926). Elsa Gindlers Schwerpunkt lag auf der Konzentration und Entspannung (zur Beseitigung von körperlichen Hemmungen und Anspannung) mit besonderer Berücksichtigung der Funktion der Atmung. Helmuth Stolze gab in den 50er Jahren der Methode seinen Namen. Die Bezeichnung „Bewegungstherapie" jedoch ist irreführend, denn Bewegung ist nicht das eigentliche Element; mit Bewegung ist meist eher ein *„inneres Bewegt-Sein"* in einem oft völligen Ruhezustand gemeint (Klein, 1988, S. 115). Konzentrativ bedeutet in der KBT, daß durch das Üben die Konzentration, eine *„notwendige*

Einengung des Bewußtseinsfeldes", herbeigeführt wird und ein Hineingezogensein in eine *„erhöht wache, erfahrbereite Bewußtseinslage"* (Stolze, 1958, S. 20). Die Notwendigkeit dieser neuen Methode begründet Stolze damit, daß er ständig mit Patienten konfrontiert war, *„denen Beruhigung, konzentratives Sich-Versenken und Passivierung keine Hilfe waren, die nach Ausdruck, Bewegung und Aktivität drängten"* (Stolze, 1958, S. 16).

Das zentrale Thema der KBT ist es, psychische Erlebnisse leibhaftig erfahrbar zu machen, eine *„Entdeckungsreise am und im eigenen Leib in seinen vielfältigen Bezügen zu sich selbst und zur Umwelt"* anzutreten (Schönfelder, 1982, S. 8). Es geht um eine möglichst intensive, sensible Wahrnehmung des eigenen Körpers – mit Hilfe von Bewegungen oder allein durch die Zuwendung auf den (unbewegten) Körper (z.B. „Tastreise" durch den unbewegten Körper). Die differenzierte Wahrnehmung ermöglicht ein Vergleichen eigener Einstellungen und eigenen Verhaltens zu verschiedenen Zeiten, in verschiedenen Situationen, im Umgang mit verschiedenen Gegenständen und Materialien, sowie mit verschiedenen Partnern, bzw. einer Gruppe. Ein Ziel ist es, *„dem Menschen erstmals zum Erkennen seiner Erlebnisstörung zu verhelfen, sie ganzheitlich zu erfassen und ihm zu einer veränderten, erweiterten Wahrnehmung der eigenen Person in Beziehung zum Selbst und zur Umwelt zu verhelfen"* (Kost, 1979, S. 460). Das Erproben neuer Wege kann fixierte Haltungen und Fehlerwartungen abbauen.

Die wesentlichen Merkmale der KBT lassen sich nach Elsa Gindler folgendermaßen zusammenfassen: Mit dem *„Anspüren"* des eigenen Körpers gewinnt der Übende die Fähigkeit, mit seinem Körper und seinen Funktionen vertraut zu werden, sich in seinem Körper *„zuhause zu fühlen"*, den Körper, wie er ist, zu akzeptieren, anstatt ihm sorgenvoll und ablehnend gegenüberzustehen (Meyer, 1961, S. 160f).

Durch das Schließen der Augen und durch bestimmte Körperhaltungen wird die konzentrative Einengung auf bestimmte Prozesse der Selbstwahrnehmung erleichtert. Ausgangspunkt ist in der Regel daher die Rückenlage bei geschlossenen Augen. Die Zuwendung zum eigenen Körper beginnt mit denjenigen Wahrnehmungen, die von jedem unmittelbar und am leichtesten registriert werden (z.B. das Gefühl, im Liegen vom Boden getragen zu werden oder die Bewegungen der Bauchmuskulatur beim Atmen).

„Es kommt zu einer gesteigerten Wahrnehmung des ruhenden und des bewegten Körpers, zur Konzentration auf Sinneseindrücke, auf das Erleben des Raumes, der Umwelt und Mitwelt (...) In der Zuwendung zur Außenwelt tritt an die Stelle der Aufmerksamkeit die Konzentration. Damit sind wir im Gegenwärtigen, unmittelbar bei den Dingen (...) Die Wahrnehmung der Einzeldinge vollzieht sich mit großer Intensität (...) Im gleichen Sinne verändert sich auch das Verhältnis zu den Mitmenschen, denen man frei, unbefangen von den Beziehungen der Gesell-

schaftsordnung, begegnen kann" (Meyer, 1974, S. 171). *„Die Beziehung zur Umwelt wird wacher"* und: *„Man ist geistesgegenwärtiger"* (Stolze, 1958, S. 20). Besonders eindrucksvoll für den Patienten ist immer, wie sich seine Beziehungen zur Gruppe ändern, *„gerade durch das Sich-Einspüren und Wahrnehmen von Schmerz, Angst u.s.w."* (Stolze, 1958, S. 22). Einen hohen Stellenwert hat *„die Kommunikation im Sinne der sozialen Bezogenheit zu anderen Gruppenmitgliedern"* (Becker, 1982, S. 189). Dies beinhaltet Themen wie z.b. Nähe und Distanz, eigene Bedürfnisse und Bedürfnisse anderer, Anlehnen, Mittragen anderer, Führen und Geführtwerden oder gemeinsame Verantwortung. Über die Bewegung können Prozesse der Identifikation, des sozialen Lernens und der Realitätsprüfung angestoßen und bearbeitet werden.

Die Erlebnisebene der assoziativen Verknüpfung mit der eigenen Lebensgeschichte ist von herausragender Bedeutung: *„Körperliche Vorgänge und damit verbundene Emotionen können sich verbinden mit Inhalten aus der gegenwärtigen Lebenssituation. Oder es kommt zu einer Aktualisierung längst vergangener, häufig unbewußter Prozesse"* (Schönfelder, 1982, S. 5). Die aktualisierten Inhalte werden konkret erfahrbar, die Problematik wird „begreifbar" und kann weiter bearbeitet werden, entweder mehr durch die Bedeutung der Körpererfahrung im Hier und Jetzt oder mehr durch eine verbale Interpretation der aus der bewußten und unbewußten Lebensgeschichte aufgetauchten Inhalte. Auf beiden Wegen können neue Entwicklungen angeregt werden, mit dem primären Ziel einer Besserung und Erweiterung der Lebens- und Erlebensmöglichkeiten der Menschen. Welches biographische Material aktualisiert wird, hängt auch davon ab, mit welchem Körperteil und welchem Material (Kugeln, Stäbe, ect.) gearbeitet wird. Objekte erlangen in der KBT sowohl durch ihre Beschaffenheit als auch durch ihren Symbolcharakter besondere Bedeutung.

Stolze legte Wert auf die allgemeine Übungsanweisung, *„immer zu versuchen, das ganz zu sein, was gerade ist und was man gerade tut"* (Stolze, 1958, S. 17).

Es wird angestrebt, die in den Sitzungen erzielten Einstellungen in den Alltag einfließen zu lassen.

10.5.3. Feldenkrais-Methode

Die Feldenkrais-Methode wurde nach seinem Begründer Moshé Feldenkrais (1904-1984) benannt und ist eine Trainings- oder Lernmethode, *„die Einflüsse, die vorderhand indirekt sind, in klares Wissen umwandeln"* (Feldenkrais, 1978, S. 79). Feldenkrais' Überzeugung ging dahin, daß die *„Einheit von Geist und Körper eine konkrete Realität ist, daß sie keine in irgendeiner Weise verbundenen Dinge, sondern in ihren Funktionen ein untrennbares Ganzes sind"* und, daß *„ein Gehirn* *ohne Einbeziehung der motorischen Funktionen nicht denken könne"* (Feldenkrais, 1974, S. 174). Dies bedeutet, daß die motorischen Funktionen und vielleicht die Muskeln selbst wesentlicher Bestandteil der höheren Funktionen des Menschen sind. Dies trifft auch auf das Denken, Erinnern und das Gefühl zu. *„Wir können uns nicht eines Gefühls bewußt sein, bevor es nicht durch eine Aktivierung der Muskelbewegungen ausgedrückt wird"* (Feldenkrais, 1974, S. 176). Innere Veränderungen werden auch an den Veränderungen bemerkt, die sie in den Muskeln bewirken (z.b. wenn sich bei Angst das Herz und die Atemmuskulatur verändert oder bei Wut die Gesichtsmuskulatur verhärtet).

Drei Dinge sind es nach Feldenkrais, welche den Menschen und sein Ich-Bild prägen: Vererbung, Erziehung und Selbsterziehung. Auf die beiden ersteren hat das Individuum keinen Einfluß, nur die Selbsterziehung hängt einigermaßen von seinem eigenen Willen ab. *„Wir handeln dem Bild nach, das wir von uns machen. Ich esse, gehe, spreche, denke, beobachte, liebe nach der Art, wie ich mich empfinde"* (Feldenkrais, 1978, S. 19) und *„dem Bild entsprechend, das der Mensch sich im Lauf seines Lebens von sich gebildet hat. Um Art und Weise seines Tuns zu ändern, muß er das Bild von sich ändern, das er in sich trägt"* (Feldenkrais, 1978, S. 31).

Das Ich-Bild besteht aus vier Teilen: Bewegung, Sinnesempfindungen, Gefühl und Denken. Sie sind die Bestandteile jeder Handlung. Das Ich-Bild befindet sich in ständiger Veränderung – ein Leben lang. Dennoch gibt es Gewohnheiten, welche sich in starren, schematischen Handlungen immer gleichen Charakters ausdrücken.

Die Körperhaltung und das gesamte Auftreten eines Menschen beruhen auf dem Ich-Bild, das er von sich macht. Dieses Bild kann *„verkleinerte oder aufgeblasene Wirklichkeit sein, der Maske angepaßt, nach der einer von seinesgleichen beurteilt werden möchte"* (Feldenkrais, 1978, S. 47). Im allgemeinen bleibt das Ich-Bild weit hinter seinen Möglichkeiten zurück, es erreicht nur etwa 5% dessen, was es erreichen könnte. Daraus geht hervor, daß die meisten sich zum Gebrauch nur eines winzigen Bruchteils ihrer potentiellen Fähigkeiten bringen.

Die meisten erwachsenen Menschen leben hinter einer Maske, einem *„Gesicht, das einer vor anderen haben möchte wie vor sich selbst"* (Feldenkrais, 1978, S. 23). Die Erziehung und die Gesellschaft unterdrücken bei vielen Menschen spontane Bedürfnisse und Wünsche, und somit *„jede Neigung, die nicht zur 'Regel' gehört"* (Feldenkrais, 1978, S. 23). Verstärkt werden diese Masken durch den Wunsch nach Anerkennung und Bestätigung durch die Mitmenschen. Am gesellschaftlichen Erfolg und dem Nutzen, den er für die Gesellschaft hat, wird der eigene Wert gemessen. Mißerfolge führen dazu, daß die körperliche und geistige Gesundheit in Gefahr gerät. Die Folgen sind, daß die eigentlichen Bedürfnisse und organischen Triebe nicht mehr empfunden/wahrgenommen werden können und somit Störungen im Familien- und Geschlechtsleben auftauchen. Wären diese Menschen in der Lage, innezuhalten und in sich hineinzuhorchen, könnten sie sich nicht länger über das Gefühl der Leere hinwegsetzen, das sie überkommen würde. Wenn wir also ein Leben in Einklang mit unseren Anlagen und Fähigkeiten erzielen wollen, müssen wir unser Ich-Bild überprüfen und verbessern, statt ihm zu *„gehorchen"* (Feldenkrais, 1978, S. 53). Die Methode hierfür ist ein bewußtes Training aller Funktionen, der geistigen wie der körperlichen. Durch das von Feldenkrais konzipierte Training der Bewußtheit soll die menschliche Entwicklung und Entfaltung im Dienste der Selbstverwirklichung gefördert werden. Neben den Zuständen Wachsein und Schlafen nennt Feldenkrais einen dritten Zustand – den der Bewußtheit: *„Bewußtheit ist Bewußtsein und das Erkennen dessen, was im Bewußtsein vor sich geht, oder dessen, was in uns vor sich geht, während wir bei Bewußtsein sind"* (Feldenkrais, 1978, S. 78).

Alles Verhalten besteht aus vier untrennbar miteinander verbundenen Teilen: mobilisierten Muskeln, Sinnesempfindungen, Gefühl und Denken. Theoretisch könnte man von jedem dieser Bestandteile ausgehen. Feldenkrais entschied sich, für die angestrebte Selbstkorrektur an der Bewegung anzusetzen. Die Veränderung des eigenen Bewegungsverhaltens verändert unvermeidbar parallel stets die damit verbundenen Gedanken, Gefühle und Sinnesempfindungen.

Die von Feldenkrais beschriebene Selbsthilfe ist für jeden, der sich Veränderung wünscht, praktisch möglich und durchführbar. Seine *„Lektionen haben den Zweck, Fähigkeiten zu erhöhen, d.h. die Grenzen dessen zu erweitern, was einem möglich ist"* (Feldenkrais, 1978, S. 87). Das aufmerksame Wahrnehmen des eigenen Körpers, das in den Körper Hineinhorchen und das aufmerksame Betrachten des Körperbildes sind wesentliche Inhalte der Übungen. Aufgrund dieser Schwerpunktsetzung zeigte sich diese Gruppenmethode auch bei eßgestörten Patienten als wirksam (Laumer, Bauer, Fichter & Milz, 1997).

10.6. Experimentelle Versuche zur Veränderung des Körperbildes

Zwei zentrale Fragen in der Behandlung von Körperbildstörungen lauten: Welche spezielle Therapieform kann die Problematik mangelnder Körperzufriedenheit nachweislich verbessern? Und: Kann eine zusätzlich angewendete Körpertherapie die Behandlungsmöglichkeiten erweitern bzw. die Erfolgschancen erhöhen?

Es gab bisher nur vereinzelte, hauptsächlich perzeptiv-orientierte Versuche, das Körperbild auf direktem Weg zu verändern und die Effektivität der angewendeten Verfahren zu messen.

Im folgenden Abschnitt werden einige wenige, erfolgreiche Versuche aufgeführt, welche gezielt Körperbildveränderungen bei klinischen und nicht-klinischen Personen anstrebten und zu messen versuchten:

Ein 10wöchiges, verbal ausgerichtetes Körperbild-Curriculum, in dem über soziokulturelle Themen wie Schönheitsideale, Attraktivität, Schönheitschirurgie, Body-Building, Medien, sowie über Eßstörungen, Risikofaktoren, etc. aufgeklärt und diskutiert wurde, erzielte bei einer nicht-klinischen Gruppe weiblicher Studentinnen mehrere Effekte hinsichtlich des Körperbildes: mangelnde Körperzufriedenheit und gestörtes Eßverhalten nahmen signifikant ab (Springer, Winzelberg, Perkins & Taylor, 1999; für Anregungen für die Praxis, s. Themenliste des Curriculums im Anhang 3).

Es zeigte sich jedoch: Bei eßgestörten Patientinnen reicht es nicht, über soziokulturelle Einflüsse, den Unsinn utopischer Schönheitsideale und Gesundheitsrisiken aufzuklären. Von Eßstörungen Betroffene brauchen zusätzlich und längerfristig aktive Möglichkeiten, um dem Drang, dünn zu sein, zu widerstehen.

- Kognitiv-verhaltenstherapeutische Therapien (CBT): CBT beinhalten u.a. die Elemente der kognitiven Umstrukturierung, der systematischen Desensibilisierung, Streßbewältigungstraining, Rückfallprävention. CBT konnten bei nichtklinischen oder eßgestörten Personen hinsichtlich des Körperbildes im allgemeinen signifikante Erfolge erzielen (Garner & Garfinkel, 1981; Butters & Cash, 1987; Rosen, Saltzberg, Srebnik, 1989, 1990; Rosen, Cado, Silberg, Srebnik, Wendt, 1990; Grant & Cash, 1995; Rosen, 1996). Eine Studie beweist: Nach einer 10wöchigen CBT reduzierte sich bei bulimischen Patienten die Größenüberschätzung des problematischen Hüft- und Taillenbereiches (Birtchnell et al., 1985). Auch Raich et al. (1995) stellten nach einer 2monatigen CBT, bezogen auf das Körperbild, signifikante Verbesserungen hinsichtlich perzeptiver und kognitiver Aspekte sowie auf der Verhaltensebene fest. CBT erzielte auch bei einer Gruppe klinischer Patienten mit der Diagnose Körperdysmorphe Störung (nach DSM-IV, APA, 1997) hinsichtlich des Körperbildes signifikante Erfolge (Rosen, Reiter & Orosan, 1995).
- Rosen (1990, 1996) weist auf die Effektivität einer Kombination von CBT und spezieller Körperbildarbeit hin. Hier konnte den Patienten nachweislich geholfen werden, irrationale, selbstabwertende Gedanken in realistischere Wahrnehmungen umzuändern sowie Situationen zu üben, welche vorher aufgrund irrationaler Ängste und Erwartungen vermieden wurden oder Körperunzufriedenheit hervorriefen (z.B. Schwimmbadbesuch). CBT erwiesen sich in Verbindung mit konkreter Körperbildarbeit als effektiver als CBT ohne diese.
- Die Psychomotorische Therapie nach Vandereycken, Depreitere & Probst (1987) mit den Inhalten Entspannung, Bewegung, Bioenergetik, Spiegelkonfrontation

und Videofeedback, konnte bei anorektischen Patienten die Körpererfahrung durch Videokonfrontation positiv beeinflussen. Die Patienten zeigten nach der Videokonfrontation eine verbesserte Einschätzung des reellen Gewichts. Die Kontrollgruppe veränderte ihre Wahrnehmung dagegen nicht. Die Autoren vermuten, daß Videokonfrontation hilfreich ist, um als eine Art Katalysator des therapeutischen Prozesses die Kluft zwischen realem und idealem Körper zu überwinden.

- Ein ähnliches Ergebnis ergab das Spiegelkonfrontations-Verfahren bei Anorektikerinnen (Norris, 1984; Fernandez & Vandereycken, 1994).
- Veränderungen bezüglich einer Steigerung der Körperzufriedenheit zeigte auch eine kurze ambulante Verhaltenstherapie (Birtchnell et al., 1985).
- Aufgrund verschiedener Ergebnisse läßt sich vermuten, daß die Feldenkrais-Methode, „Bewußtheit durch Bewegung", die Akzeptanz des eigenen Körpers in verschiedenen Bereichen zu fördern vermag (Feldenkrais, 1978; Laumer et al., 1997). An der Medizinisch-Psychosomatischen Klinik Roseneck belegten Studienergebnisse die therapeutische Wirksamkeit der Gruppenmethode bei Patienten mit Eßstörungen im Rahmen eines multimodalen Therapiekonzepts. Es zeigten sich Verbesserungen in der Zufriedenheit mit spezifischen Problemzonen und der eigenen Gesundheit, sowie der Vertrautheit mit dem eigenen Körper. Allerdings zeigte sich keine signifikante Zunahme der Zufriedenheit mit dem Körper mittels der Subskala Körperzufriedenheit des EDI. Die Vermutung liegt nahe, daß ein Interventionszeitraum von nur wenigen Wochen (neun Termine) hierfür nicht ausreichen kann.
- Eine Überprüfung der Effektivität von kognitiver Verhaltenstherapie und einem eher sportlich ausgerichteten Trainingsprogramm (Kombination von Aerobic- und Kraftübungen; Fisher & Thompson, 1994) zeigte: fitneß-orientierte Interventionen erwiesen sich als positiv-beeinflussend und sollten mit kognitiv-verhaltenstherapeutischen Methoden kombiniert werden. Interessanterweise haben physische Fitneßprogramme als Behandlungsmöglichkeit bei Körperbildstörungen noch kaum Beachtung gefunden (Thompson, 1990). Es gibt lediglich Untersuchungen, welche die positiven Effekte physischen Trainings im allgemeinen messen (Skrinar, Bullen, Cheek, Mac Arthur & Vaughan, 1986; Tucker, 1987; Ossip-Klein, Doyne, Bowman, Osborn, Mc Dougall-Wilson & Niemeyer, 1989).

Abschließend läßt sich sagen: Trotz der Unbestrittenheit der Bedeutung, die dem Körperbild bei der Behandlung von Eßstörungen beigemessen wird, und der unüberschaubaren Vielfalt an Forschungsunternehmungen, läßt sich die Frage nach konkreten, effektiven Behandlungsmethoden bei eßgestörten Patienten immer noch nicht definitiv beantworten. Leider wiesen viele der Studien zur Überprüfung der Effektivität von Körperbild-Konzepten methodische Mängel auf.

11. Das Therapiezentrum für Eßstörungen (TCE)

11.1. Einführung

Das Max-Planck-Institut (MPI) für Psychiatrie in München entwickelt seit 1982 Konzepte zur Behandlung von Eßstörungen. In Folge dessen eröffnete es in München 1989 die erste Tagklinik für Eßstörungen in Europa: das „Therapiezentrum für Eßstörungen" (TCE). Auf dem Tagklinik-Gelände stehen den Patienten außerdem Wohnungen mit insgesamt 20 Wohnplätzen zur Verfügung.

Die Transparenz der Therapie ist eines der wichtigsten Grundprinzipien. Entscheidend für das tagklinische Modell ist die besondere Zielsetzung der eigenverantwortlichen Krankheitsbewältigung. In den Grundzügen des Konzeptes lehnt sich das TCE eng an den von Kanfer, Reinecker & Schmelzer (1991) entwickelten Selbstmanagement-Ansatz an, der den Menschen als selbstverantwortliches Wesen mit der Fähigkeit zur aktiven Beeinflussung des eigenen Lebens ansieht. Von den Patienten wird die aktive Mitarbeit an der Genesung erwartet. Ein Großteil der therapeutischen Arbeit findet unter Eigenregie außerhalb der Klinik statt. Den Patienten wird ein Erklärungsmodell zum Verständnis bezüglich Entstehung und Aufrechterhaltung ihrer Krankheit in die Hand gegeben.

Aufgrund des gruppentherapeutischen Behandlungskonzepts sollen die Gruppen am TCE möglichst homogen sein. Deshalb gilt bei der Aufnahme ins TCE eine Altersbeschränkung: In der Regel werden nur Patienten zwischen 15 und 30 Jahren aufgenommen. Ein striktes Ausschlußkriterium sind Erkrankungen aus dem schizophrenen Formenkreis, extreme Formen von Zwangs- oder Angststörungen sowie akuter Alkohol-, Drogen- oder Medikamentenabusus, der nicht in direktem Zusammenhang mit der Eßstörung steht. Patientinnen, die aufgrund ihres Untergewichts vital gefährdet sind, wird eine stationäre Behandlung empfohlen.

Das Durchschnittsalter der Patienten am TCE lag bisher bei etwa 22 Jahren. Die Patienten waren zu 95% weiblichen Geschlechts und zu 94% deutscher Staatsangehörigkeit. Die meisten Patienten waren unverheiratet und kinderlos, gehörten der sozialen Mittelschicht an und befanden sich in Ausbildung oder Studium. Eine repräsentative Teilstichprobe ergab: 28% der Patienten erfüllten die diagnostischen Kriterien für die Anorexia nervosa, 59% für Bulimia nervosa, 8% für beide Störungen, 5% erfüllten die Kriterien für eine Eßstörung NNB. Die durchschnittliche Erkrankungsdauer betrug bei den anorektischen Patienten 3,8 Jahre, bei den bulimischen 6,5 Jahre. Bei 76 Patienten wiesen 25% zum Zeitpunkt der Aufnahme ins TCE nur eine Diagnose (gemäß DSM-III-R; APA, 1989), 27% zwei und 48% mindestens drei verschiedene Diagnosen auf (z.B. depressive Störungen, Mißbrauch psychotroper Substanzen). Ergebnisse einer Evaluation zeigen im allgemeinen gute Ergebnisse beim aktuellen tagklinischen Modell (Gerlinghoff, Backmund, Franzen, Gorzewski, Frenzel, 1997). Bei mangelnder Kooperation beendeten im Durchschnitt 8-10% der Patienten vorzeitig die Therapie – häufig auf Anraten des Teams oder der Gruppe.

Das Team bestand zum Zeitpunkt der Untersuchung aus: 1 Oberärztin, 3 Ärztinnen, 3 Diplom-Psychologinnen, 1 Kunsttherapeuten, 1 Körper-/Tanztherapeutin, 1 Ökotrophologin, 1 Diätassistentin, 2 Sozialpädagoginnen und 4 Krankenschwestern.

11.2. 4-Phasen-Therapiemodell

Um einen besseren Einblick zu gewinnen, in welchem Rahmen die vorliegende Untersuchung stattfand, wird das Therapiekonzept des TCE skizziert. Dies ist notwendig, da die therapeutische Behandlung mit all seinen Elementen den größten Einflußfaktor zwischen den Untersuchungszeitpunkten verkörpert.

Das Therapiekonzept am TCE besteht aus einem 4-Phasen-Modell: einer Motivationsphase (4-5 Wochen), einer tagklinischen Phase (4-5 Monate), einer ambulanten Phase (4 Monate) und einer Selbsthilfephase (6 Monate). Das Eingebundensein eßgestörter Patienten in ein therapeutisches Setting über einen Zeitraum von mindestens 1-2 Jahre sollte, den Erfahrungen des TCE nach, nicht unterschritten werden. Für jede Phase gilt: so viel professionelle Hilfe wie nötig und so viel Eigenverantwortung wie möglich.

Der Motivationsphase geht ein Erstgespräch voraus. Die Motivationsgruppe findet in sechs aufeinanderfolgenden Wochen jeweils einmal wöchentlich, ca. 2 Stunden lang, statt. Einzelne Mitglieder des Teams sowie einzelne Patienten der laufenden Tagklinikgruppe nehmen an der Gruppe teil, informieren und diskutieren über Erwartungen und Ängste. Die Patientinnen können sich untereinander kennen lernen und Kontakt zum therapeutischen Team herstellen. Erste subjektive Vorstellungen der Patientinnen bezüglich ihrer Krankheit werden angesprochen. In der Motivationsphase soll eine tragfähige Therapiemotivation aufgebaut und über Therapieinhalte und -ziele informiert werden. Am Ende der Motivationsphase wird ein Therapievertrag unterzeichnet, in der die bewußte und eigenverantwortliche Entscheidung für eine Therapie betont wird. In ihm sind Regeln und Absprachen formuliert.

Zu Beginn der Tagklinik-Phase werden ca. 24, meist weibliche Patienten, gemeinsam am TCE aufgenommen, welche dann sieben Tage pro Woche von 8.00 Uhr bis 16.30 Uhr in die Klinik kommen. In dieser Zeit findet ein Verhaltenstraining mit klar strukturiertem Stundenplan statt (s. Tabelle 22), das weit über das Ziel der Gewichtszunahme und Behandlung des Eßverhaltens hinausgeht. Die therapeutischen Aktivitäten finden in Groß- oder Kleingruppen statt. Diese Phase ist als „Kompetenzschulung" für unterschiedliche Bereiche (z.b. Ernährung, berufliche Perspektiven, Wohnen, Körpererleben) zu beschreiben und setzt sich aus verschiedenen gruppentherapeutischen Interventionen (Therapiebausteinen) zusammen. Einzelgespräche finden nur in Ausnahme-/Krisensituationen statt. Dies dient der Kohärenz der Gruppe und wirkt den Spannungstendenzen der Patientinnen entgegen. Gegen Ende der Tagklinik hält jede Patientin eine Abschlußbilanz.

In der ambulanten Phase nehmen die Patienten je nach individuellem Problemschwerpunkt wöchentlich mehrmals, je 2stündig, an verschiedenen therapeutischen Kleingruppen und Workshops teil und gestalten ihren Alltag allein. Die ambulante Phase ist gerade hinsichtlich der Körpertherapie von enormer Bedeutung. Die Erfahrung in der Arbeit mit Eßstörungen hat gezeigt: Nach der teilstationären Phase haben viele Patienten sichtbare Fortschritte bezüglich ihrer Probleme auf der Körperebene gemacht, aber viele Patienten weisen immer wieder darauf hin, daß die Themen, die im Lauf der Therapie aufgedeckt wurden, erst teilweise verarbeitet sind und einer kontinuierlichen Weiterbehandlung bedürfen, um die Erfolge zu verfestigen.

Den Abschluß des Programms bildet eine mindestens halbjährige Selbsthilfephase, in der sich die Gruppe einmal wöchentlich eigenverantwortlich trifft und nur selten eine Therapeutin teilnimmt.

Die ambulante Phase und die Selbsthilfephase sind auch im Sinne einer Nachsorge zu verstehen. Sie sollen helfen, die Übergangszeit nach der Entlassung aus einem streng strukturiertem und Sicherheit gebendem, teilstationärem Therapiesetting, welche als streßbeladen und bedrohlich erlebt wird, zu erleichtern und somit Regression und Rückfälle zu verhindern.

Die Therapieziele der einzelnen Therapiephasen und -bausteine zeigt die Tabelle 20.

Tab. 20: Ziele der einzelnen Therapiephasen am TCE

Therapiephase	Therapiebausteine	Therapieziele
Motivationsphase (1 Monat)	Gesprächsgruppe Selbstdokumentation	Entscheidung zur Therapie Informationsvermittlung Therapievertrag Motivationsförderung und -prüfung
Tagklinische Phase (4-5 Monate)	Gesprächsgruppe Körpertherapie Familiengruppe Sozialtraining Selbstdokumentation Ernährungstherapie Entspannung Kunsttherapie Wohngruppen	Symptomverständnis und -aufgabe Bedingungs- und Funktionsanalyse Verhaltensmodifikation Stärkung des Selbstwertgefühls Symptom- und Verhaltensanalyse Erarbeitung individueller Problemschwerpunkte/Ressourcen Bearbeitung interaktioneller Probleme Freizeitgestaltung
Ambulante Phase (4 Monate)	s. tagklinische Phase	Stabilisierung und Generalisierung der Veränderungen Rückfallprophylaxe
Selbsthilfe-Phase (6 Monate)	Selbstgeleitete Gruppen unter Supervision Selbstdokumentation	Stabilisierung des Selbstkonzeptes Vertiefung der Beziehungfähigkeit Loslösung von der Therapie Gestaltung des eigenen Lebensraums

(vgl. Gerlinghoff et al., 1997 a, S. 13)

Schriftliche Aufzeichnungen der Patienten, sogenannte Selbstdokumentationen, im Sinne einer Förderung von Selbstreflexion und -beobachtung spielen in jeder Behandlungsphase eine wichtige Rolle (s. Anhang 5.7.).

11.3. Gruppenansatz

In den vergangenen Jahren hat sich in der Behandlung von Eßstörungen auch am Max-Planck-Institut für Psychatrie in München das Konzept der Gruppenpsychotherapie durchgesetzt. Das Gruppensetting bietet im Vergleich zum stationären Setting zahlreiche Vorteile (Vandereycken, 1985; Piran, Kaplan, Kerr, Shekter-Wolfson, Winocur, Gold & Garfinkel, 1989; Piran, Langdon, Kaplan & Garfinkel, 1989, vgl. Kap. 9.2.). Aufgrund der häufig gestörten Beziehungsmuster eßgestörter Patienten (z.B. symbiotische Zweierbeziehungen) ist die altersgemäße soziale Reintegration ein Kernpunkt der Behandlung am TCE. Gruppentherapien bieten ideale Übungsfelder, auf denen die Patienten an sozialen Ängsten arbeiten können. Häufig wiederkehrende Gruppen-Themen am TCE sind: Kontakt-/Beziehungsschwierigkeiten, Isolation und Einsamkeit, Nähe – Distanz, Kritik geben und annehmen,

Umgang mit eigenen Bedürfnissen, Leistungsorientierung, Konkurrenz, Harmoniebedürfnis, Minderwertigkeitsgefühle, Umgang mit Partnerschaft und Sexualität.

11.4. Therapiebausteine

11.4.1. Gesprächspsychotherapie

Die Gesprächsgruppen finden zweimal pro Woche statt. Gemeinsam mit den Patienten soll ein differenziertes Symptomverständnis erarbeitet werden. Das Symptom meint hier nicht nur Aspekte des Eßverhaltens, sondern jede dysfunktionale Einstellung und Verhaltensweise, die eine adäquate Bewältigung anstehender Aufgaben verhindert, z.b. Tagträumen, Stehlen, Selbstverletzung, niedrige Frustrationstoleranz.

Es ist ein Ziel, daß sich die intensive Selbstwahrnehmung im Verlauf der Tagklinikphase zu einer differenzierten Wahrnehmung der eigenen Gesamtpersönlichkeit (z.b. individuelle Problemschwerpunkte und Ressourcen) erweitert.

Tab. 21: Vorgehen und Ziele der Gesprächsgruppen

Therapeutisches Vorgehen	Ziele
• Symptomliste (Stoffsammlung)	• Schulung der Wahrnehmung und Selbstbeobachtung
• Symptomdias	• Entwicklung eines Symptomverständnisses
• Selbstdokumentation zu:	• Förderung kritischer Selbstreflexion
Familie/Beziehungen	• Stärkung selbstexplorativer Fähigkeiten
Persönlichkeit	• Distanzierung von Symptomen
Körper/Sexualität	• Erweiterung der Fähigkeit zu planendem und zielorientiertem Verhalten
• schriftliche Bedingungsanalyse	• Krankheitsverständnis
• Beziehungsspiel	• Schulung kommunikativer Fähigkeiten
• Definition von Verhaltenszielen/ Hausaufgaben	• Förderung der Gruppenarbeit
	• Stärkung des Selbstwertgefühls
• Bearbeitung dysfunktionaler Einstellungen	• Erhöhung der Frustrationstoleranz/Ressourcen
	• Erarbeitung individueller Problemschwerpunkte
	• Entwicklung eines adäquaten Umgangs mit Ausdruck und Emotionen
• Rollenspiele	
• Integration anderer Therapiebausteine	
• Kleingruppenarbeit zu einzelnen Fragestellungen	

Die „Wochenthemen" orientieren sich gezielt an den Konflikten, die in der langjährigen therapeutischen Arbeit gemeinsam mit den Patienten erarbeitet wurden (z.B. Persönlichkeit, Symptomanalyse, Bedingungs- und Funktionsanalyse, Familie, Körper, Sexualität, Beziehungen, Grenzüberschreitungen). Die therapeutischen Inhalte entwickeln sich von der reinen Symptombewältigung über die individuelle Bedingungs- und Funktionsanalyse der Krankheit bis hin zur Förderung einer Identitätsfindung der Patienten (Gerlinghoff & Backmund, 1995).

11.4.2. Ernährungsprogramm

Das Eßprogramm stellt einen der wichtigsten Therapiebausteine dar und beginnt mit einer Bestandsaufnahme des bisherigen Ernährungsverhaltens. Ziel ist der Aufbau eines adäquaten, eigenverantwortlichen Eßverhaltens. Da die Patienten anfänglich kaum in der Lage sind, sich eigenverantwortlich anhand von Hunger- und Sättigungsgefühlen zu orientieren, um eine geregelte Essensstruktur und wieder eine Vorstellung „normaler" Nahrungsaufnahme aufzubauen, regeln, betreuen und kontrollieren Diätassistentinnen die Nahrungszubereitung sowie die Nahrungsaufnahme in der Tagklinik und errechnen individuelle Essenspläne. Die Patienten sind während ihres gesamten tagklinischen Aufenthalts durch konkrete Aufgaben aktiv an der Gestaltung der Ernährungstherapie beteiligt (Küchendienst, Kochgruppen, Essenseinkauf und Planung). „Gefürchtete", kalorienreiche Nahrungsmittel wie beispielsweise Schokolade werden in die Struktur miteingebaut. Nach jedem gemeinsamen Mittagessen findet – in Eigenregie der Patienten – die sogenannte „Essenskritik" statt. Hier werden Auffälligkeiten (z.B. zu langsames Essen, Herumstochern im Essen) und Probleme angesprochen. Bei allen Patienten wird zu Beginn der Tagklinik ein Zielgewicht festgelegt. Die Gewichtszunahme bei Magersüchtigen liegt in der Regel bei 500 g pro Woche. Eine zu schnelle Gewichtszunahme wird verhindert. Das Zielgewicht der Untergewichtigen liegt meistens bei mindestens 90% des Idealgewichtes. Das Gewicht wird je nach Patient durch teils tägliches, teils wöchentliches Wiegen kontrolliert. Internistische Maßnahmen wie Sonden- oder parenterale Ernährung werden am TCE nicht vorgenommen.

11.4.3. Kunsttherapie

Die Kunsttherapie am TCE ist ein *„erfahrungsorientiertes und erkenntnisförderndes Üben der Sinne"* (Gerlinghoff & Backmund, 1995, S. 105). Eßgestörte Patienten sind fast immer hervorragend verbalisiert und beherrschen es, ihre Krankheit analytisch zu interpretieren. Aber wenn es um die Ergründung eigener

Gefühle und deren Ausdruck geht, haben viele große Schwierigkeiten. Mittels der kreativen Therapie lernen die Patienten den eigenen Gefühlen Gestalt zu geben und das Spektrum ihrer Kommunikationsmöglichkeiten zu erweitern.

Zunächst soll in der Kunsttherapie Kreativität in bezug auf sich selbst angeregt werden. Im Vordergrund steht das Bestreben, die Patienten in einen bildnerischen Arbeitsprozeß zu führen, der die non-verbale Ausdrucksfähigkeit, die Wahrnehmung von Assoziationen und Gefühlen sowie die Selbstreflexion anregen soll. Das gemeinsame Erstellen von Bildern und Skulpturen bietet die Möglichkeit, untereinander non-verbal in Kontakt zu treten und soziale Verhaltensweisen mit gestalterischen Elementen zu trainieren. Auch die kreative Gestaltung von Mahlzeiten (appetitliches Anrichten, Tisch eindecken und dekorieren etc.) ist ein wichtiger Bestandteil der Kunsttherapie, in der gelernt werden soll, daß die Einnahmen von Mahlzeiten keine hastigen und belastenden Eßrituale darstellen sollten, sondern entspannte und angenehme Momente in schöner Umgebung sein können.

11.4.4. Sozialtraining

Das soziale Training soll den Patienten helfen, auf den Gebieten praktischer Lebensbewältigung (Beruf, Ausbildung, Wohnen, Finanzen, Haushaltsführung, Freizeit, soziales Umfeld) Informationen zu geben, Interessen anzuregen, realistische Ziele, Wünsche und Defizite zu definieren, Ängste abzubauen und soziale Kompetenzen zu fördern. Themen sind beispielsweise: Bewerbungen, Studienauswahl, Freizeitplanung, Ämtergänge. Hier bietet sich ein breites Feld an, die Patienten mit ihren Verhaltensdefiziten, ihrer geringen Frustrationstoleranz und vor allem ihrem überhöhten Anspruchsniveau zu konfrontieren.

11.4.5. Therapeutische Wohngruppen

In den therapeutischen Wohngemeinschaften in unmittelbarer Nähe des TCE stehen 20 Patienten Wohnplätze zur Verfügung. Ziele der Wohngruppen sind u.a.: Stabilisierung des symptomfreien Verhaltens, Förderung der Alltagsbewältigung, Förderung der Fähigkeiten, Beziehungen einzugehen, Konflikte auszutragen, Kritik anzunehmen oder zu geben, Nähe und Distanz zu erlernen, sowie Unterstützung der Wohnsituation außerhalb der Familie. Das Erleben von Gemeinschaft und Solidarität, aber auch von Aggressionsausbrüchen und Konkurrenzkämpfen untereinander mit den daraus resultierenden positiven und negativen Gefühlen sind wichtige Aspekte der Behandlung.

11.4.6. Familien- und Angehörigengruppen

Die Bedeutung der Familien und Angehörigen bei der Entstehung, Aufrechterhaltung und Behandlung von Eßstörungen ist unumstritten und ist vielerorts nachgewiesen worden (Bruch, 1991). Auffällige und verwirrende Interaktionen und Kommunikationsformen innerhalb der Familie können den Boden für Eßstörungen bereiten. Die Eßstörung eines Mitglieds spiegelt oft die umfassendere Familienpathologie wider. Charakteristisch sind die nach außen isolierenden, starren Grenzen bei gleichzeitiger maßloser Grenzenlosigkeit innerhalb der Familie. Es fehlen sowohl Grenzen zwischen den Generationen, wie auch zwischen den einzelnen Personen. Die persönliche Integrität und Intimsphäre der einzelnen Personen werden nicht respektiert. Daher spielt auch die Teilnahme der Angehörigen an der Therapie am TCE eine große Rolle. Sonntags werden Familienangehörige oder Freunde zum gemeinsamen Frühstück ins TCE eingeladen, um gemeinsame Gespräche zu fördern und Informationen zu vermitteln. Während der tagklinischen Phase dient die Teilnahme von Angehörigen vor allem der Informationsvermittlung, Familiendiagnostik, dem Abklären gegenseitiger Erwartungen, dem Verändern von Rollen und Beziehungen und dem Motivationsaufbau zur Teilnahme an den Familien- und Paartherapiegruppen der ambulanten Phase. In der ambulanten Phase wird versucht, den Dialog zwischen den Familienmitgliedern zu fördern, tabuisierte Themen anzusprechen, rigide Familiennormen zu hinterfragen und die einzelnen Familienmitglieder zunehmend zu fokussieren.

Eine weiterführende Familientherapie nach der Entlassung ist eine wichtige Methode der tertiären Prävention, vor allem bei den Patienten, die weiterhin Familienbindung haben.

Um das Zusammenspiel der verschiedenen Therapiebausteine zu veranschaulichen, ist in der Tabelle 22 ein Wochenstundenplan des TCE zu Tagklinikzeiten abgebildet.

Tab. 22: Wochenstundenplan des TCE

Zeit		Montag	Dienstag	Mittwoch	Donnerstag	Freitag	Samstag	Sonntag
8^{00}-8^{20}		\multicolumn{5}{l	}{Küchendienst (Frühstücksvorbereitung)}			8^{00} Küchendienst	9^{00} Küchendienst
8^{20}-8^{30}		Tanzen						
8^{30}-8^{45}		Patienten-Therapeuten-Morgentreff						
8^{45}-9^{15}		Frühstück						
9^{15}-10^{00}		Küchendienst (Kochgruppe)						
10^{00}-12^{00}	Gruppe A	Ernährung	Körpertherapie	Kunsttherapie	Lebenskompetenz-training	Wochenbilanz	10^{00}-16^{00} Ernährungsworkshop	10^{00}-12^{00} Schreiben (Selbstdokumentation)
	Gruppe B	Soziales Training	Kunsttherapie	Körpertherapie				
12^{00}-12^{00}		Mittagessen						
13^{00}-13^{00}		Mittagskritik	Befindlichkeitsrunde	Mittagskritik	Befindlichkeitsrunde	Mittagskritik	Mittagskritik	frei
13^{00}-14^{00}		Zwischenmahlzeit						
14^{00}-16^{00}	Gruppe A	Soziales Training	Körpertherapie	Kunsttherapie	Lebenskompetenz-training	Kreative Projekte	frei	frei
	Gruppe B	Ernährung therapie	Kunsttherapie	Körpertherapie				
16^{00}-16^{30}		Kaffee und Kuchen						

12. Therapiewoche („Entspannung")

Anmerkungen:
(1) Der Aufbau des Stundenplans entspricht in jeder Woche diesem Schema.
(2) Jede Woche steht zusätzlich unter einem bestimmten „Wochenthema" (z.B. Persönlichkeit, Familie, Körper, Sexualität, Beziehungen, Grenzüberschreitungen, Entspannung).
(3) Die Wochenendworkshops variieren (z.B. Ernährungsworkshop, Körperworkshop, Kleiderworkshop, Kunstworkshop etc.).
(4) An Sonntagen werden, je nach Wochenthema, Familienmitglieder, Partner oder Freunde zum Frühstück eingeladen. Im Anschluß daran findet an diesen Tagen mit den Gästen eine Gesprächsrunde statt.
(5) Um 10.50 Uhr gibt es täglich für jede Patientin die erste „Zwischenmahlzeit".

Dem Therapiebaustein Körpertherapie ist aufgrund der speziellen Thematik im folgenden ein eigenes Kapitel gewidmet, um diese so anschaulich wie möglich darzustellen.

12. Die Körpertherapie am TCE

Die praktische körpertherapeutische Arbeit am TCE in einer Art Gebrauchsanweisung bis in Einzelheiten erschöpfend zu beschreiben, ist selbstverständlich naturgemäß unmöglich. Es sollen vielmehr grundlegende Muster der Therapie aufgezeigt und Anregungen gegeben werden. In der jeweiligen therapeutischen Praxis müssen die vorgestellten Elemente und Übungen der jeweiligen Situation, den Individuen und deren speziellen Bedürfnissen stets angepaßt werden.

12.1. Einführung

Die Körpertherapie findet in zwei Gruppen mit je ca. 12 Teilnehmern unter Leitung einer Körpertherapeutin im Umfang von 8 Wochenstunden statt. *„In jeder Sitzung werden gemäß einem feststehenden Programm verschiedene Körperteile betrachtet, bewegt und berührt"* (Gerlinghoff & Backmund, 1995, S. 97). Angefangen wird hierbei bei weniger angstbesetzten Bereichen (Füße, Hände) und allmählich zu konfliktreichen Körperbereichen (Gesicht, Unterleib, Brust) vorgedrungen. In Beziehungsspielen wird die Kontaktaufnahme zu den anderen Gruppenmitgliedern geübt. Ziel ist es, *„Nähe in einer individuell angenehmen Form zu erleben, die eigenen Grenzen zu erkennen und zu behaupten"* (Gerlinghoff & Backmund, 1995, S. 95).

Hauptziele der Körpertherapie am TCE liegen in der Bewußtmachung der Störung auf Körperebene und der Bearbeitung durch verhaltensorientierte Maßnahmen, wobei Techniken und Prinzipien aus verschiedenen Ansätzen Anwendung finden (Konzentrative Bewegungstherapie, Entspannungstechniken, Tanztherapie, etc.). Anfänglich wird zu klären versucht, in welchem Zusammenhang die jeweilige Körperbildstörung mit dem Eßverhalten, dem Körperbild der Mutter, den soziokulturell-vermittelten Meinungen und Werten steht. Körpertherapie darf jedoch nicht zu einer verbalen Psychotherapie umgeformt werden. Körperliches Agieren und non-verbale Kommunikation sind Hauptaspekte der Therapie. Allgemein soll in den Körpersitzungen so wenig wie möglich gesprochen werden, damit die Konzentration nicht vom Körper abgelenkt wird. Körperliche Aktivitäten sollen im Rahmen der Therapie als positive und spaßorientierte Körpererfahrungen kennengelernt werden. Wichtige körperspezifische Aspekte, um das Körperbild zu beeinflussen, wie Körperpflege, Kosmetika und Kleidung wurden in das körpertherapeutische Konzept des TCE integriert.

An dieser Stelle soll auf einige Erfahrungen aus der Praxis am TCE hingewiesen werden: Bei manchen Übungen können einige Patienten ungeduldig oder aggressiv werden. Dies ist meist ein Zeichen dafür, wie schwierig es ist, sich so lange und bewußt mit dem Körper beschäftigen zu müssen. Manche Patienten äußern auch die Tendenz, sich kratzen zu wollen (Selbstverletzen), weil es für sie kaum auszuhalten ist, derart liebevoll mit ihrem Körper und mit sich selbst umzugehen. Anfänglich erscheint auch vielen Patienten diese Art der Beschäftigung als Zeitverschwendung; sie würden lieber „etwas Sinnvolles" tun. Hier werden ausschweifende Diskussionen um den Sinn und Unsinn der Übungen möglichst vermieden. Meist versuchen hier Patienten (bewußt oder unbewußt) zu vermeiden.

12.2. Themen

In der Körpertherapie am TCE spielen verschiedene körperbezogene Themen eine wichtige Rolle. Dies zeigt die Tabelle 23:

Tab. 23: Themen der Körpertherapie am TCE

- Sport, Bewegung, Hyperaktivität
- Entspannung
- Äußere Erscheinung: Kleidung, Körperpflege (Hygiene), Kosmetika
- Zwischenmenschliche, körperliche Nähe und Distanz
- Non-verbale Kommunikation
- Körper-/Sinneswahrnehmung
- Probleme mit Gewicht/Figur und Körperzufriedenheit
- Frausein und Sexualität (ggf. Mißbrauchserfahrungen)

12.2.1. Körper- und Sinneswahrnehmung

Vielen Patienten ist es unmöglich, zu sehen, wie schlank oder auch wie attraktiv sie in Wirklichkeit sind. Untergewichtige Patienten betrachten sich als „normal", normalgewichtige Patientinnen als „fett". Eine unrealistische, verzerrte und extrem negative Selbstwahrnehmung ist weit verbreitet. Die Beschreibungen des eigenen Äußeren bei den Frauen sind oftmals erschütternd selbstabwertend. Die Konfrontation der Patienten mit ihrem Körper und Spiegelbild soll ihnen helfen, zu einer realistischen und positiveren Wahrnehmung des eigenen Körpers und der Figur zu gelangen. Eßgestörte Patienten berichten über Schwierigkeiten im körperlichen Empfinden und darüber, daß sie Signale und Bedürfnisse des Körpers wie Hunger, Durst, Schmerz, Lust oder Müdigkeit nicht wahrnehmen bzw. nicht angemessen auf diese reagieren können. *„Über Emotionen entscheidet der Zeiger auf der Waage. Magersüchtige nehmen die Welt um sie herum kaum noch wahr"* (Gerlinghoff & Backmund, 1989, S. 106). Um einen lustvollen Zugang zum eigenen Körper zu eröffnen, können Sinnesübungen oder die pflegerische Zuwendung zum eigenen Körper und die damit verbundenen Emotionen helfen.

12.2.2. Sport, Bewegung, Hyperaktivität

Bei eßgestörten Patienten ist sportliches Verhalten typischerweise an extreme Leistungs- und Perfektionsansprüche gebunden. Sport wird meist bewußt als Mittel zum Zweck eingesetzt, z.b. um Gewicht zu verlieren, den Körper zu stählern, asketisches Aussehen zu erreichen, sich und anderen Kraft und Leistung zu beweisen oder Konkurrenzkämpfe auszutragen. Spaß, Kommunikation (Gruppensportarten) und Erholung spielen nur selten eine Rolle. Das Maß an Bewegung wird meist weit über die körperlichen Grenzen hinweg überschritten. Es besteht die Tendenz, Übungen ständig zu steigern und anstrengender werden zu lassen. Betroffene trainieren bis zur völligen Erschöpfung, fahren täglich kilometerweit Rad, verbringen mehrere Stunden im Fitneßstudio oder mit Gymnastik, Tanzen oder Aerobic.

Sitzende Tätigkeiten werden von eßgestörten Patienten oftmals im Stehen ausgeübt, öffentliche Verkehrsmittel bewußt gemieden, jede Strecke wird zu Fuß gegangen oder gejoggt. Am Wochenende stehen Berg-, Kletter-, Rad-, oder Skitouren, auch bei brütender Hitze oder eisiger Kälte, auf dem Programm. Viele bewegen sich unaufhörlich von morgens bis abends, reduzieren ihre Schlafmenge auf immer weniger Stunden.

Im Lauf der Therapie sollen den Patienten neue Aspekte des Sporttreibens vermittelt und die eigenen körperlichen Grenzen erfahren werden. Vielen Patienten wird erst im Verlauf der Therapie bewußt, wie sehr sie ihren Körper überstrapaziert und ihm geschadet haben.

12.2.3. Entspannung

Übertriebene Leistungsansprüche, gnadenlose Trainingsprogramme sowie streng strukturierte Tagesplanungen erlauben den meisten Betroffenen keinerlei Ruhepausen. Tätigkeiten sollten nach Meinung der Patienten stets sinnvoll und leistungsbezogen sein. Entspannung fällt den meisten Patienten daher äußerst schwer. Entspannende Tätigkeiten sind nicht selten als sinnloses, untätiges Faulsein und als Zeitverschwendung verpönt. Sich ruhig hinlegen und die Augen schließen bedeutet für viele, die Kontrolle abzugeben und stellt eine unerträgliche Bedrohung dar. In der Therapie sollen die Patienten lernen, zur Ruhe zu kommen, untätig sein zu dürfen, sich wohlzufühlen, in sich hineinzuhorchen, ihren Körper wahrzunehmen und sich ihrer Gefühle bewußt zu werden.

12.2.4. Figurprobleme und mangelnde Körperzufriedenheit

Über das allgegenwärtige Problem der Überbewertung der äußeren Erscheinung sowie über mangelnde Körperzufriedenheit und dessen Ausmaß wurde in der vorliegenden Arbeit schon vielerorts berichtet. Die Fixierung und übermäßige Beschäftigung mit Gewicht und Figur stellen Hauptcharakteristika eßgestörten Verhaltens, Denkens und Fühlens dar. Eßgestörte Patienten kämpfen mit unangemessenen Mitteln bis zur Selbstzerstörung, um eine unrealistisch niedrige Gewichtsschwelle zu erreichen oder zu halten. Gewichtszunahmen stellen unverzeihliche Niederlagen und Kontrollverluste dar. Der Aufbau und die Stabilisierung des Selbstwertes ist das wichtigste therapeutische Ziel. Den Patienten muß klar werden, daß Anerkennung und Selbstachtung nicht mittels einer dünnen Figur erzielt werden kann. Im Lauf der Therapie lernen sie alternative Quellen kennen, um Belohnung, Bestätigung, Anerkennung, Lust oder Freude zu erfahren. Körperzufriedenheit sollte ein primäres, langfristiges Ziel in jeder Therapie bei Eßstörungen darstellen.

12.2.5. Kleidung, Körperpflege und Kosmetika

Die eigene äußere Erscheinung und Attraktivität kann jeder Mensch aktiv selbst (mit)gestalten. Die Aspekte Kleidung, Körperpflege (Hygiene) und Kosmetika spielen bei der Therapie von eßgestörten Patienten eine wichtige Rolle. Sie sind nicht selten Teil ihrer Symptomatologie. Für viele Patientinnen ist die Vernachlässigung der Körper- oder Schönheitspflege charakteristisch. Sie scheuen bewußt die direkte Konfrontation mit dem eigenen Aussehen, vermeiden es, ihren Körper anzuschauen (z.B. beim Baden) oder ihn zu berühren (z.B. beim Eincremen), sie ignorieren und vernachlässigen ihn, als gehöre er nicht zu ihnen. Ungeliebte, meist typisch weibliche Körperregionen (Bauch, Oberschenkel, Po oder Busen) sind hierbei am meisten betroffen.

Dieses Verhalten geht manchmal Hand in Hand mit einer Vernachlässigung der Kleiderwahl. Bei manchen Patienten ist die Art der Kleidung, nämlich dann, wenn sie schlampig und vernachlässigt wirkt, direkter Ausdruck eines geringen Selbstwertes und einer Verachtung des *„häßlichen"* Körpers (Bruch, 1991). *„Manche Patientinnen tragen immer noch die Unterwäsche, die ihnen ihre Mutter kauft. Aus*

Unwissenheit und Protest achten sie nicht auf Sauberkeit und Hygiene. Sie verletzen ihren Körper und gönnen sich keine Kleider, die sich angenehm und schön anfühlen" (Gerlinghoff & Backmund, 1995, S. 120).

Nach Meinung vieler Eßgestörter ist es verwerflich, sich selbst etwas Schönes zu gönnen, Gutes zu tun oder Geld für das eigene Äußere auszugeben. Einige Patientinnen assoziieren Schminke oder feminine, „sexy" Kleidung (z.b. Minirock) mit Eitelkeit, Oberflächlichkeit oder „Lasterhaftigkeit". Diese frauenfeindlichen Einstellungen wurden oft von den eigenen Müttern und Großmüttern kritiklos übernommen.

Bei manchen Patientinnen tritt jedoch auch ein gegenteiliges Phänomen auf: Sie pflegen und schminken sich in übertriebener Form oder legen im Extremfall eine bis zum Waschzwang ausartende Reinlichkeit an den Tag. Manche wechseln mehrmals täglich ihre Kleidung und geben die getragenen Stücke nach nur wenigen Stunden in die Waschmaschine. Manche Patientinnen berichten, grundsätzlich nicht ungeschminkt aus dem Haus zu gehen und verbergen sich hinter einer maskenhaften, stark überschminkten Fassade oder schädigen ihre Haut mit übertriebener Sonnenstudio-Bestrahlung. Einige dieser Frauen zeigen deutliches „Kaufsucht-Verhalten", stürzen sich für ihre Kleiderkäufe in Schulden und horten zuhause Unmengen (teilweise ungetragener) Kleidung oder Schuhe. Oft werden bewußt unrealistisch kleine Größen eingekauft, um sich zu einer Gewichtsabnahme zu motivieren. Typisch sind aber auch zu weite, alles verhüllende Kleidungsstücke oder das Tragen langärmeliger Kleidung auch bei hohen Temperaturen, um den Körper zu verstecken. Charakteristisch sind bei anorektischen Frauen auch eng zugezogene Gürtel, welche als Kontrolle über die Figur dienen.

Vielen Patientinnen fehlt das richtige Maß für ein gepflegtes, hygienisches, weibliches, aber nicht übertriebenes Äußeres. Ihnen fehlt ferner das Empfinden, sich den Temperaturen angemessen zu kleiden oder zu duschen. Im Winter ziehen sich einige Patienten bewußt zu wenig an, um zu frieren oder sie duschen generell zu heiß oder zu kalt, da sie glauben, dadurch Kalorien zu verlieren. Diese fehlerhaften Meinungen und Angewohnheiten sind Themen der Körpertherapie. Die behutsame, aber gezielte Konfrontation und Beschäftigung mit dem eigenen Körper innerhalb der Körpertherapie wirkt Vermeidungstendenzen entgegen und beabsichtigt, allmählich wieder zu einem normalen Umgang mit dem Körper zu finden.

12.2.6. Zwischenmenschliche Nähe und Distanz

Neben der Selbstwahrnehmung spielt auch die Wahrnehmung von körperlicher, freundschaftlich-zwischenmenschlicher und sexueller Nähe und Distanz zu anderen Menschen eine wichtige Rolle in der Körpertherapie. Eßgestörte Patienten zeigen oft schwere Beziehungsstörungen. Einerseits sehnen sich viele der Frauen nach Liebe und Zärtlichkeiten, andererseits können sie Körperkontakte – auch rein freundschaftlicher Art – kaum aushalten. In den Familien, welche oft geprägt waren von Vernunft, Disziplin und Ordnung, fand ein Austausch von Gefühlen und Zärtlichkeiten, wenn überhaupt, nur in früher Kindheit statt. Einige Familien sind als ausgesprochen prüde zu bezeichnen; die Kinder haben ihre Eltern höchstens „aus Versehen" einmal nackt gesehen. Andere geben sich aufgesetzt freizügig, ohne es zu sein. Sie mißachten das Schamgefühl ihrer heranwachsenden Kinder und verletzen deren Intimbereich.

In der Körpertherapie kann erprobt werden, wie es sich anfühlen und welche Folgen es haben kann, Kontakt zu anderen aufzunehmen, Vertrauen zu fassen, sich auf jemanden näher einzulassen und Nähe zuzulassen. Ein wichtiges Ziel der Körpertherapie ist es, zu lernen, sich gemäß seiner eigenen Grenzen, individuellen Bedürfnissen und Stimmungen annähern, distanzieren und abgrenzen zu können (ohne den anderen dadurch verletzen oder verlieren zu müssen oder bestraft zu werden). Oft erleben die Patienten im Rahmen der Therapie erstmalig, wie angenehm und wenig bedrohlich Freundschaft und Nähe sein kann.

12.2.7. Frausein und Sexualität

Die Magersucht wurde schon früh als *„Rebellion gegen eine Feminisierung"*, (Orbach, 1978, S. 193), als Ablehnung der Rolle als Frau, der Sexualität, des weiblichen Körpers und Schwangerschaft verstanden. Fettleibigkeit wird vielerorts als *„Ausdruck der Rebellion gegen die Machtlosigkeit der Frauen"* oder den Zwang schön, schlank und perfekt aussehen zu müssen, interpretiert (Orbach, 1978, S. 17). Sexualität ist nach den Vorstellungen vieler eßgestörter Frauen etwas *„Schmutziges, Animalisches, Schmerzhaftes, Ekelhaftes und Verbotenes"* (Zitat einer Magersüchtigen in Orbach, 1990, S. 121). Das Ausbleiben der Menstruation (Amenorrhoe) empfinden viele Frauen als vorteilhaft und erleichternd. Ein fettleibiger Körper erfüllt für manche Mädchen und Frauen eine Art Schutzfunktion gegen Männergewalt und anderen Übergriffen, weshalb es den Betroffenen oftmals so enorm schwer fällt, von ihren „Pfunden" abzulassen. Vielen Mädchen macht ihr weiblicher Körper und seine Veränderung während der Pubertät Angst. Durch Diäten verhindern Magersüchtige, daß sich weibliche Rundungen entwickeln und sichtbar werden. Anorektische Mädchen tendieren dazu *„die Wahrnehmung von Kurven und Brüsten aus ihrem Körperbild auszuschließen"* (Bruch, 1991, S. 126). Mißbrauchsproblematiken stecken in einigen Fällen hinter dieser Angst, Frau und erwachsen zu werden.

Körper- und lustfeindliche Haltungen haben ihren Ursprung oftmals in der Familie. Die Körperbilder der Mütter eßgestörter Frauen sind denen ihrer Töchter oft verblüffend ähnlich (Brownell & Foreyt, 1986). Frausein wird oftmals assoziiert mit Schwäche, Hilflosigkeit, Ausgeliefertsein, keine Chancen im Leben haben, Wertlosigkeit, schweigend und geduldig alles ertragen zu müssen. Viele Patientinnen berichten, ihre Mutter als Modell für die eigene Rolle als Frau abzulehnen. Frausein heißt bei diesen Müttern oft, sich opfern, leiden, von Männern abhängig sein. Oft sahen Töchter in ihren Müttern „geschlechtslose" Wesen, welche ihnen vermittelten, daß Sexualität nicht etwa ein lustvoller Bestandteil einer Beziehung ist, sondern reine Pflichterfüllung. Aber auch Väter können ihren Anteil an den Sexualstörungen ihrer Töchter haben: Einige Väter funktionieren ihre Töchter in den fehlenden Sohn um, andere benutzen sie zu ihrer sexuellen Befriedigung. Magersucht wurde daher oft als Versuch gesehen, den drohenden Inzest abzuwehren (Gerlinghoff, Backmund & Mai, 1997).

Aufgrund ihrer negativen Bewertungen und Empfindungen dem eigenen Körper gegenüber, der oft aufgrund großer Scham versteckt wird, ist die Sexualität eßgestörter Patientinnen in den meisten Fällen schwer gestört und daher ein wichtiges Thema im Rahmen einer Körpertherapie (Wiederman & Pryor, 1997). Vielen Patienten ist der Zusammenhang zwischen sexuellen Erfahrungen bzw. keinerlei Erfahrungen und ihrem negativen Körperbild nicht bewußt. Unangenehme oder schmerzhafte sexuelle Erlebnisse und Mißbrauch sind bei eßgestörten Frauen verbreitet. Erwiesenermaßen besteht ein direkter Zusammenhang zwischen verminderten sexuellen Sinnesvergnügungen und einem negativen Körperbild. Werden Körperbildstörungen nicht behoben, bleiben bei dieser Patientengruppe nach einer Heilung auch die sexuellen Probleme bestehen. Viele Patientinnen berichten, keinerlei körperliche Berührungen auszuhalten, obwohl sie sich eigentlich nach Liebe und Nähe sehnen. Eine Studie ergab, daß sogar noch 12 Jahre nach klinischer Vorstellung die sexuelle Erlebnisfähigkeit der ehemaligen Patientinnen persistierte (Deter & Herzog, 1994).

12.3. Ablauf und Übungen

Aufgrund des vielerorts kritisierten Mangels an Informationen zum Thema Körpertherapien bei Eßstörungen und deren konkretes Vorgehen, fällt dieses praxisorientierte Kapitel sehr detailliert aus. Es soll eine möglichst genaue und anschauliche Darstellung bieten, um vor allem Praktikern Anregungen und Ideen zu vermitteln.

Im Anhang 5.1. befindet sich zusätzlich die schriftliche Ausarbeitung des Körpertherapie-Konzeptes des TCE (nach B. Vödisch).

Die persönlichen Lebensläufe und Erfahrungen der einzelnen Patienten haben ganz unterschiedliche Körperbilder hervorgebracht, welche ein individuelles und flexibles Vorgehen verlangen. Was für den einen Patienten zu einem bestimmten Zeitpunkt der Therapie hilfreich ist, könnte für den anderen sogar krankheitsfördernd sein (z.b. „Sportverordnung" bei einem bulimischen im Gegensatz zu einem Sportverbot bei einem magersüchtigen Patienten). In der Körpertherapie soll jeder Betroffene seine ganz persönliche Körpergeschichte interpretieren und verstehen lernen.

In den ersten Sitzungen werden den Patienten Ablauf und Organisatorisches, sowie Inhalte, Sinn und Ziele der Körpertherapie beschrieben. Die Patienten haben die Gelegenheit, ihre Vorerfahrungen, Erwartungen, Vorstellungen und Ängste zu schildern. Die Beschreibungen der Patienten bezüglich ihres Körpers und Körperempfindens sind meist erschreckend negativ.

Die Themen der Körpertherapie und deren Übungen sind zeitlich logisch aufeinander aufgebaut. Zur Anregung der Wahrnehmung stehen diverse Materialien und Medien zur Verfügung, welche dazu verhelfen, neue Erfahrungssituationen für den Patienten zu konstellieren, wie z.b. Spiegel, Matten, Bälle, Bänder, Decken, Kissen, Tücher, Stoffe, Naturkosmetik, ätherische Öle, Farben, Papier und Entspannungsmusik.

Das Kennenlernen der Patienten innerhalb der Gruppe erfolgt durch Bewegungsspiele. Von der ersten Woche an ist Tanz ein wichtiges Element des Vorgehens. Hierbei werden die Patienten angehalten, sich frei nach ihrem inneren Empfinden zu bewegen und sich ihrer momentanen Stimmung bewußt zu werden – mit offenen oder geschlossenen Augen. Diese Übung erfolgt, von der ersten Therapiewoche an, jeden Morgen 5 Minuten lang vor dem Frühstück. Am Anfang haben die meisten Patienten hierbei große Schwierigkeiten. Sie fühlen sich beobachtet und äußern Hemmungen und Scham. Dies läßt erfahrungsgemäß jedoch im Lauf der Therapiemonate nach (einige Patienten nehmen später freiwillig an einer Tanz-Arbeitsgruppe am TCE teil). Die Übung beinhaltet u.a. das Thema der non-verbalen Kontaktaufnahme, welches zu den schwierigsten und wichtigsten Themen im Rahmen der Eßstörungstherapie zählt.

In der zweiten Therapiewoche ermöglichen Übungen zur Sinneswahrnehmung einen sanften Einstieg in die Körpertherapie. Sinn dieser Übungen ist es, die Sinne zu sensibilisieren, genießen zu lernen und zur Ruhe zu kommen. Es folgen im Laufe der Wochen verschiedene Übungen (teilweise in der Natur) zum Riechen (ätherische Öle, Lieblingsdüfte), Hören (im Raum oder Geräuschekassetten, Musizieren), Tasten (diverse Materialien) und Fühlen.

In der dritten oder vierten Sitzung wird meist eine ausführliche *Symptomsammlung* auf Körperebene durchgeführt. Hierbei tragen die Patienten – mündlich und schriftlich – sämtliche körperbezogenen Symptome zusammen, die sich in den Bereichen Bewegung, Sport, Hyperaktivität, Körperpflege, Kosmetika, Hygiene,

Kleidung, Entspannung, Körperhaltungen, Sexualität, Intimität, Alltagsbewältigung befinden. Die meisten der aufgelisteten Verhaltensweisen dienen entweder dem Kalorienverbrauch, dem Verbergen des Körpers oder seiner Kontrolle. Gemeinsam ist ihnen, daß sie den Körper oder das Körperbild der Betroffenen mehr oder weniger schädigen.

Hier eine Auswahl typischer Beispiele solcher körperfeindlichen Verhaltensweisen: exzessives Sporttreiben; Waschzwang; mehrmaliges tägliches Wiegen; bewußt schwere körperliche Arbeiten verrichten; absichtlich unnötig lange Wege gehen; sich stets mit schweren Taschen beladen; Verzicht von Aufzügen, Rolltreppen oder öffentlichen Verkehrsmitteln; ständiges Abtasten/Abmessen/Kontrollieren des Körpers im Spiegel; permanentes Bauch-Einziehen; Selbstverletzungen; im Winter zu leicht/im Sommer zu kühl angezogen sein; zu heiß/zu kalt duschen; möglichst alle Tätigkeiten im Stehen erledigen; Schlafentzug; zu weite Kleidung tragen (den Körper verstecken); niemals ungeschminkt aus dem Haus gehen; weibliche Kleidung vermeiden; nie Bikinis tragen; keinerlei Berührungen zulassen, u.s.w. (Eine ausführliche Symptomsammlung befindet sich im Anhang 5.2)

Da die Stimmung beim Zusammentragen der Symptome sehr drückend werden kann, wird man vorerst nicht zu ausführlich auf das Ausmaß einiger Symptome, wie z.B. Selbstverletzung, eingehen. Das gilt auch für den Fall, daß Patienten anfangen zu „konkurrieren", wer die schlimmeren Symptome hat und demnach am „kränksten" ist.

Nach Beendigung der Symptomsammlung sind die Patienten meist selbst ganz überrascht, in welchem Ausmaß sie ihrem Körper Schaden zugefügt haben. Dies war ihnen vorher oft gar nicht bewußt. Einige ihrer symptomatischen Verhaltensweisen hielten sie für „normal". Jeder Patient erstellt nun anhand dieser Sammlung – ausführlich und differenziert – seine eigene, individuelle Symptomtabelle bzw. *Symptom-Zielplan* (s. Anhang 5.3-5.4.). Anhand der Symptomtabellen erarbeitet sich jeder einzelne Patient seine eigene, sogenannte Angsthierarchie, welche die symptomatischen Verhaltensweisen nach dem jeweiligen, individuellen Angstgrad – in 10er Schritten von Null bis Hundert – ordnet (s. Anhang 5.5.). Extrem angstbesetzte Symptome, wie z.B. sich anderen nackt zeigen oder einen Bikini tragen, liegen dann beispielsweise bei 100, wenig angstbesetzte, wie z.B. Fußbad oder Hände eincremen, bei 10. Ziel ist es hierbei, Ängste und Schwierigkeiten klar erkennen und benennen zu können und Wege der Bewältigung zu erarbeiten. Mit Hilfe dieser Hierarchien erarbeitet sich jeder Patient seinen sogenannten *Hausaufgabenpaß* (s. Anhang 5.6.). Darin werden Woche für Woche, angefangen bei den weniger angstbesetzten Symptomen, individuelle Aufgaben zur Selbsthilfe formuliert, welche täglich eigenständig zuhause geübt werden sollten. Diese Dokumentation zeigt mit Hilfe von Symbolen zur Befindlichkeit (☺☻☹), wie es der Patientin an den jeweiligen Tagen mit jeder einzelnen Hausaufgabe erging. Die Pässe werden jede Woche der Therapeutin vorgelegt und besprochen. Die Übungen werden oft monatelang wöchentlich wiederholt, bis die Tätigkeiten einfacher zu bewältigen oder sogar selbstverständlich werden. Ist eine Besserung ersichtlich, werden neue, etwas schwierigere Aufgaben formuliert, wenn nicht, wird mit der Körpertherapeutin besprochen, wie weiterhin vorzugehen ist, ob z.b. die Aufgabe eine Überforderung darstellt und mit kleineren Schritten begonnen werden muß. Jeder Patient übernimmt somit die Verantwortung und Eigeninitiative für die Bewältigung und Erfolge selbst. Erfahrungsgemäß schaffen es die meisten Patienten im Verlauf der Therapie, die in der Angsthierarchie weiter unten angesiedelten, weniger angstbesetzten Aufgaben zu bewältigen und mittels regelmäßigem Üben die Ängste abzubauen. Die bei 80-100 angesiedelten, am meisten gefürchteten Aufgaben, werden erfahrungsgemäß zu Zeiten der Tagklinikphase am TCE noch nicht vollständig bearbeitet.

Ein Interventionszeitraum von durchschnittlich 4 Monaten scheint für die als am schwierigsten empfundenen, körperbezogenen Themen der Patienten nicht ausreichend zu sein. Nicht bearbeitete Themen werden jedoch für die ambulante Phase, welche sich an die tagklinische Phase anschließt, schriftlich zusammengefaßt und stehen sodann einer Bearbeitung zur Verfügung. Nach Beendigung der tagklinischen Phase erstellen die Patienten erneut eine Angsthierarchie für die ambulante Phase und vergleichen die Veränderungen und Fortschritte, welche sie bereits erlangt haben.

Die Körpertherapie bemüht sich stets darum, nicht nur defizitorientiert, sondern auch ressourcenorientiert zu arbeiten. Daher soll im Anschluß an die Symptomsammlung eine Übung erfolgen, welche verstärkt die Ressourcen auf Körperebene fokussiert.

Jede Patientin erstellt eine individuelle *Ressourcenliste,* auf der alles Positive, Eigene oder Unverwechselbare notiert wird, was mit dem Körper zu tun hat. Die Patienten sollen ja gerade lernen, dem eigenen Körper vor allem Positives abgewinnen zu können. Hierzu fällt den Patienten (im Gegensatz zu den Symptomen) erfahrungsgemäß meist nicht viel ein. Die Sammlungen zu Stärken, Fähigkeiten, vergnüglichen Erlebnissen und Positivem am/mit dem Körper verlaufen meist schleppend. Sinn ist es, die positive Wahrnehmung des Selbst zu fördern.

Meist in der 6. oder 7. Therapiewoche beginnen die Übungen zum Thema Körperpflege und Körperwahrnehmung. Ziele sind, einem allgemeinen Vermeidungsverhalten hinsichtlich des eigenen Körpers entgegenwirken zu lernen, sich bewußt mit dem Körper zu konfrontieren („Hinschauen"), dem Körper etwas „Gutes zu tun", eigene Berührungen am Körper wahrzunehmen, genießen und als lustvoll erfahren zu können, Ängste vor dem Körper und vor Berührungen abzubauen. Nun wird damit begonnen, die verschiedenen Körperteile (Füße, Hände, Arme, Beine) – möglichst mit geschlossenen Augen – bezüglich Größe, Form, Aussehen und Empfinden wahrzunehmen. Die Patientinnen beginnen die Körperteile abzutasten, verschiedene Bewegungsmöglichkeiten auszuprobieren (Spreizen der Zehen, Öffnen und Schließen der Hände) und konzentrieren sich darauf, wie sich diese Bewegungen anfühlen. Anschließend werden einzelne Erfahrungen thematisiert.

Auf die einzelnen Patienten individuell abgestimmte, behutsame Körperberührungen sollen allgemein helfen, die Körperwahrnehmung zu fördern und Ängste abzubauen. Häufig wurden Körperkontakte nur in negativer Form (körperliche und/ oder sexuelle Übergriffe) oder als Erziehungsmittel (z.b. Schläge) kennengelernt und weniger in Form von gewollter Zärtlichkeit. Für viele Menschen ist es generell schwer, körperliche Nähe und Intimität zu ertragen. Ein weiteres Problem ist, daß das Bedürfnis nach körperlichen Berührungen oftmals gleichgesetzt wird mit dem Verlangen nach Sexualität, welche oft als negativ bewertet wird und mit Schuldgefühlen behaftet ist. So verhindert die Angst vor Sexualität bei vielen Patienten, daß Bedürfnisse und Sehnsüchte nach Körperkontakt und „Streicheleinheiten" befriedigt werden.

Ein Übungsbeispiel einer behutsamen Körperberührung ist folgende: Eine Patientin hält die Augen, wenn möglich, geschlossen, während die andere Patientin mit verschiedenen Materialien (Federn, Stoff, Holzkugeln, Pelzreste, etc.) über deren Haut streicht, z.B. am Unterarm. Die erste Patientin beschreibt ihre Eindrücke und errät, um welches Material es sich handelt. Oder eine Patientin wird von einer anderen mit verschiedenen Bällen massiert (Massagen mit den Händen, also mit direktem Körperkontakt, sind meist nicht erwünscht). Dabei kann die Methode je nach Wunsch variieren (rollen, klopfen, fester oder leichter Druck, im Sitzen oder im Liegen, am Arm oder auf dem Rücken).

Für einen langsamen Einstieg in den Bereich Körperwahrnehmung kann auch mit den Füßen begonnen werden, welche nur wenigen Patienten Schwierigkeiten bereiten. Es werden Fußbäder bereitet, Pediküre gemacht, Nagellack oder Creme aufgetragen. Sinn ist es, die Füße bewußt wahrzunehmen, sie zu verwöhnen, ihnen (und sich selbst) etwas Gutes zu tun, Entspannung zu üben, zur Ruhe zu kommen. Eventuelle Schwierigkeiten mit den eigenen Füßen (Ekel, Vernachlässigung, kein Bezug, schlechtes Schuhwerk etc.) werden thematisiert.

Der nächste Körperbereich, auf den die Aufmerksamkeit gelenkt wird, sind die Hände. Mit Hilfe der Therapeutin werden Naturkosmetika gemischt (z.B. Olivenöl-Handkur oder Salz-Peeling), die Hände betrachtet, gepflegt und je nach Wunsch auch gegenseitig massiert (letzteres lehnen viele aufgrund von Berührungsängsten ab). Es kann vorkommen, daß Patientinnen das Öl als eklig und „glitschig" empfinden, es sofort wieder abwaschen möchten oder auch – eventuell aufgrund eines Sauberkeitszwanges oder Mißbrauchserfahrungen – die Übung ganz verweigern möchten. Häufig werden Themen wie Nägelkauen (Nervosität, Anspannung, Aggression) angesprochen und Alternativen gesucht und eingeübt.

Das Gesicht ist für die meisten Patienten ein weitaus schwierigerer Körperbereich. Es fällt den meisten Patienten sehr schwer, sich bewußt (und in Anwesenheit anderer) im Spiegel zu betrachten, sich genau wahrzunehmen und die damit verbundenen Gefühle zu beschreiben. Oft tauchen Selbstabwertungen und negative Gedanken auf. Die Anweisungen der Körpertherapeutin zielen bewußt auf das Schöne, Besondere, Eigene, Unverwechselbare, in jedem Fall auf etwas Positives ab. Die Patienten werden aufgefordert, sich zu überlegen und mitzuteilen, was ihnen an ihrem Gesicht gefällt (und nicht, was sie verachten oder hassen). Es werden selbstangefertigte Gesichtsmasken angewendet, welche bei entspannender Musik bis zu 20 Minuten einwirken sollen (auch dies ist für einige Patienten ziemlich schwer zu ertragen). Jede Patientin entscheidet, ob sie sich beim Auftragen der Gesichtskosmetika von einer Mitpatientin helfen lassen möchte oder nicht. Im Rahmen der Therapie haben die Patienten ferner die Gelegenheit, Frisuren auszuprobieren, sich gegenseitig zu beraten (Farbberatung) und Kleider- oder Schminktips anzunehmen. Das Schminken des Gesichts bedeutet für viele Patienten eine Überforderung. Gerade Frauen, welche sich an einem asketischen oder jungenhaften Äußeren orientieren, lehnen Schminke oft rigoros ab. Viele Patienten wollen es anfangs vermeiden oder weigern sich, etwas Neues auszuprobieren. Hier gilt es zu erkennen, ob dahinter lediglich Lustlosigkeit oder aber Angst steckt. Im Falle von Ängsten versucht die Therapeutin die Betroffene zu ermutigen und bietet Hilfen oder Zwischenschritte an. Experimentierfreudigkeit wird meist mit positiven Rückmeldungen der Gruppe belohnt, was dem Selbstbewußtsein der Frauen guttut.

Häufig auftauchende Themen bei der Konfrontation mit dem Gesicht sind: Selbstablehnung; Angst vor dem Frausein; Schwarz-weiß-Denken, wie z.B. *„wer sich schminkt ist oberflächlich/dumm/aufreizend/billig"*; Beeinflussungen durch die Mutter (deren Einstellungen, Moral, Erziehung, etc.); Schwierigkeiten, sich selbst wichtig zu nehmen, sich der Pflege wert befinden, sich Zeit für sich zu nehmen (ohne selbstverliebt/oberflächlich/eingebildet sein zu müssen) oder der Glaube, immer perfekt aussehen zu müssen.

Kleiderwahl und Kleiderstil der Patienten werden ebenfalls explizit thematisiert. Auch hier soll Neues ausprobiert werden, wobei die Rückmeldungen und Anregungen der Mitpatienten hilfreich sind. Beispielsweise werden Patientinnen, die sich betont männlich kleiden, aufgefordert, mit Rock oder Kleid ins TCE zu kommen oder Patienten, welche grundsätzlich nur hohe Schuhe tragen (zur „Beinverlängerung") mit flachen Schuhen. Diese neuen Kleiderstücke können z.B. im Rahmen des obligatorischen Kleiderworkshops, welcher je Gruppe im Laufe der Tagklinikphase einmal stattfindet, erstanden werden. Hier gehen die Patienten in Kleingruppen und in Begleitung der Körpertherapeutin gemeinsam in ein Einkaufszentrum, um sich gegenseitig beim Kleiderkauf zu beraten und sich mindestens ein Kleidungs- oder Schmuckstück oder einen Kosmetikartikel zu gönnen. Das Thema

Geldausgeben für die eigene Schönheit ist für viele Patienten problematisch. Geiz oder – das andere Extrem – „Kaufsucht", sind weitverbreitet unter eßgestörten Patienten. Jede Patientin muß an diesem Tag jedoch mindestens 5 DM für sich und ihr Äußeres investieren.

Zu einem Zeitpunkt der Therapie wird das Thema Frausein in den Mittelpunkt gerückt. Hier wird auf einer non-verbalen und einer verbalen Ebene gearbeitet. Zu diesem Zeitpunkt tauchen oftmals die Themen Sexualität, Mißbrauch oder Menstruation auf. Mittels spezieller (freudiger, hüft- und beckenbetonender) Tänze (z.b. Merengue oder Bauchtanz) kommen die Patientinnen mit dem Thema Weiblichkeit in Berührung. Sie tragen hierbei bewußt weibliche Kleidung (lange, weite Röcke und figurbetonende Oberteile). Weibliche Bewegungen, wie Becken- oder Hüftschwünge, machen vielen Frauen Angst, andere „kommen sich blöd vor" und fühlen sich in der neuen Rolle unwohl. Es wird ausdrücklich betont, daß es nicht darum geht, Schritte bis zur Perfektion einzustudieren, sondern um die subjektiven Erfahrungen und Empfindungen bei betont weiblichen Bewegungen.

Ein anderer Zugang zum Thema Weiblichkeit erfolgt über die verbale Ebene. Die Patientinnen sammeln aus Zeitschriften Bilder verschiedener Frauentypen (Idealbilder, Lieblingsfrauen, Anti-Typen) und diskutieren darüber (über die Medien, Modells, Soziokulturelles im allgemeinen etc.). Im Gespräch soll geklärt werden, was die Patientinnen an den Frauen bewundern bzw. ablehnen, welche Eigenschaften sie mit den jeweiligen Frauentypen verbinden, in welchem Bezug sie zu diesen stehen, u.s.w. Die Mitpatienten geben Rückmeldungen zu den mitgebrachten Bildern und Äußerungen.

Eine der schwersten Übungen im Rahmen der Körpertherapie ist der obligatorische Schwimmbadbesuch und wird daher (abhängig vom Stand der Gruppe) erst in den letzten Therapiewochen praktiziert. Der Sinn des Schwimmens ist es auch, sich im Medium Wasser zu erfahren. Die Patienten nehmen die speziellen physikalischen Phänomene des Wassers (Widerstand, Auftrieb, Tragfähigkeit) und deren Wirkung auf sich wahr. Die Patienten erleben Bewegungen, die an Land nicht möglich sind, das Gefühl, sich vom Wasser tragen zu lassen, die Wahrnehmung von Unterwassergeräuschen und ein verändertes Zeitgefühl unter Wasser. Im Wasser können Veränderungen von Herzschlag, Blutdruck und Atmung (z.B. beim Tauchen) wahrgenommen werden. Die Veränderungen der Körpertemperatur im Hallenbad, welche von Zittern oder Schwitzen begleitet werden, können beobachtet und bewußt erfahren werden.

Hier macht sich das Problem mangelnder Körperzufriedenheit am deutlichsten bemerkbar. Die Ängste der Patientinnen, sich in Badebekleidung vor anderen zeigen zu müssen, sind enorm. Auch hier soll den Patientinnen Mut gemacht und nicht zu ausgiebig diskutiert werden. Nur in wenigen Ausnahmefällen sollte eine

Patientin vom Schwimmbadbesuch befreit werden, denn erfahrungsgemäß haben alle Patientinnen vor dem gemeinsamen Schwimmbadbesuch mehr oder weniger große Ängste. (Eine Ausnahme könnte beispielsweise eine einzelne, übermäßig ängstliche und gleichzeitig übermäßig übergewichtige Patientin in einer rein untergewichtigen Magersucht-Gruppe sein.) Idealerweise steht den Patienten für ihren ersten Schwimmbadbesuch am Max-Planck-Institut ein eigenes Schwimmbecken zur Verfügung, in dem sich außer ihnen keine weiteren Gäste befinden. Der Aufenthalt dort wird bewußt spielerisch organisiert. Viele verschiedene Materialien (Bälle, Matten, Musik, etc.) stehen den Patienten zur Verfügung, um die Atmosphäre angenehmer zu gestalten und vom Körper (oder „Fettpölsterchen") ein wenig abzulenken. Denn gerade am Ende des Tagklinikaufenthalts haben die Patienten meist an Gewicht zugenommen und fühlen sich oft unwohl. Die Berührungen mit dem Wasser auf der Haut (z.B. im Whirlpool) oder das spielerische „Plantschen" anstelle von leistungsorientiertem Schwimmtraining bereitet einigen, trotz vorherigen Ängsten und Zweifeln, dann oft mehr Freude als erwartet. In der letzten Therapiewoche wird dann als weitere Steigerung ein öffentliches Bad besucht. Diese Erfahrung kann für viele Frauen, nachdem sie oft jahrelang Schwimmbäder gemieden haben, überraschend positiv ausfallen. Die Erfahrung, wider Erwartens nicht von allen Menschen angestarrt zu werden, rückt irrationale Vorstellungen zurecht. Je nach Stand der Gruppe und zeitlichen Kapazitäten kann als letzte Steigerung zum Schwimmbadbesuch ein Frauen-Saunagang in Erwägung gezogen werden. Hierbei dürfen die Patientinnen ihre Badebekleidung auf Wunsch natürlich anbehalten.

Das Thema Entspannung spielt im Rahmen der Körpertherapie stets eine große Rolle. Eßgestörte Patienten berichten in der Regel über ihre Unfähigkeit, sich zu entspannen. Um Anspannung und Streß abzubauen, greifen sie eher auf symptomatische und uneffektive Methoden zurück (z.B. Hyperaktivität, Freßanfall). Die Entspannung wird daher von den meisten Patienten heftig abgelehnt; oft kommt es zu inneren Abwehrreaktionen wie Einschlafen oder Tagträumen.

Je nach Gruppenstimmung und Bedarf werden zwischendurch immer wieder Entspannungssitzungen abgehalten. In der Körpertherapie können Spannung und Entspannung bewußt erlebt und geübt werden. Zum Beispiel ertasten die Patienten bei sich, welche Muskeln angespannt oder verkrampft sind oder sie liegen am Boden und spannen nacheinander einzelne Körperpartien oder den gesamten Körper an, woraufhin sie sich dann wieder bewußt entspannen.

Insgesamt kommen verschiedene Verfahren zum Einsatz: u.a. Progressive Muskelentspannung nach Jacobson, Atemübungen, Selbsthypnose, Erlebnisreisen, geleitete Imagination, Massagen, Fußbäder.

Am Ende der tagklinischen Therapiephase wird in Form einer Abschlußbilanz erneut nach der eigenen Einstellung zum Körper gefragt, um das weitere Vorgehen für die ambulante Phase zu erarbeiten.

Einen wichtigen Therapiebaustein in allen Phasen der Therapie am TCE stellen schriftliche Aufzeichnungen der Patientinnen dar, die sogenannten Selbstdokumentationen. Jede Patientin setzt sich im Lauf der Therapie u.a. auch mit Themen des eigenen Körpers oder der Körpertherapie schriftlich auseinander. Die Patientinnen formulieren beispielsweise ihre persönlichen Ziele für die ambulante Therapie. Die Selbstdokumentationen sind hinsichtlich der Individualität der Problematik der einzelnen Patienten sehr aufschlußreich (s. Anhang 5.7).

Die beiden Tabellen 24 und 25 sollen einen abschließenden Überblick über Inhalte und Elemente der Körpertherapie am TCE geben:

Tab. 24: Inhalte der Körpertherapie

- Wissensvermittlung
- Vermittlung von Kenntnissen über Anatomie und Physiologie
- Detaillierte Einführung in den Programmablauf (Abbau bestehender Ängste)
- Bestandsaufnahme: Symptomsammlung auf Körperebene
- Erstellen individueller Angsthierarchien
- Formulieren von Hausaufgaben auf Körperebene
- Betrachten, Bewegen und Berühren von Körperteilen
- Wahrnehmen von Gefühlen und Einstellungen während der Beschäftigung mit dem Körper
- Reflektieren eigener Gefühle und Empfindungen
- Erkennen und Ändern von Einstellungen, von Selbst- und Körperbildern
- Diskussionen in der Gruppe (z.B. Frauenbilder in unserer Gesellschaft)
- Definition individueller Veränderungsbereiche und konkreter Ziele
- Entwicklung verhaltensorientierter Strategien zur Erreichung der Ziele

(leicht verändert; nach: Gerlinghoff & Backmund, 1995, S. 97)

Tab. 25: Elemente körperorientierter Therapie bei Eßstörungen

1. Eindruck oder Körperwahrnehmung
   - Konfrontation oder Exterozeption (Spiegel, Video)
   - innere Wahrnehmung oder Intero-/Propriozeption (Körperhaltung, Massage, Entspannen, Atmung, Trampolin, Schwimmbad)
   - Wahrnehmung der Sinne
2. Ausdruck oder das Zeigen innerer Erfahrungen
   - non-verbaler Ausdruck (Körperskulpturen)
   - freie Improvisation (Tanz, Pantomime, rythmische Übungen)
3. Kommunikation oder Körper in Interaktion
   - non-verbales Selbstsicherheitstraining
   - Partner-/Gruppen-Übungen (Spiele, Tanzen)
4. Anstrengung oder körperliche Aktivität
   - sportliche Aktivitäten (Einschränkung bei Hyperaktiven)
   - Kraftübungen (Ringkampf aus Spaß)
5. Sinneswahrnehmungen
   - Genießen von Essen (mit allen Sinnen)
   - taktile Selbsterforschung (sexuell-privat)

(vgl. Vandereycken, 1989)

12.4. Ziele

In der Frage nach dem Behandlungsziel von Körpertherapien im allgemeinen herrscht in der wissenschaftlichen Diskussion durchaus Übereinstimmung. Es geht um eine *„Sensibilisierung des Patienten für sich selbst. Seine Möglichkeit zur Selbstwahrnehmung soll gestärkt werden, und zwar nicht nur in quantitativer Hinsicht, daß er sich nun mehr wahrnimmt, sondern auch in qualitativer Hinsicht als Förderung einer komplexeren Fähigkeit zur Selbstwahrnehmung"* (Maaser et al., 1994, S. 79).

Eines der zentralsten und entscheidensten, langfristigen Ziele in jedem Eßstörungsprogramm – in jeder Phase der Therapie und in jedem Therapiebaustein – ist, das allgemein niedrige Selbstbewußtsein der eßgestörten Patienten aufzubauen. In der Therapie können die Patienten an ihren Ängsten, wie z.B. der Angst, uninteressant zu sein, abgelehnt oder verlassen zu werden, arbeiten und lernen, daß ein positiver Selbstwert über andere Wege als einen „idealen" Körper erreicht werden kann. Erfahrungsgemäß rückt bei vielen Patienten der Körper und sein Aussehen dann wieder aus dem Fokus der Aufmerksamkeit heraus, sobald der Selbstwert wieder steigt.

Ein weiteres Ziel der Behandlung bei Eßstörungen ist es, das Körperbild der Patientin so zu verändern, daß sie zwischen inneren und äußeren Zeichen, d.h. Gefühlen und Gewicht unterscheiden kann. *„Der Patientin geht es besser, wenn sie unterscheiden kann, ob sie sich zu dick fühlt oder ob sie dick ist, wenn sie sich im Sommer nicht hinter weiten Pullovern verstecken oder den Gürtel ins engste Loch schnallen muß, um sich sicher zu fühlen"* (Buhl, 1987, S. 61).

Ein Zeichen der Besserung ist es auch, *„wenn die Patientin erlebt, daß das innere Bild, das sie sich von ihrem Körper gemacht hat, anders ist als der Körper, den sie vor sich sieht"*, und *„wenn der Körper als stabil erlebt wird und die körperlichen Empfindungen so definiert werden können, wie sie sind – hormonelle Veränderungen vor der Menstruation, ein aufgeblähter Bauch, nachdem man etwas Spezielles gegessen hat und andere Empfindungen, die nicht bedeuten, daß der Körper sich selbst verändert hat"* (Buhl, 1987, S. 61).

Eines der wichtigsten langfristigen Ziele der Körpertherapie ist es, Hunger und Sattheit wieder klar erkennen und spüren zu können. Anfänglich können Patienten innere Signale wie Sättigung noch nicht wahrnehmen, weshalb sie sich auf die zugeteilten Essensmengen verlassen müssen. Bei der Behandlung ist es ein Zeichen beginnender Körperakzeptanz, wenn die Patientin den Therapeuten so weit vertraut, daß sie sich auf das gemeinsam vereinbarte Gewicht einlassen kann. Ein weiteres Zeichen der Besserung ist es, wenn die Fixierung auf Körper und Gewicht nachläßt und sich die Patientin wieder anderen Interessen widmen kann. Erfolge auf der Essens- und Gewichtsebene garantieren keineswegs automatisch eine Steigerung der Zufriedenheit mit dem eigenen Körper – oft ganz im Gegenteil: Gelingt die Gewichtszunahme bei einer magersüchtigen Patientin während der Therapie, wird es erst einmal umso schwieriger, sich zufrieden mit seinem Körper zu fühlen. Hier darf eine Patientin nicht ohne Nachbetreuung aus der Therapie entlassen werden, Rückfälle sind sonst vorprogrammiert.

Als „gesund" hinsichtlich des Körperbildes kann sich ein Individuum dann empfinden, wenn der eigene Körper nicht als störend in Erscheinung tritt, *„den Interaktionen des Individuums uneingeschränkt zur Verfügung steht"*, wenn das Individuum *„in geglückter Abstimmung mit seinem Körper lebt"*, ihn so akzeptiert wie er ist, sich wohl in seiner Haut fühlt und der Körper in die übergreifende Selbsttheorie integriert ist. Kurzum: Wenn sich der Mensch gewöhnlich *„ungehindert und unbeschwert seiner Welt zuwenden kann"* (Paulus, 1982, S. 93).

Die Tabelle 26 zeigt die speziellen Ziele der Körpertherapie am TCE:

Tab. 26: Die zentralen Ziele der Körpertherapie

- Schulung des Körperausdrucks
- Erlernen von Entspannungsmöglichkeiten
- Ausdifferenzierung der Körperwahrnehmung
- Körperbewußtsein und Körperbewußtheit
- Entwicklung eines realistischen und ganzheitlichen Körperbildes
- Integration durch positive Körpererfahrung
- Akzeptanz des Körpers/Körperzufriedenheit
- mehr „Selbstwahrnehmungskompetenz"

(nach: Gerlinghoff & Backmund, 1995, S. 96 und Maaser et al, 1994, S. 79)

Die Tabelle 27 zeigt alle Übungen, sowie deren Themen und Ziele im Überblick:

Tab. 27: Übungen, Ziele und Themen der Körpertherapie

• Kennenlern-Spiele	non-verbale Kontaktaufnahme; Vorstellen in Bewegung; Kennenlernen und Förderung der Kontakte unter den Patienten
• Freies Tanzen	Körper u. Stimmung wahrnehmen; Körper- und Gefühlsausdruck Eigene Bewegungen/Tanzstil finden; Hemmungen auf Bewegungsebene abbauen; Spaß an der Bewegung Gefühle in Bewegungen ausdrücken; Ausdifferenzierung der Körperwahrnehmung; Integration positiver Körpererfahrungen
• Tanzen: Merengue & Bauchtanz	Thema: Frausein, Weiblichkeit (der Mütter) u. ggf. Mißbrauch;
• Selbstkonfrontationen	Spiegelkonfrontationen; Arbeit mit Fotomaterialien
• Analyse des Gangs, der Mimik und der Körperhaltungen	Körper- und Gefühlswahrnehmung
• Sinneswahrnehmungsübungen	Riechen, Hören, Sehen, Tasten, Schmecken; Konzentration auf den Moment; Genießen lernen; Sinne öffnen und sensibilisieren;
• Entspannungsübungen	z.b. Phantasiereisen, Massagen, Atemübungen
• Beziehungsspiele, Gruppen- und Interaktionsspiele	z.b. Vertrauensspaziergang z.b. Raum einnehmen; Grenzen festlegen/formulieren
• Fußbad, Handpflege/-kuren Gesichtsmasken	sich etwas Gutes tun/verwöhnen/Entspannung; Körperpflegewahrnehmung/Selbstwahrnehmung: Körper (Fuß, Gesicht etc.) bewußt wahrnehmen, Gefühle und Gedanken wahrnehmen, Das „Schöne/Eigene/Besondere" an sich wahrnehmen, Abwertende Gedanken wahrnehmen
• Körpersymptomsammlung und -darstellung	Themen: Kleidung, Bewegung, Hyperaktivität, Entspannung, Hygiene, Körperkontakte, Körperkontrolle, Körperverletzung, Weiblichkeit u. Sexualität, u.a. Bewußtmachung des eigenen Mißbrauchs des Körpers; Symptome reduzieren, positive Erfahrungen sammeln; Alternativen aufzeigen
• Ressourcenliste	Sich eigener Stärken bewußt werden; Bewußtmachen, was am Körper gemocht wird; Eigene Fähigkeiten entdecken (z.B. Tanzen); Erinnern an positive, körperliche Erlebnisse; Positive Erfahrungen zulassen; Alte, negative Sichtweisen loslassen
• Angsthierarchie	Probleme auf Körperebene erkennen, benennen und neue Wege erarbeiten; Bearbeitung der Ängste u. Probleme auf Körperebene
• Übungen, Hausaufgaben	Eigenverantwortung
• Übungspaß	Hausaufgabenplanung und -überprüfung durch Therapeutin anhand der erstellten Angsthierarchie
• Selbstdokumentationen	
• Zwischen- & Abschlußbilanzen	
• Frauenbilder (Medien)	Thema: Frausein, Weiblichkeit u. verschiedene Frauentypen
• Eincremen einzelner Körperbereiche, Massagen	Körperpflege; Konfrontation u. Berührung mit dem Körper; Ängste (vor Berührungen) abbauen; Entspannung u. Wohltat entdecken
• Schwimmen/Saunen	Konfrontation mit dem eigenen Körper; Körper nicht mehr verstecken; Spaß u. Entspannung kennenlernen; Körperakzeptanz (vor sich und anderen); Körperwahrnehmung im Wasser (auf der Haut etc.)

(Übungen, Ideen und Erfahrungen nach Fr. Dr. med. M. Gerlinghoff und Frau B. Vödisch, 1995-1999)

13. Hypothesen

Aus der in Kapitel 2 geschilderten Fragestellung heraus und basierend auf mehrjährigen Erfahrungen als Co-Körpertherapeutin am TCE, einer umfangreichen Literaturrecherche bezogen auf die internationale Körperwahrnehmungsforschung seit 1923, sowie den Ergebnissen der empirischen Studie meiner Diplomarbeit (Forster, 1997), gehen folgende Hypothesen hervor:

Die Haupthypothese der vorliegenden Studie läßt sich folgendermaßen formulieren:

> 1. Im Verlauf der insgesamt 12monatigen, stationären und anschließenden ambulanten Therapie nimmt die Körperzufriedenheit bei magersüchtigen und bulimischen Patientinnen zu.

Es wurde vielerorts diskutiert, daß nicht-eßgestörte Frauen über eine größere Körperzufriedenheit verfügen als akut eßgestörte Frauen (Garner et al., 1984; Hsu & Sobkiewicz, 1991). Auch in der vorliegenden Untersuchung soll vorab geprüft werden, ob sich eßgestörte von nicht-eßgestörten Frauen hinsichtlich der Zufriedenheit unterscheiden oder nicht. Im Falle eines Unterschiedes wird folgende Hypothese überprüft:

> 2. Eßgestörte Patientinnen und eine nicht-eßgestörte Vergleichsgruppe unterscheiden sich in dem Ausmaß ihrer subjektiv empfundenen Körperzufriedenheit am Ende der 12monatigen Therapie (4. Meßzeitpunkt) nicht mehr voneinander.

Verschiedene Untersuchungen ergaben ferner, daß sich anorektische und bulimische Patienten in dem Ausmaß ihrer Körperzufriedenheit voneinander nicht unterscheiden (Touyz et al., 1984; Freeman et al., 1985), oder zumindest, daß sich die Gruppe der Anorektiker des bulimischen Subtypus von der Gruppe der Bulimiker diesbezüglich nicht unterscheidet (Garner, Garfinkel & Shaughnessy, 1985). Aus diesem Forschungsergebnis heraus wurde folgende weitere Hypothese formuliert:

> 3. Anorektische Patientinnen des bulimischen Subtypus und bulimische Patientinnen unterscheiden sich in dem Ausmaß ihrer subjektiv empfundenen Körperzufriedenheit nicht voneinander.

Einzelne Untersuchungsergebnisse machten es bereits wahrscheinlich, daß einige der verwendeten Skalen ein und dieselben Charakteristika des Konstrukts „Körperzufriedenheit" messen (Probst et al., 1995). Eine gute Vergleichbarkeit der Skalen *Body Attitude Test, Body Shape Questionnaire* und *Eating Disorder Inventory* wurde bereits bewiesen (Probst et al., 1995). Die Eignung der Vergleichbarkeit mit den Skalen Fragebogen zur Beurteilung des eigenen Körpers und dem *Semantischen Differential* gilt es hier noch zu testen. Über einen Skalenscore kann man die unterschiedlichen Instrumente zu jedem Zeitpunkt der Therapie miteinander vergleichen. Gibt es über den gesamten Behandlungszeitraum keine signifikanten Unterschiede (bzw. signifikante Assoziationen) unter den verschiedenen Instrumenten, kann man daraus schließen, daß es zur Erfassung der Körperzufriedenheit von Probanden zukünftig gleichgültig ist, welches der Instrumente eingesetzt wird. Aus Zeit- und Kostengründen empfiehlt es sich, dann natürlich in der Praxis das Instrument mit der geringsten Anzahl an Items zu gebrauchen. Der enorme Forschungsaufwand, welcher sich bei einer Verwendung mehrerer Skalen für ein und dieselbe Untersuchung zwangsläufig ergibt, soll so zukünftig wesentlich verringert werden. Aus dieser Überlegung heraus entstand die folgende Hypothese:

---

4. Die sechs angewendeten, unterschiedlichen Skalen unterscheiden sich hinsichtlich ihrer Ergebnisse bezogen auf die Messung der Veränderungen der Körperzufriedenheit im Verlauf der Therapie nicht voneinander und sind daher zukünftig austauschbar.

14. Methoden zur Operationalisierung des Körperbildes

14.1. Verfahren zur Erfassung der Körperwahrnehmung

Es gibt eine große Vielzahl verschiedener Meßmethoden, welche die verschiedenen Aspekte der Körperwahrnehmung zu messen versuchen (Thompson, 1992; Thompson, Penner & Altabe, 1990; s. Anhang 2 und 4). Damit ist auch die Vielzahl widersprüchlicher Ergebnisse auf diesem Gebiet zu begründen.

Die grundsätzlich vorherrschende, zweidimensionale Sichtweise der Körperwahrnehmung spiegelt sich in den Meßmethoden wider: mittels apparativer Methoden wurde zumeist der perzeptive Aspekt, mittels Selbstbeurteilungsverfahren die affektiv-kognitive Einstellung erfaßt.

Für die Diagnostik und Therapie psychischer Störungen – insbesondere Eßstörungen – sind nach heutiger Ansicht die Aspekte der bewußten, affektiven Einstellung zum Körper, also die Erforschung des Phänomens des Körperbildes, im Vergleich zur (perzeptiven) Körperschema-Messung von weitaus größerer Bedeutung (Strauß & Appelt, 1983). Letztere kommen, aufgrund des gestiegenen Interesses an den emotionalen und subjektiven Aspekten, zur Beurteilung des eigenen Körpers seit einigen Jahren am häufigsten zur Anwendung und ergaben auch im Vergleich zu perzeptiv-orientierten Studien signifikant bedeutendere Ergebnisse (Cash & Deagle, 1997).

14.2. Fragebögen zur Selbstbeurteilung des Körperbildes

Fragebögen sind effiziente Verfahren zur Erfassung individueller Sichtweisen von Patienten. In den letzten 15 Jahren wurden nur einzelne *"brauchbare Instrumente"* entwickelt und veröffentlicht (Meermann & Vandereycken, 1987). Die Fragebögen zur Selbstbeurteilung gelten als gut geeignet für die Erfassung des affektiv-kognitiven Aspektes des Körperbildes. Diese unterscheiden sich jedoch bezüglich des untersuchten Schwerpunktes oft massiv voneinander. Sie richten sich mit unterschiedlichen Gewichtungen entweder mehr auf den einen oder anderen emotionalen Aspekt des Körperbildes, zwischen denen es feine Unterschiede gibt. Einzelne Selbsteinschätzungsfragebögen fokussieren die Zufriedenheit mit der körperlichen Gesamterscheinung, andere messen die Zufriedenheit mit nur einzelnen Körperregionen. Manche wiederum erfassen ausschließlich die auf Gewicht und Figur bezogene Zufriedenheit, andere messen die Häufigkeit körperbezogener Gedanken oder konkrete körperbezogene Ängste und Sorgen, und wieder andere fokussieren das Vermeidungsverhalten bezogen auf den Körper/das Aussehen. Jeder Wissenschaftler muß sich vor der Entscheidung für ein Meßinstrument darüber im Klaren sein, an welchem konkreten Teilaspekt des Körperbildes er interessiert ist (Cash & Pruzinsky, 1990).

Die wichtigsten der bisher untersuchten körperbezogenen Aspekte sind folgende:
• Körperzufriedenheit (Gesamterscheinung oder einzelne Köperregionen),
• Ängste und Sorgen um Gewicht, Figur und Aussehen,
• körperbezogene Einstellungen, Bewertungen und Gedanken,
• Verhalten bzw. Vermeidungsverhalten, welches dem Aussehen dienen soll.

Fragebögen stoßen jedoch in ihrer Aussagekraft an Grenzen, da mögliche Antworttendenzen nicht berücksichtigt werden können und die individuelle Symptomatik des Patienten aufgrund des standardisierten Vorgehens nicht immer genügend beachtet werden kann. Daher wird auch vorgeschlagen, Fragebögen mit verschiedenen Verfahren (z.B. Interviews) zu kombinieren.

Die wichtigsten gewonnenen Erkenntnisse zum Thema „Körperbildforschung" sind folgende:
(1) es gibt mittlerweile viele Meßinstrumente zur Erfassung des Körperbildes (in den Tabellen im Anhang 2 und 4 wird eine Auswahl der bekanntesten, als reliabel und valide vorgestellten Instrumente gezeigt), aber nur wenige davon sind brauchbar; (2) es gibt zahlreiche Studien zum Thema, aber nur wenig hilfreiche Ergebnisse und (3) werden die gewonnenen Erkenntnisse in der Praxis noch nicht ausreichend umgesetzt – z.B. zur Entwicklung von Körpertherapie-Konzepten.

15. Methodik und Verlauf der Untersuchung

15.1. Beschreibung der Patientenauswahl

Bei der vorliegenden Studie wurden 27 Patientinnen mit Anorexie (N=8) oder Bulimie (N=19) untersucht. Alle Patientinnen erfüllten die diagnostischen Kriterien nach DSM-IV (APA, 1997). Die Diagnose basierte auf dem unabhängigen Urteil von mindestens zwei Psychiatern nach körperlicher und psychischer Untersuchung. Alle Patientinnen wurden 12 Monate lang kontinuierlich am TCE teilstationär (4 Monate) und anschließend ambulant (8 Monate) behandelt und haben freiwillig an der Studie teilgenommen.

15.1.1. Ausschlußkriterien und Therapieabbrecher

Der Aufnahme in die Untersuchung lagen die generell bei der Aufnahme ins TCE geltenden Ausschlußkriterien zugrunde (s. Kapitel 11.1.).
Folgende weitere Kriterien waren zur Teilnahme an der Studie erforderlich:
1. Erfüllung der diagnostischen Kriterien DSM-IV für Anorexie (bulimischer Subtypus) oder Bulimie (Nicht Näher Bezeichnete Eßstörungen/307.50 wurden nicht miteinbezogen)
2. Übergewicht bis max. Body Mass Index (BMI) $\geq$ 25 (zu BMI: s. Anhang 6)
3. weibliches Geschlecht
4. Beendigung der teilstationären und anschließenden ambulanten Phase (Therapie-Gesamtdauer 12 Monate)
5. Freiwillige Bereitschaft zur Teilnahme an der nicht-anonymen Studie

Die erste Messung (t1) haben ursprünglich insgesamt 72 eßgestörte Patientinnen des TCE mitgemacht. Hiervon wurden grundsätzlich all diejenigen Patientinnen aussortiert, welche nicht den erforderlichen Diagnosekriterien für Anorexie oder Bulimie entsprachen oder an extremem Übergewicht litten (BMI $\geq$ 25). Dieses Ausschlußkriterium betraf 9 Personen.

In vier weiteren Fällen mußten Patientinnen aufgrund psychiatrischer Komplikationen in andere Spezialeinrichtungen verlegt werden (z.B. suizidale Gedanken, Panikattacken oder ausgeprägte Zwangsstörungen). Gruppensettings eignen sich allgemein nicht für alle eßgestörten Patienten. Einige Patienten, z.B. suizidale, sind generell in stationären Einrichtungen, in denen verstärkt einzeltherapeutisch gearbeitet wird, besser aufgehoben (Piran et al., 1989 a).

Drei der Patientinnen lehnten eine Teilnahme an einer nicht-anonymen Studie generell ab. Dies bedeutet, daß insgesamt 16 Patientinnen von vornherein von der Untersuchung ausgeschlossen werden mußten.

Von den verbleibenden 56 Patientinnen brachen insgesamt 29 Patientinnen entweder im Verlauf der tagklinischen/teilstationären oder ambulanten Phase die Behandlung aus verschiedenen Gründen ab. Der häufigste Grund für die Nicht-Teilnahme an der Untersuchung war mangelnde Motivation. Sonstige private Gründe waren: Umzug, Job, Betreuung des Kindes oder schwerer Krankheitsfall in der Familie sowie Schwangerschaft. Leider ist die Klinik vom Wohnort vieler Patientinnen außerdem weit entfernt, und somit verzichteten viele auf die ambulante Phase.

Eine besondere Abbruchsituation ereignete sich in einer der teilnehmenden Tagklinik-Gruppen: dort traten unverhältnismäßig viele gruppendynamische Phänomene auf, welche das Therapiegeschehen stark belasteten. In einer extremen Form wurden Cliquen („In"- oder „Out"-Gruppierungen) gebildet, einzelne Patientinnen ausgeschlossen, unter Druck gesetzt, manipuliert oder diverse „Machtspielchen" geführt. Diese mächtige „Hauptclique", der sechs Patientinnen angehörten, arbeitete lange Zeit auch gegen das Team und beherrschte so die Gruppenstimmung. Zu Beginn der ambulanten Phase brach diese dann in geschlossener Form die Therapie ab.

Letztendlich füllten 27 Patientinnen den Fragebogen zu allen vier Meßzeitpunkten (t1-t4) aus und stellten somit die Untersuchungsgruppe dar.

Abb. 3: Patientinnenverteilung und Drop-Outs während des Untersuchungszeitraumes

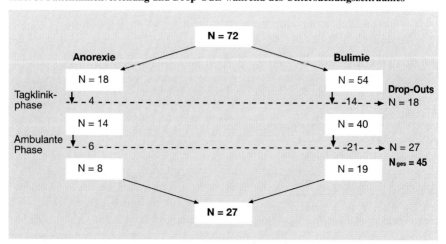

N = Anzahl der Probanden; Nges = Gesamtanzahl der Probanden

Die Tabelle 28 gibt einen detaillierten Überblick über die Ursachen des Therapieabbruchs, bzw. des Ausschlusses von der Untersuchung:

Tab. 28: Therapieabbrecher und von der Untersuchung ausgeschlossene Patientinnen

Grund der Nicht-Teilnahme an der Studie	N =
Gründe für Ausschluß von der Studie:	
Diagnose NNB oder extremes Übergewicht (BMI>25)	9
Verlegung in andere Einrichtung (aufgrund von psychiatrischen Komplikationen) oder Bevorzugung eines anderen Therapiesettings (Einzeltherapie oder ambulante Therapie)	4
Lehnten Teilnahme an der Studie generell ab	3
Gründe für Therapieabbrüche:	
Therapieabbruch, meist aufgrund mangelnder Motivation bzw. aus sonstigen privaten Gründen:	24
• Davon während der tagklinischen Phase:	9
• Davon während der ambulanten Phase:	15
Pflege-/Sterbefall in der Familie	1
Probleme mit der Betreuung des eigenen Kindes	1
Umzug aufgrund eines Jobangebotes	1
Schwangerschaft (Therapieabbruch im 8. Monat)	1
Unbekannt verzogen	1
Gesamtzahl der ausgeschiedenen Patientinnen	**45**

In Anbetracht der Vielzahl an Variablen besitzt die Probandenzahl (N=27) eine nicht optimale Größe. Es lassen sich daher nur bedingt über die Befragtengruppe hinausgehende Verallgemeinerungen ableiten. Die Erkenntnisse sind primär von explorativem und deskriptivem Wert.

15.1.2. Soziodemographische Patientenmerkmale

Das Alter der Untersuchungsgruppe bewegte sich bei einem Mittelwert von 21,7 Jahren zwischen 16 und 30 Jahren. 26 der Patienten geben an, ledig zu sein, 1 Patientin war verheiratet. 26 der Patientinnen gaben an, keine Kinder zu haben, die verheiratete Patientin hat zwei Kinder.

16 Patientinnen zogen im Lauf der Therapiezeit in die therapeutischen Wohngemeinschaften des TCE um, 2 blieben in ihrer Wohnung alleine wohnen, 3 lebten in Wohn-gemeinschaften, 2 bewohnten eine vom Jugendamt vermittelte betreute Wohngemeinschaft, eine 16-jährige Patientin blieb bei den Eltern wohnen, 3 lebten gemeinsam mit ihrem Lebens- bzw. Ehepartner (und den Kindern).

Über Alter, die jeweilige Schulbildung und Berufstätigkeit der Probandinnen sowie deren Familienstand informiert die Tabelle 29:

Tab. 29: Soziodemographische Daten der Probanden

Variablen	N=
Alter:	
< 20 Jahre	8
20-25 Jahre	14
26-30 Jahre	5
Schulbildung:	
Realschulabschluß	5
Gymnasium/Abitur	15
(Noch) kein Abschluß	7
Berufstätigkeit:	
z.Z. Schülerin/Abiturientin	7
z.Z. Studentin	6
Hausfrau (und Mutter)	1
z.Z. ohne	2
z.Z. in Ausbildung:	
- Kosmetikerin	2
- Optikergesellin	1
Berufe:	
Gesundheitsdienst/Sozialpflege	3
Verwaltung	2
Kaufmännisch	1
Sonstige Berufe:	
- Architektin	1
- Hotelfachfrau	1
Familienstand:	
Ledig *$_1$	26
Verheiratet*$_2$	1

N = Anzahl der Probanden; *$_1$: keine Kinder; *$_2$: 1 Kind;

15.1.3 Klinische Patientenmerkmale

Das durchschnittliche Alter bei Krankheitsbeginn lag bei 15,3 Jahren (zwischen 10 und 23 Jahren). Es litten 8 Patientinnen an einer Anorexie (bulimischer Subtypus) und 19 Patientinnen an Bulimie (binge-eating/purging Subtypus).

Bei den Anorexie-Patientinnen zeigte sich ein durchschnittliches Aufnahme-Gewicht von 42,6 kg (bei einer durchschnittlichen Körpergröße von 1,64 m), was einem Body Mass Index von 15,8 entspricht. Bei den Bulimie-Patientinnen zeigte sich ein durchschnittliches Aufnahme-Gewicht von 57,4 kg (bei einer durchschnittlichen Körpergröße von 1,68 m), was einem BMI von 20,3 entspricht.

Im Hinblick auf soziodemographische Daten wie Alter, Bildungsstand, berufliche Qualifikation, Familienstand oder eigene Kinder, waren die Anorexie- und die Bulimiepatientinnen gut miteinander vergleichbar (s. Anhang 8). Hinsichtlich der Krankheitsdauer unterschieden sie sich im Durchschnitt allerdings um 2 Jahre: Magersucht-Patienten berichten von einer durchschnittlichen Krankheitsdauer von 3,5 Jahren (range: 1-14 Jahre), Bulimie-Patienten von einer durchschnittlichen Krankheitsdauer von 5,5 Jahren (range: 1-14 Jahre). Dies entspricht der Erfahrung, daß der im Vergleich zu Bulimie-Patienten auffälligere und lebenbedrohlichere Zustand der Magersucht-Patienten meist zu einem früheren Aufsuchen therapeutischer Hilfen führt.

Tab. 30: **Unterschiede zwischen Anorexie- und Bulimie-Patientinnen bzgl. klinischer Daten im Vergleich:**

Variablen zur Aufnahme	Anorexie (N=8) M	Bulimie (N=19) M
Alter	21,3	21,7
Krankheitsdauer (Jahre)	3,5	5,5
	(range: 1-14 Jahre)	(range: 1-14 Jahre)
Körpergewicht (kg)	42,6	57,4
Körpergröße (cm)	1,64	1,68
BMI	15,8	20,3

BMI (Body Mass Index) = Körpergewicht (kg) : Körpergröße (m)^2
N = Anzahl der Probanden, M = Mittelwert

Hinsichtlich der therapeutischen Vorerfahrungen zeigten sich große Unterschiede: 11 der Befragten hatten noch keinerlei Therapievorerfahrungen gemacht und 16 Betroffene wurden aufgrund ihrer Eßstörung schon (1- bis 7-mal) zwischen 1-48 Monate therapeutisch behandelt (s. Tabelle 31).

Tab. 31: **Therapeutische Vorerfahrungen der Patientinnen**

Therapievorerfahrungen	N
Keine Vorerfahrungen/Therapieversuche	11
1 Therapie bzw. Therapieversuch	6
2 Therapien bzw. Therapieversuche	4
3 Therapien bzw. Therapieversuche	3
4 Therapien bzw. Therapieversuche	2
7 Therapien bzw. Therapieversuche	1

N = Anzahl der Probanden

Eine ausführliche Tabelle zum Überblick über soziodemograhische und klinische Patienten-Daten befindet sich im Anhang 8.

15.2. Beschreibung der Vergleichsgruppe

Da die Körpertherapie am TCE als ein unverzichtbarer Bestandteil des Therapiekonzeptes angesehen wird, an deren Bedeutsamkeit von seiten des Teams keinerlei Zweifel besteht, stand es aus ethischen Gründen selbstverständlich nie zur Debatte, einigen der eßgestörten Patientinnen am TCE die Körpertherapie zu verwehren, nur um so eine ideale Kontrollgruppe – wie sie im streng-wissenschaftlichen Sinne verstanden wird – für die Studie zu gewinnen. Aus diesem Grund wurden nicht-eßgestörte Frauen der sogenannten Normalbevölkerung ausgewählt, die zumindest hinsichtlich der soziodemographischen Daten den Patientinnen stark ähnelten und als eine vergleichende Gruppe fungieren konnten.

Diese nicht-eßgestörte Vergleichsgruppe (N=32) wurde zu etwa je einem Drittel aus Frauen einer Künstlervereinigung (N=9), Studentinnen der Psychologie oder Pädagogik (N=10), sowie Mitarbeiterinnen aus der Gastronomie/Kellnerinnen (N=13) erhoben. Das Alter der Gruppe bewegte sich bei einem Mittelwert von 24,7 Jahren zwischen 18 und 30 Jahren.

Ausgeschlossen wurden diejenigen Frauen, welche im Fragebogen angaben, aufgrund einer Eßstörungsproblematik bereits einmal in Behandlung gewesen zu sein bzw. aus deren Angaben man daraus schließen konnte, daß eventuell eine (noch nicht explizit diagnostizierte) Eßstörung vorliegen könnte. Dies betraf insgesamt 8 der befragten Personen.

Tab. 32: Soziodemographische Daten der Vergleichsgruppe

Variablen	N=
Alter:	
< 20 Jahre	3
20-25 Jahre	14
26-33 Jahre	15
Schulbildung:	
Realschulabschluß	10
Gymnasium/Abitur	18
(Noch) kein Abschluß	4
Berufliche Tätigkeit:	
z.Z. Abiturientin	1
Schülerin	1
Studentin	12
Hausfrau	2
Berufe:	
Gesundheits-/Sozialdienst	5
Künstlerisch-kreativ	4
Buchhaltung	1
Kaufmännisch	1
Restaurantfachfrau	2
Innenarchitektin	1
Techn. Angestellte	1
Kosmetikerin	1
Familienstand:	
Ledig	29
Verheiratet	3

N = Anzahl der Probanden

Von den 32 Befragten gaben 29 Frauen an, ledig zu sein, 3 waren verheiratet. 28 der Befragten gaben an, keine Kinder zu haben, 3 der Frauen haben ein Kind, 1 Frau hat zwei Kinder. 13 Frauen lebten z.Z. der Befragung in Wohngemeinschaften, 8 alleine, 1 bei den Eltern, 10 lebten gemeinsam mit ihrem Lebensgefährten oder Ehepartner (und den Kindern).

Im Hinblick auf die wichtigsten soziodemographischen Daten wie Bildungsstand, berufliche Qualifikation, Familienstand und eigene Kinder waren die Frauen der Vergleichsgruppe und die Patientinnen gut miteinander vergleichbar.

Die Vergleichsgruppe war im Vergleich zur Probandengruppe im Schnitt 3 Jahre älter. Diese Differenz erweist sich im Hinblick auf die Messung der Körperzufriedenheit jedoch als unproblematisch, da sich in dieser Alterskategorie des Erwachsenenalters das Körperbild als weitgehend unabhängig vom Alter erweist (Steinhausen, 1985).

Das durchschnittliche Gewicht der Frauen betrug 57,7 kg, was bei der durchschnittlichen Körpergröße von 168,5 cm einem BMI von 20,3 entspricht.

Eine ausführlichere Tabelle zum Überblick über die soziodemograhischen und klinischen Daten der Vergleichsgruppe befindet sich im Anhang 9.

16. Fragebogen zur Selbstbeurteilung der Körperzufriedenheit

16.1. Konzeption und Inhalt des Fragebogenkatalogs

Die Analyse der vorliegenden Fragebogenverfahren erbrachte kein einzelnes, annähernd geeignetes umfassendes Inventar, weder im anglo-amerikanischen, noch im deutschsprachigen Raum, welches für die Untersuchung hätte adaptiert werden können. Es existierte vielmehr eine Anzahl von Verfahren, die jeweils spezifische Aspekte des Körperbildes erfassen.

In Anlehnung an Vandereycken und Meermann (1987), sowie Probst et al. (1990), wurde ein komplexes Untersuchungsdesign zur empirischen Erfassung des psychopathologischen Phänomens der Körperzufriedenheit bei eßgestörten Patientinnen zusammengestellt, welches verschiedene standardisierte Instrumente oder Subskalen dieser Instrumente verwendet. *„Es wird empfohlen, daß man seine Informationen aus verschiedenen Quellen und unter Benutzung von mehreren standardisierten Methoden einholt"* (Meermann & Vandereycken, 1987, S. 230). *„Je mehr Verfahren man einsetzt, desto vielseitiger und desto genauer kann man das Körperbild einer Person beschreiben"* (Probst et al., 1990, S. 116).

Aufgrund von zahlreichen Untersuchungsergebnissen und einer umfangreichen Literaturstudie wurden folgende bestehende, weltweit anerkannte Verfahren für die vorliegende Fragestellung ausgewählt und zu einem Fragebogenkatalog zusammengestellt:

- Eating Disorder Inventory (EDI)
- Body Attitude Test (BAT)
- Fragebogen zur Selbstbeurteilung des eigenen Körpers (FSK)
- Body Shape Questionnaire (BSQ)
- Semantisches Differential (SED)

Auch entsprachen die Definitionen von Körperbild, so wie sie die Autoren der verwendeten Fragebogenverfahren formulierten, von all den in der Literaturrecherche herangezogenen, am ehesten der Definition und dem Verständnis der Autorin der vorliegenden Arbeit. Die verschiedenen Operationalisierungen von Körperbild in den unterschiedlichen Verfahren sind gut miteinander vergleichbar.

(Anmerkung: Die Abkürzungen „EDI", „BAT" und „BSQ" sind in der Literatur gebräuchlich, die Abkürzungen „FSK" und „SED" stammen von der Autorin der Arbeit.)

Der aus den 5 genannten Instrumenten entstandene Fragebogenkatalog wurde von der Autorin der vorliegenden Studie *Fragebogen zur Selbstbeurteilung der Körperzufriedenheit* genannt (zur Konzeptualisierung, vgl. Anhang 7). Alle darin verwendeten Tests genügen den geforderten Test- oder Gütekriterien: Validität, Reliabilität und Objektivität.

Einzelne Untersuchungsergebnisse machten es bereits wahrscheinlich, daß sich einige der verwendeten Skalen und Tests auf ein und dieselben Charakteristika des Konstrukts „Körperbild" konzentrieren und ein und dieselben Charakteristika zu messen versuchen. Probst, Vandereycken, van Coppenolle & Vanderlinden (1995) untersuchten die Korrelationen zwischen dem Body Attitude Test (BAT) und den zwei Unterskalen des Eating Disorder Inventories (EDI), *Drang, dünn zu sein und Körperunzufriedenheit* sowie dem Body Shape Questionnaire (BSQ) von Cooper, Taylor, Cooper & Fairburn, 1987. Diese Untersuchungen erbrachten eine hohe Übereinstimmung und Ähnlichkeiten: Der BAT korrelierte in hohem Maße mit den zwei Unterskalen des EDI, *Drang, dünn zu sein* (.66) und *Körperunzufriedenheit* (.70), sowie mit dem BSQ (.93). Die Werte des BSQ und die der Unzufriedenheitsskala des EDI korrelierten signifikant hoch miteinander (.66). Diese Ergebnisse sprachen für die Auswahl und Vergleichbarkeit einiger der in der vorliegenden Studie verwendeten Instrumente.

Alle Selbstbeurteilungsfragebögen enthalten geschlossene Fragen. Die Antwortmöglichkeiten sind standardisiert und erfolgen auf einer Likert-Skala. Die Variablen sind auf Ordinalskalenniveau. Alle angewendeten Verfahren trennen eßgestörte Patienten von nicht-eßgestörten Personen (differentielle Validität). Der so konstruierte *Fragebogen zur Selbstbeurteilung der Körperzufriedenheit* spricht die Betroffenen als Forschungspartnerinnen an, macht die Befragungsabsicht transparent und erhebt in leicht verständlicher Form Angaben zu Aspekten des Körperbildes, die sich zum Thema Körperzufriedenheit als relevant erwiesen.Um die Vergleichbarkeit der Fragebögen zu ermöglichen und Abbrecher aussortieren zu können, erfolgte eine nicht-anonyme Befragung.

Im folgenden werden die unterschiedlichen ausgewählten Meßverfahren vorgestellt. Der Leser kann in den folgenden Unterkapiteln die beinahe identischen Inhalte und Bedeutungen der Skalen und Items miteinander vergleichen. Den verschiedenen, eng zusammenhängenden Facetten des Konstrukts „Körperzufriedenheit" wird somit Rechnung getragen.

16.2. Eating Disorder Inventory (EDI)

Der Eating Disorder Inventory (EDI) stammt von Garner, Olmstedt, Polivy, 1983; (deutschsprachige Version von Thiel & Paul, 1988). Der EDI ist ein weltweit anerkannter Selbstbeurteilungsfragebogen mit 64 Items zur Erfassung von verschiedenen, für Anorexie- und Bulimie-Patienten charakteristischen, psychologischen Eigenschaften und Verhaltensmerkmalen. Nach Meinung vieler Autoren könnte sich dieses Instrument als *„das beste aller verfügbaren Fragebögen herausstellen, da es ein breites Spektrum der für anorektische und bulimische Zustände typischen Verhaltens- und Einstellungsmerkmale abdeckt"* (Meermann & Vandereycken, 1987, S. 25).

Die 8 Unterskalen lauten: *Körperunzufriedenheit, Drang dünn zu sein, Ineffektivität, Perfektionismus, zwischenmenschliches Mißtrauen, interozeptive Wahrnehmung* und *Angst vor dem Erwachsenwerden*.

Die 6 Antwortkategorien lauten: *immer, gewöhnlich, oft, manchmal, selten, nie*. Je nach Polung werden den Items (in der Original-Anwendung) für die meist symptomatische Antwort 3 Punkte gegeben, die nächst folgenden Antworten erhalten 2 Punkte bzw. 1 Punkt und die drei am wenigsten zur Symptomatik stehenden Antworten erhalten 0 Punkte.

Die Reliabilitätskoeffizienten dieser Skalen liegen über .80. Verschiedene Validitätsmaße belegen die differentielle Validität bezüglich einer Kontrollgruppe, die Kriteriumsvalidität durch Übereinstimmung mit einem Expertenrating sowie die Konstruktvalidität in bezug auf bereits vorhandene Skalen, die Teilbereiche des EDI erfassen.

Generell ist es möglich, nur einzelne Subskalen des EDI für eigene Zwecke zu verwenden: *„A number of studies have employed one or more EDI subscales administered out of their usual context for various purposes"* (e.g. Fabian & Thompson, 1989), (Garner, 1991, S. 8). Jedoch können die Variabilitäts- und Reliabilitätsangaben, welche für das Instrument als Ganzes entwickelt wurden, nicht auf einzeln verwendete Subskalen übertragen werden.

In der vorliegenden Arbeit interessieren die Unterskalen *Körperunzufriedenheit* und *Drang, dünn zu sein*, die nach Meinung der Autorin eng zusammenhängen und nur schwerlich getrennt voneinander behandelt werden können.

Das Konstrukt *Drang, dünn zu sein* stammt ursprünglich von Hilde Bruch (1973), welches sie als Kardinalsymptom von Eßstörungen bezeichnet. Es beschreibt den Grad der exzessiven Beschäftigung mit den Themen Diät und Körpergewicht. Kennzeichnend ist ein ständiges Streben nach Schlankheit und die Angst vor einer Gewichtszunahme, welche bei jedem Pfund irrational stark ansteigt. Es stellen sich

Schuldgefühle ein, sobald „zuviel" gegessen wurde. Süßigkeiten und Kohlenhydrate können nicht mehr genußvoll und ohne Nervosität gegessen werden. Die Subskala *Körperunzufriedenheit* mißt die Überzeugung der Patienten, daß bestimmte Körperabschnitte, die mit einer Veränderung der Figur in Richtung einer größeren Körperfülle in der Pubertät einhergehen, zu dick sind. Diese Körperabschnitte betreffen primär die „frauenspezifischen Problem-Körperpartien" Oberschenkel, Po und Hüfte (Fisher, 1986). Eine von neun Fragen bezieht sich auf den Körper als Gesamterscheinung.

16.3. Body Attitude Test (BAT)

Der Body Attitude Test (BAT) von Probst, Vandereycken, Van Coppenolle & Vanderlinden, (1995; zu deutsch: Fragebogen zur Einstellung zum eigenen Körper) ist ein spezieller Fragebogen zur Beurteilung des eigenen Körpers bei Frauen. Untersucht werden der Zufriedenheits- und Erfahrungsgrad mit dem eigenen Körper. Der BAT basiert auf folgenden bestehenden Auffassungen hinsichtlich der Körperwahrnehmung:
(1) der Unzufriedenheit im Hinblick auf den eigenen Körper (bei einem Vergleich mit anderen Personen oder bei Selbstbetrachtungen im Spiegel),
(2) der Depersonalisation des Körpers (der Körper wird als ein fremdes, gefühlloses und nicht lebendiges Objekt erlebt),
(3) der unveränderlichen Überzeugung, sich selbst als zu dick zu empfinden,
(4) dem Mangel an Vertrauen in den eigenen Körper,
(5) der Hyperaktivität und Rastlosigkeit.

Der BAT besteht aus 20 Items. Jede Aussage bietet 6 Antworten (von immer bis nie), die (in der Original-Anwendung) mit Punktwerten von 0-5 ausgewertet werden. Der Gesamtwert liegt zwischen 0 und 100. Je höher die Punktzahl, desto größer ist die Abweichung des Körperbildes vom normalen Status. Tests zur Retest-Reliabilität ergaben ausreichend hohe Werte bei klinischen und nicht-klinischen Gruppen (über .70).

Der Unterschied beim BAT im Vergleich zu den anderen verwendeten Intsrumenten besteht darin, daß der BAT – wenn auch in einem sehr geringem Umfang – zusätzlich das Thema körperlicher Unruhe fokussiert (Bsp. *„Ich kann mich körperlich sehr leicht entspannen"* oder *„In meinem Körper spielen sich Vorgänge ab, die mich ängstigen"*).

16.4. Fragebogen zur Beurteilung des eigenen Körpers (FBK)

Der Fragebogen zur Beurteilung des eigenen Körpers stammt von Strauß und Appelt (1983). Im Gegensatz zu vielen anderen Instrumenten steht hier der Körper als Ganzes im Mittelpunkt des Interesses und weniger einzelne Körperteile oder Beurteilungen von Körperdimensionen. In seiner Originalversion besteht er aus 52 Items, aus denen faktorenanalytisch folgende drei Skalen gebildet wurden:
(1) *Unsicherheit/Mißempfinden* (mangelnde Empfindsamkeit, Erlebnisfähigkeit),
(2) *Attraktivität/Selbstvertrauen* (Äußerungen der Zufriedenheit und Identifikation mit dem Aussehen/Körper/Figur und einzelnen Körpermerkmalen (z.B. Geschlechtsmerkmalen), Feststellungen der eigenen Attraktivität, des Vertrauens zum eigenen Körper und seinen Reaktionen, Gefühle von Stolz, bezogen auf den eigenen Körper, sowie eine gewisse Achtsamkeit im Umgang mit den körperlichen Signalen und Bedürfnissen).
(3) *Akzentuierung des Körpers/Sensibilität* (umfaßt die Themen Körperpflege, Gesundheit, Körpervorgänge und Leistungsfähigkeit im Sinne einer hypochondrisch depressiven, bewußten Auseinandersetzung mit dem Körper).
Analysen dieser Skalen zeigten zufriedenstellende psychometrische Eigenschaften (Strauß & Appelt, 1983; 1995). In vorangegangenen Untersuchungen unterschieden sich magersüchtige und adipöse Frauen hinsichtlich der Beurteilung ihrer Attraktivität und des körperlichen Selbstvertrauens von den nicht-klinischen Vergleichspersonen (Strauß & Appelt, 1983).

Für die vorliegende Studie wurde, aufgrund der definitorischen Ähnlichkeit mit dem Konstrukt „Körperzufriedenheit" die Subskala *Attraktivität/Selbstvertrauen* ausgewählt. Für die verwendete Skala ergaben sich Retest-Reliabilitäten von r = .84 (bei einer Stichprobe von N=29).

In der Originalanwendung konnte jede Aussage mit *stimmt* oder *stimmt nicht* beantwortet werden (der Skalenwert errechnet sich, indem der „Stimmt-Antwort" unter Berücksichtigung der Polung der Wert 1 zugeordnet wird).

16.5. Body Shape Questionnaire (BSQ)

Der Body Shape Questionnaire (BSQ) von Cooper, Taylor, Cooper & Fairburn (1987) ist ein Selbsteinschätzungsverfahren, speziell entwickelt, um die Sorgen um die eigene Figur zu messen. Er mißt insbesondere die Erfahrung sich zu „fett zu fühlen" und den Angstgrad der Patienten bezüglich des eigenen Körpers.

Im einzelnen beinhaltet der BSQ folgende Themen: Gedankliche Beschäftigung mit den Themen Figur, Straffheit des Körpers und Diät, die Fixierung auf bestimmte Körperregionen wie Oberschenkel, Hüften oder Bauch, mangelnde Zufriedenheit bei einem Vergleich mit anderen Frauen oder bei Betrachtungen im Spiegel, Verwendung gewichtsregulierender oder kontrollierender Maßnahmen (z.b. Abführmittel, Erbrechen, Abtasten des Körpers), Schamgefühle bezogen auf den Körper, Verstecken des eigenen Körpers, Selbstwahrnehmung des Körpers als „ zu dick", sowie Vermeidungsverhalten.

Im Vergleich zu den anderen Skalen ist der BSQ etwas umfangreicher, da er sich zusätzlich mit einigen verhaltensmäßigen Fragestellungen (Kontroll- und Vermeidungsverhalten) beschäftigt, zum Beispiel: *„Vermeiden Sie bewußt figurbetonende Kleidung...?"* oder *„Verzichten Sie darauf auszugehen (Parties, etc.), weil Sie so unzufrieden mit Ihrer Figur sind?"*.

Der Fragebogen umfaßt 34 Fragen mit einer 6-Rating-Skala (Likert-Skala) von *immer* bis *nie*. Der BSQ wurde bei eßgestörten Patienten und der Normalbevölkerung angewendet. Der BSQ weist eine innere Konsistenz von .93 auf.

16.6. Semantisches Differential (SED)

Das Semantische Differential von Steinhausen (1985, 1990) stellt ein subjektives Selbsteinschätzungsverfahren zum Thema Körperzufriedenheit dar. Es wurde als Meßinstrument zur Erfassung von Körperwahrnehmungsstörungen bei der Anorexia nervosa vorgestellt. 16 bipolare Adjektiv-Paare (z.B. fett – dünn) sollen bei der Beschreibung der subjektiven Einstellung gegenüber der äußeren Erscheinung helfen und anhand dieser die Zufriedenheit eingeschätzt werden.

Der Unterschied zu den anderen Meßinstrumenten besteht beim Semantischen Differential darin, daß sich die Eigenschaftspaare nicht ausschließlich auf das Äußere und das Empfinden oder die Beurteilung dessen beziehen, sondern – wenn auch zu einem geringen Anteil – auf die Funktionalität (z.B. *„Meinen Körper empfinde ich zur Zeit als stark/schwach oder aktiv/träge"*).

Die Reliabilitätsprüfung ergab einerseits für eine kleine Stichprobe von Normalprobanden eine befriedigende Stabilität (r_{tt}=0.75) und andererseits eine für ein Semantisches Differential zu erwartende, mittlere interne Konsistenz (Cronbach's alpha/r_{tc}= 0.44). Letztere erwies sich durch die Mehrdimensionalität des Instruments bedingt (Steinhausen, 1985). Daten eines Prä-Post-Tests im Verlauf einer stationären Behandlung von adoleszenten, anorektischen Patientinnen verdeutlichen die besondere Eignung des Verfahrens für evaluative Studien zur Beurteilung von Therapieeffekten hinsichtlich einer stärker positiven Einstellung zum eigenen Körper und von Verlaufsfaktoren (Steinhausen, 1985).

17. Datenerhebung und -verarbeitung

17.1. Untersuchungsplan

Die gesamte Untersuchung fand von Mai 1998 bis Januar 2000 statt. Die Daten wurden zu vier Meßzeitpunkten (im Abstand von ca. 4 Monaten) erhoben (s. Tabelle 33). Die erste Messung fand jeweils im Rahmen einer der ersten Körpertherapiesitzungen am TCE statt. Dies hatte die Vorteile, daß Verständnisfragen geklärt werden konnten, jede Patientin sich ausreichend Zeit nehmen konnte und der Einfluß Dritter ausgeschaltet war.

Alle Untersuchungen wurden über den gesamten Zeitraum von der Autorin selbst durchgeführt. Die Autorin hatte in der Tagklinik-Phase im Rahmen der Körpertherapie zu jeder Patientin wöchentlichen co-therapeutischen Kontakt.

Aufgrund einer nicht-anonymen Vorgehensweise betrug die Rücklaufquote stets 100% und die fehlenden Daten lagen bei 0, da die Fragebögen bei Unvollständigkeit erneut an die Patientin zurückgegeben wurden.

Tab. 33: Untersuchungsplan für die Analyse

	Prä	Zwischentest 1	Zwischentest 2	Post
	1. Meßzeitpunkt	2. Meßzeitpunkt nach 4 Monaten teilstationärer Therapie	3. Meßzeitpunkt nach 8 Monaten teilstationärer/ ambulanter Therapie	4. Meßzeitpunkt nach 12 Monaten teilstationärer/ ambulanter Therapie
N = 27 Eßgestörte Patientinnen Gruppen: •5/98-5/99 •9/98-9/99 •1/99-1/00	Fragebogen zur Beurteilung der eigenen Körperzufriedenheit: • EDI: Drang, dünn zu sein Körperunzufriedenheit • BAT • FBK: Attraktivität und Selbstvertrauen • BSQ • SED	Fragebogen zur Beurteilung der eigenen Körperzufriedenheit: • EDI: Drang, dünn zu sein Körperunzufriedenheit • BAT • FBK: Attraktivität und Selbstvertrauen • BSQ • SED	Fragebogen zur Beurteilung der eigenen Körperzufriedenheit: • EDI: Drang, dünn zu sein Körperunzufriedenheit • BAT • FBK: Attraktivität und Selbstvertrauen • BSQ • SED	Fragebogen zur Beurteilung der eigenen Körperzufriedenheit: • EDI: Drang, dünn zu sein Körperunzufriedenheit • BAT • FBK: Attraktivität und Selbstvertrauen • BSQ • SED

EDI: Eating Disorder Inventory; BAT: Body Attitude Test; FBK: Fragebogen zur Beurteilung des eigenen Körpers; BSQ: Body Self Questionnaire; SED: Semantisches Differential; N: Anzahl der Probanden

In der Untersuchung wurden folgende Größen als Einflußfaktoren betrachtet:

a) Faktor Zeit, gestuft in Meßzeitpunkte:
1. Prä (vor der Therapie)
2. Zwischentest 1 nach der Tagklinik-Phase/nach 4 Monaten Therapie
3. Zwischentest 2 nach der ambulanten Phase/nach 8 Monaten Therapie
4. Post (nach der Therapie)/nach 12 Monaten Therapie.
Die Zwischenuntersuchungen 1 und 2 ermöglichen eine differenziertere Betrachtung der zeitlichen Entwicklung der Körperzufriedenheit.

b) Faktor Diagnosegruppe:
1. Anorexie-Patientinnen
2. Bulimie-Patientinnen
3. Vergleichsgruppe

Die verschiedenen Meßinstrumente (EDI, BAT, FBK, BSQ, SED) wurden nicht als Einflußfaktoren gesehen, sondern ihre verfahrensnormierten Scores als unabhängige Variablen betrachtet. Über diese Verfahren wird der Einfluß der o.g. Faktoren erfaßt, quantifiziert und beurteilt.

17.2. Auswertung des Datenmaterials zur Körperzufriedenheit

17.2.1. Antwortkategorien und Normalisierung

Um Effekte der Therapie auf der Itemsebene der Meßinstrumente/Skalen nachweisen zu können, sind hier nur multivariate parametrische (verteilungsabhängige) Analysen angebracht, und zwar nicht nur wegen der Vielzahl der Items der einzelnen Skalen, sondern auch wegen der relativ kleinen Stichprobe.

Zum Vergleich der verschiedenen Skalen (Meßinstrumente), welche die Körperzufriedenheit eines Probanden auf unterschiedliche Art und mit unterschiedlich vielen Items zu erfassen vermögen, mußten die unterschiedlichen Antwortmuster der fünf Meßinstrumente, welche zwischen zwei bis sieben Antwortmöglichkeiten vorgeben, vereinheitlicht werden. Hierfür wurde von einem sogenannten verfahrensnormierten Skalenscore Gebrauch gemacht (normierter Summenscore). Zuerst wurde bei allen Skalen über deren einzelne Itemscores ein Summenscore ermittelt, welcher dann durch die Anzahl der Items geteilt (normiert) wurde. Diese Überlegung und Entscheidung für einen Skalenscore, der denselben Wert bei allen Skalen aufweisen sollte, hat bei der Planung der Studie zu einer kleinen, aber sehr notwendigen und hilfreichen Modifizierung der Instrumente geführt. Diese

Modifizierung sah für alle Items den selben einheitlichen Scorebereich vor (0-4). Daher wurden zur numerischen Auswertung des Fragebogens zur Körperzufriedenheit allen Antwortratings dieser unterschiedlichen Meßverfahren die Werte 0-4 zugeordnet. Lag bei Skalen der Itemscorebereich höher, wurden einige Itemkategorien zusammengefaßt, damit man auch bei ihnen den Scorebereich 0-4 erreichte: Die fünf möglichen Antwortkategorien lauteten dann in der vorliegenden Studie: *immer, oft, manchmal, selten* und *nie*. Je nach Polung wurden den Items für die symptomatischste Antwort 0, die nächstfolgenden Antworten 1, 2, 3 und für die „positivste" Antwort 4 Punkte gegeben.

Dieses Vorgehen der Vereinheitlichung der unterschiedlichen Verfahren bezüglich ihres Antwortmusters ist in dem vorliegenden speziellen Fall insofern legitim, da es in dieser Studie nicht primär von Interesse ist, die Fragebögen mit dem (sonst üblichen) Ziel zu verwenden, den Grad der Symptomatologie, d.h. die Abweichung der Körperzufriedenheit vom normalen Status, festzustellen oder eßgestörte von nicht-eßgestörten Personen zu unterscheiden, sondern primär die Veränderungen (Therapieeffekte) im Verlauf der 12monatigen Therapie und deren signifikante Unterschiede zu ermitteln. Hierfür wurden zu vier verschiedenen Meßzeitpunkten Daten erhoben. Die Unterschiede der Daten der einzelnen Meßzeitpunkte sollten auf Signifikanz verglichen werden, um die Veränderungen hinsichtlich Zufriedenheit mit dem eigenen Körper unter Beweis zu stellen.

Je nach Fragestellung wurden in den statistischen Analysen entweder die transformierten (normalisierten) Werte der Scores der einzelnen Skalenitems oder die verfahrensnormierten Summenscores der Skalen verwendet.

17.2.2. Rechenoperationen, Analyseverfahren und Signifikanzniveau

Die statistischen Analysen des Datenmaterials erfolgten mit dem Programmsystem SPSS/PC+ (Brosius, 1988). Aufgrund der Vielzahl der Items und des relativ kleinen Stichprobenumfangs im Vergleich zur Anzahl aller Items der verwendeten Skalen, waren bei der vorliegenden Fragestellung multivariate parametrische (verteilungsabhängige) Analysen angebracht, um die Effekte der Therapie auf der Itemsebene nachweisen zu können.

Für die Gruppe der Patientinnen (N=27) wurde eine einfaktorielle multivariate Varianzanalyse (MANOVA) mit Zeit (als Within-Faktor) angewandt, um nicht nur den Behandlungseffekt über die Zeit feststellen zu können, sondern auch seine Stärke zu quantifizieren. Eine Einschränkung dieser Analyse mag jedoch die ordinale Datenstruktur der Itemscores sein, für welche die zwei notwendigen Bedingungen der Varianzanalyse (Normalität und Homogenität) nicht erfüllt werden können. Da jedoch die in MANOVA verwendeten F-Tests robust gegenüber

Abweichungen von Normalitäts- und/oder Homogenitätsbedingungen sind, wurde hier entschieden, die Auswertung des vorliegenden Datenmaterials mit MANOVA durchzuführen. Bei ihrer Applikation wurden nicht die originalen (ordinalen) Scores der Skalen, sondern ihre transformierten (normalisierten) Werte (ermittelt nach der Methode der marginalen Normalisierung) verwendet. Die normalisierten Werte erfüllen die notwendigen Bedingungen der MANOVAs und machen damit ihre Applikation effizienter.

Zum Vergleich der fünf unterschiedlichen Meßinstrumente zu den vier einzelnen Meßzeitpunkten wurde eine multivariate Varianzanalyse mit den normierten Summenscores der Instrumente als abhängige Variablen als unabhängige Variable der Meßzeitpunkte appliziert. Assoziationen zwischen den abhängigen Variablen wurden mittels des Pearson'schen Korrelationskoeffizienten geprüft.

Zum Vergleich der zwei Patientengruppen (Anorexie vs. Bulimie) bzw. der Patienten mit der Vergleichsgruppe hinsichtlich ihrer Körperzufriedenheit über den Therapiezeitraum hindurch wurde eine zweifaktorielle Varianzanalyse mit Zeit als Within-Subjects-Faktor und der Diagnose als Between-Subjects-Faktor eingesetzt.

Bei signifikanten Faktoreneffekten werden die Variablen, die zu diesen Effekten signifikant beitragen, mittels univariater F-Tests identifiziert.

Bei allen MANOVA-Applikationen wurden, nach Feststellung von signifikanten Zeiteffekten, Tests mit polynomialen Kontrasten durchgeführt, um den Verlauf des Zeiteffekts besser zu erfassen.

Die statistische Signifikanz der Ergebnisse wurde bei einer Irrtumswahrscheinlichkeit $p = 0.05$ vorgegeben. Posteriori Tests wurden auf einem kleinerem Signifikanzniveau getestet (Bonferroni Korrektur), um den Fehler 1. Art $< p$ zu halten.

18. Ergebnisse

In der vorliegenden Studie war von primärem Interesse, inwiefern sich die Körperzufriedenheit bei den eßgestörten Patientinnen nach einer 12monatigen Behandlung am TCE veränderte. Das Postulat der vorliegenden Studie lautete, daß sich die eßgestörten Patientinnen nach Ablauf ihrer 12monatigen Psychotherapie am TCE, gemäß ihrem eigenen, subjektivem Selbstempfinden, als zufriedener bezüglich ihres Körpers äußern als zu Beginn der Therapie.

Die Hauptfrage der Studie lautete:
Gibt es signifikante Veränderungen hinsichtlich einer zunehmenden Körperzufriedenheit bei den eßgestörten Patientinnen nach der 12monatigen Therapie am TCE?

Die Nebenfragen der Studie lauteten:
1. Gibt es signifikante Unterschiede hinsichtlich der Körperzufriedenheit zwischen der Patientinnengruppe (Anorexie- und Bulimie-Patientinnen) und der Vergleichsgruppe zum vierten Meßzeitpunkt?
2. Gibt es signifikante Unterschiede hinsichtlich der Körperzufriedenheit zwischen der Anorexie-Gruppe (bulimischen Subtypus) und der Bulimie-Gruppe?
3. Gibt es signifikante Unterschiede hinsichtlich der Körperzufriedenheit zwischen den 5 verschiedenen Meßverfahren bzw. den 6 verschiedenen Skalen über den Gesamtzeitraum?
4. Verändert sich das Gewicht der unter- und übergewichtigen Patientinnen in Richtung Normalgewicht (gemäß BMI) und können normalgewichtige Patientinnen im Verlauf der 12monatigen Therapie ihr Gewicht beibehalten/stabilisieren?

18.1. Gewichtsveränderungen

Es ist stets von Bedeutung, unabhängig von der konkreten Fragestellung einer Untesuchung, das Ausmaß der klinisch relevanten, signifikanten Veränderungen durch die angewendete Behandlungsform zu betrachten. Diese beziehen sich hier auf das Kriterium Gewichtsnormalisierung.

Ein Erfolgskriterium einer Therapie bei Eßstörungen, welches allerdings immer nur in Verbindung mit anderen Kriterien (wie z.B. der Körperzufriedenheit, Depressionsgrad, etc.) gesehen und bewertet werden darf, ist die Veränderung des meist abnormen Gewichts der Frauen. Die meisten eßgestörten Patientinnen, welche am TCE eine Therapie beginnen, leiden unter extremem Unter- oder Übergewicht. Ein Therapieziel ist die Wiederherstellung bzw. Stabilisierung eines Normalgewichts bei gleichzeitiger Aufgabe der Symptomatik. Die Erfahrungen am TCE besagen, daß mittels individuell abgestimmter Eßprogramme Gewichte im Normalbereich erreicht und aufrechterhalten werden können.

Von einer Gewichtsnormalisierung soll dann gesprochen werden, wenn der gewichtsbezogene Wert, welcher zu Beginn der Therapie oftmals außerhalb des Normbereiches lag, in der Nachuntersuchung im Bereich der normalen Population bzw. außerhalb des Bereichs der Patientenpopulation liegt – oder, falls er bereits vor Therapiebeginn innerhalb des Normbereiches lag, dieser, trotz Aufgabe des Symptoms, stabilisiert/erhalten werden konnte.

- Bei den Magersucht-Patientinnen zeigte sich ein durchschnittliches Aufnahmegewicht von 42,6 kg (bei einer durchschnittlichen Körpergröße von 1,64 m), was einem BMI von 15,8 entsprach.
- Bei den Bulimie-Patientinnen zeigte sich ein durchschnittliches Aufnahmegewicht von 57,4 kg (bei einer durchschnittlichen Körpergröße von 1,68 m), was einem BMI von 20,3 entsprach.

Nach insgesamt 12 Monaten kontinuierlicher, teilstationärer und ambulanter Therapie zeigten sich hinsichtlich des Gewichts zum 4. Meßzeitpunkt folgende Veränderungen:
- die Magersucht-Patientinnen erzielten nach Beendigung der Therapie ein durchschnittliches Gewicht von 53,9 kg, was einem BMI von 20,0 entspricht und eine durchschnittliche Gewichtszunahme von 11,3 kg bedeutet.
- die Bulimie-Patientinnen erzielten nach Beendigung der Therapie ein durchschnittliches Gewicht von 60,9 kg, was einem BMI von 21,6 entspricht und eine durchschnittliche Gewichtsveränderung von 3,5 kg bedeutet.

Die Gewichtszunahmen der Patientinnen lassen sich aus der Abbildung 4 entnehmen und mit dem BMI-Wert der nicht-klinischen Gruppe vergleichen:

Abb. 4: Mittelwerte des Body-Mass-Index bei Anorexie und Bulimie: Prä-Post-Therapie

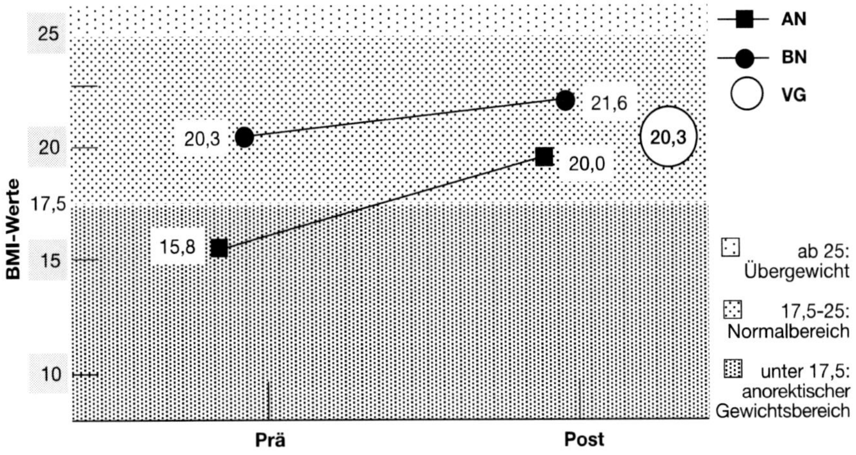

[Diagramm mit BMI-Werten: AN: Prä 15,8 / Post 20,0; BN: Prä 20,3 / Post 21,6; VG: 20,3. Bereiche: ab 25: Übergewicht; 17,5–25: Normalbereich; unter 17,5: anorektischer Gewichtsbereich]

AN = Anorexie, BN = Bulimie, VG = Vergleichsgruppe, BMI = Body-Mass-Index
Prä = Vor Beginn der Therapie, Post = nach Beendigung der Therapie (12 Monate)

18.2. Veränderung der Körperzufriedenheit der eßgestörten Patientinnen

Meine Hypothese, welche es mittels der vorliegenden Untersuchung primär zu klären galt, betraf die Veränderung der vor Therapiebeginn ermittelten Körperzufriedenheit der eßgestörten Patientinnen im Verlauf der 12monatigen Therapie am TCE.

Durch eine einfaktorielle, multivariate Varianzanalyse (MANOVA) mit Zeit als Within-Subjects-Faktor wurde bei den sechs verschiedenen Skalen überprüft, inwiefern sich die Körperzufriedenheit bei den eßgestörten Patentinnen veränderte.

Die Analyse ergab einen signifikanten Zeiteffekt ($F(18,9) = 12.17$, $p < 0.0001$), der den signifikanten Differenzen bei allen sechs verfahrensnormierten Skalenscores zwischen den verschiedenen Phasen der Therapie zuzuschreiben ist (univariate F-Tests, p-values < 0.05). Durch polynomiale Kontraste in MANOVA wurde zudem gezeigt, daß der Verlauf der einzelnen Skalenscores über die vier Meßzeitpunkte der Behandlungsdauer durch eine steile Gerade (linearer Kurvenfit) optimal approximiert wird, was als eine kontinuierliche Zunahme der verfahrensnormierten Scores im Verlauf der Behandlung interpretiert werden kann. Dies bedeutet konkret, daß sich die Patientinnen nach der 12monatigen Behandlung am TCE bzw. nach der vierten Messung als deutlich zufriedener mit ihrem eigenen Körper äußerten, als vor der Behandlung.

Dies läßt sich auch leicht aus den Mittelwerten bzw. den Medianen der ursprünglichen, nicht normalisierten Scores und deren Verlauf über die vier Meßzeitpunkte ablesen (s. Tabelle 34). Die statistischen Überprüfungen der Mittelwertunterschiede nach vorheriger Nomalisierung der Scores erwiesen sich bei allen relevanten Variablen als signifikant.

Auch die Abbildung 5 zeigt dieses Ergebnis deutlich. Sie vergleicht inhaltlich die Mittelwerte beinahe identischer und daher gut vergleichbarer Fragen zur generellen Körperzufriedenheit von drei verschiedenen Meßinstrumenten zu den vier verschiedenen Meßzeitpunkten. Die dargestellten Fragestellungen der Instrumente EDI, BAT und FBK beziehen sich auf die Zufriedenheit hinsichtlich des Körpers als Gesamterscheinung (im Gegensatz zu Items bezogen auf einzelne Körperregionen oder andere körperbezogene Problematiken):

Abb. 5: **Selbsteinschätzung der Körperzufriedenheit eßgestörter Patienten im Verlauf der Therapie (Mittelwerte-Vergleich)**

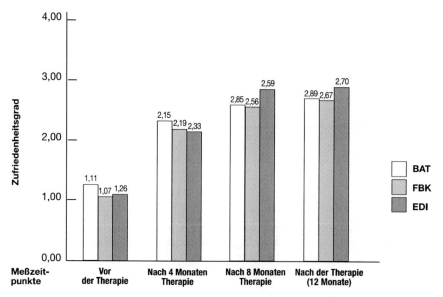

EDI = Eating Disorder Inventory, BAT = Body Attitude Test,
FBK = Fragebogen zur Beurteilung des eigenen Körpers

Anmerkung: Die symptomatischste Antwort erhält den Wert „0", die am wenigsten symptomatische/positivste Antwort den Wert „4".

Die Tabelle 34 gibt einen guten Überblick über den Verlauf der Mittelwerte der verschiedenen verfahrensnormierten Skalenscores während der 12monatigen Therapie:

Tab. 34: **Vergleich der Mittelwerte der Skalengesamtscores zu den verschiedenen Phasen der Behandlung der eßgestörten Patienten**

Meßzeitpunkt	Mittelwert	SEM	Median	N
Vor der Behandlung				
EDI (D)	0.76	0.15	0.57	27
EDI (K)	1.20	0.17	1.11	27
BAT	1.58	0.13	1.58	27
FBK	1.15	0.14	1.15	27
BSQ	1.30	0.16	1.07	27
SED	1.44	0.15	1.57	27
4 Monate nach Behandlungsbeginn				
EDI (D)	2.48	0.12	2.57	27
EDI (K)	2.04	0.15	2.11	27
BAT	2.59	0.13	2.58	27
FBK	2.17	0.12	2.23	27
BSQ	2.61	0.13	2.53	27
SED	2.39	0.11	2.36	27
8 Monate nach Behandlungsbeginn				
EDI (D)	2.93	0.12	3.00	27
EDI (K)	2.47	0.15	2.33	27
BAT	2.96	0.09	2.89	27
FBK	2.48	0.14	2.46	27
BSQ	3.06	0.10	2.97	27
SED	2.72	0.11	2.86	27
12 Monate nach Behandlungsbeginn				
EDI (D)	3.02	0.14	3.14	27
EDI (K)	2.58	0.16	2.67	27
BAT	3.04	0.10	3.11	27
FBK	2.66	0.14	2.77	27
BSQ	3.11	0.11	3.20	27
SED	2.79	0.12	2.79	27

Anmerkung: SEM = Standardabweichung des Mittelwertes, N = Anzahl der Patientinnen
EDI (D) = Eating Disorder Inventory: Subskala: Drang, dünn zu sein, EDI (K) = Eating Disorder Inventory.Subskala: Körperunzufriedenheit, BAT = Body Attitude Test, FBK = Fragebogen zur Beurteilung des eigenen Körpers, BSQ = Body Shape Questionnaire, SED = Semantisches Differential

Die Ergebnisse der sechs unterschiedlichen Skalen werden in den folgenden Unterkapiteln einzeln betrachtet und interpretiert.

18.2.1. Ergebnis des EDI: Subskala „Drang, dünn zu sein"

Die mangelnde Körperzufriedenheit drückt sich durch die Subskala Drang, dünn zu sein des EDI (Garner et al., 1983) folgendermaßen aus: Das Gewicht nimmt bei eßgestörten Patientinnen charakteristischerweise einen irrational hohen Stellenwert ein, der Wunsch nach extremer Schlankheit und Diät ist ständiges Thema im Leben der Betroffenen. Wir hatten angenommen, daß dieser extreme Drang, dünn zu sein, im Verlauf der Therapie abnimmt.

Die Prüfung des Behandlungseffekts (= Zeiteffekt) auf die zugehörigen EDI-Items zum Inhalt der Subskala Drang, dünn zu sein mittels MANOVA ergab einen signifikanten Haupteffekt für den Faktor Zeit $F(21,207) = 9.72$, $p < 0.0001$, der sich auf alle einzelnen Skalenitems ebenfalls signifikant erwies (univariate F-Tests, p-values $< 0,05$). Anschließende Tests mit polynomialen Kontrasten zeigten bei allen normalisierten Scores einen signifikanten linearen Trend nach oben.

Die normalisierten EDI-Werte nach der Behandlung beweisen eine deutliche Verringerung des symptomatischen und irrationalen Drangs nach extremer Schlankheit. Dies kann als eine Steigerung der Körperzufriedenheit interpretiert werden.

In der Abbildung 6 werden die einzelnen Itemscores des EDI (D) im Prä-Post-Vergleich aufgeführt:

Abb. 6: Verlauf der Mittelwerte der Items des EDI: „Drang, dünn zu sein"
der eßgestörten Patienten (Prä-Post-Vergleich)

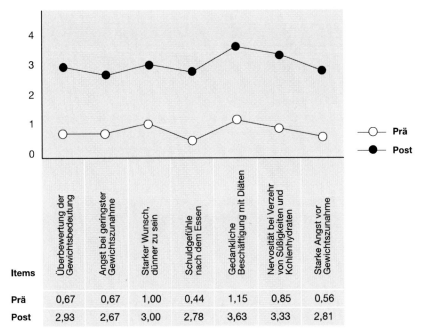

Prä = vor Therapiebeginn, Post = nach Therapiebeendigung/12 Monate

Anmerkung: Die symptomatischste Antwort erhält den Wert „0", die am wenigsten symptomatischste/positivste Antwort den Wert „4".

18.2.2. Ergebnis des EDI: Subskala „Körperunzufriedenheit"

Die Definition von Körperzufriedenheit gemäß der Subskala Körperunzufriedenheit des EDI bezieht sich speziell auf die einzelnen Körperbereiche Bauch, Oberschenkel, Gesäß und Hüfte, sowie – mit einem von neun Items – auf den Körper als „Gestalt", d.h. als Gesamterscheinung. Die Subskala mißt die Überzeugung der Patienten, daß bestimmte Körperabschnitte, die mit einer Veränderung der Figur in Richtung einer größeren Körperfülle in der Pubertät einhergehen, zu dick sind. Es wurde vermutet, daß der Grad der jeweiligen körperlichen Unzufriedenheit abnimmt.

Die Prüfung des Behandlungseffekts (= Zeiteffekt) auf die normalisierten Scores der EDI-Items zum Inhalt der Subskala Körperunzufriedenheit mittels der

Varianzanalyse MANOVA ergab auch hier einen signifikanten Haupteffekt für den Faktor Zeit F (21,205) = 4.63, p < 0.0001, der den signifikanten Differenzen zwischen den Behandlungsphasen bei allen EDI-Items zuzuschreiben ist (univariate F-tests, p-values < 0,05). Auch hier haben die darauffolgenden polynomialen Kontrasttests einen positiven (steigenden) linearen Trend nachgewiesen (p-values für den linearen Trend < 0,05).

Dies bedeutet: Sowohl Anorexie-, als auch Bulimie-Patientinnen wiesen vor der Behandlung bezüglich all dieser „typisch weiblichen Problembereiche" und des Körpers als Gesamterscheinung eine wesentlich geringere Körperzufriedenheit auf als nach Beendigung der Therapie. Die EDI-Werte nach der Behandlung zeigen bei den untersuchten Frauen eine deutliche Steigerung der Körperzufriedenheit.

In der folgenden Abbildung 7 werden die einzelnen Items, deren Inhalte und Verläufe anhand ihrer Mittelwerte dargestellt:

Abb. 7: Verlauf der Mittelwerte der Items des EDI: Körperunzufriedenheit der eßgestörten Patienten (Prä-Post-Vergleich)

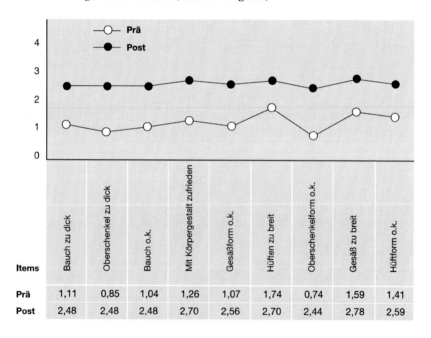

Prä = vor Therapiebeginn, Post = nach Therapiebeendigung/12 Monate

Anmerkung: Die symptomatischste Antwort erhält den Wert „0", die am wenigsten symptomatischste/positivste Antwort den Wert „4".

18.2.3. Ergebnis des Body Attitude Tests

Der BAT (Probst et al., 1995) ist ein spezieller Fragebogen zur Beurteilung des eigenen Körpers bei Frauen und bezieht sich auf den Zufriedenheits- und Erfahrungsgrad mit dem eigenen Körper als Ganzes und bestimmter Körperregionen im speziellen (Bauch, Brust-umfang, Hüften). Konkret wurde angenommen, daß auch hier die Unzufriedenheit bei einem Vergleich mit anderen Personen oder bei Selbstbetrachtungen im Spiegel, das Ausmaß des Wunsches, dünner zu sein, der Stellenwert des Körpergewichts, Depersonalisationsgefühle, die Überzeugungen, zu dick zu sein, das mangelnde Vertrauen in den eigenen Körper, die Hyperaktivität und die körperliche Unruhe der Betroffenen abnehmen und die Entspannungsfähigkeit gleichzeitig zunimmt.

Es zeigte sich bei den normalisierten Scores des BAT auch ein signifikanter Haupteffekt für den Faktor Zeit $F (57,180) = 3.78$, $p < 0.0001$, der auf alle einzelnen Items signifikant ist (univariate F-tests, p-values $< 0,05$).

Dies bedeutet, daß die erzielten Effekte eine signifikante Verbesserung der vor der Behandlung als negativ einzuschätzenden Körperzufriedenheit der Untersuchungsgruppe beweisen. Auch die Items bezogen auf das Thema „körperliche Unruhe" weisen zum vierten Meßzeitpunkt erheblich positivere Werte auf. Dies zeigt auch die folgende Abbildung 8:

Abb. 8: Verlauf der Mittelwerte der Items des BAT der eßgestörten Patienten (Prä-Post-Vergleich)

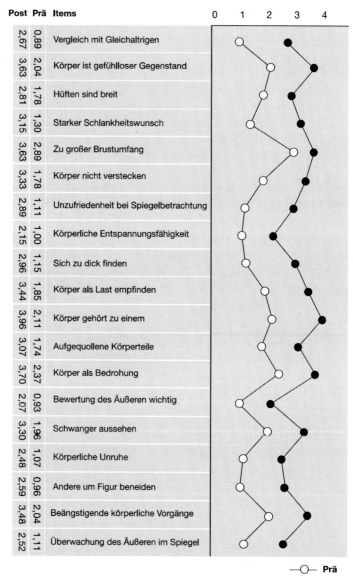

Prä = vor Therapiebeginn, Post = nach Therapiebeendigung/12 Monate

Anmerkung: Die symptomatischste Antwort erhält den Wert „0", die am wenigsten symptomatischste/positivste Antwort den Wert „4".

18.2.4. Ergebnis des FBK: Subskala „Attraktivität und Selbstvertrauen"

Im Fragebogen zur Beurteilung des eigenen Körpers (Strauß und Appelt, 1983) steht der Körper als Ganzes im Mittelpunkt des Interesses und weniger einzelne Körperteile oder Beurteilungen von Körperdimensionen.

Anhand der Items der Subskala *Attraktivität und Selbstvertrauen* wurde folgende Vermutung angestellt: Äußerungen der Zufriedenheit bezogen auf das Aussehen, das Gewicht, die Figur und die Größe, die Identifikation mit dem Aussehen/Körper/Figur und einzelnen Körpermerkmalen, Feststellungen der eigenen Attraktivität, Vertrauen zum eigenen Körper und seinen Reaktionen, Gefühle von Stolz bezogen auf den Körper sowie eine gewisse Achtsamkeit im Umgang mit den körperlichen Bedürfnissen und Signalen, würden sich in positiver Hinsicht verändern.

Die Varianzanalyse zeigte auch bei den normalisierten Itemscores des FBK signifikante Haupteffekte für den Faktor Zeit $F(39,196) = 5.77$, $p < 0.0001$, und zwar bei allen Items (univariate F-tests, p-values $< 0,05$).

Dieses Ergebnis zeigt, daß sich auch hier die Zufriedenheitswerte für anorektische und bulimische Frauen im Lauf des 12monatigen Interventionszeitraumes signifikant verbessert haben (polynomialer Kontrasttest in MANOVA; p-value für den linearen Trend $< 0,05$ bei jedem Item).

Ähnlich wie bei den vorherigen Instrumenten weisen die normalisierten Scores auch beim FBK einen mit der Therapiedauer steigenden Therapieeffekt nach (Tests mit polynomialen Kontrasten in MANOVA; p-values $< 0,05$). Dies zeigt auch die folgende Abbildung 9:

Abb. 9: Verlauf der Mittelwerte der Items des FBK: Attraktivität und Selbstvertrauen der eßgestörten Patienten (Prä-Post-Vergleich)

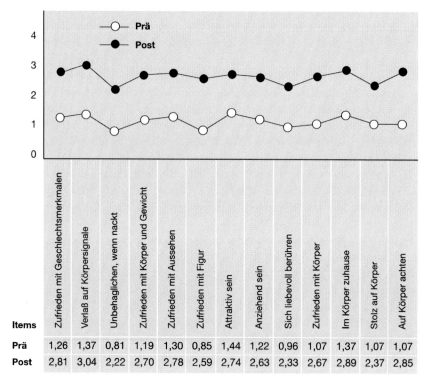

Prä = vor Therapiebeginn, Post = nach Therapiebeendigung/12 Monate

Anmerkung: Die symptomatischste Antwort erhält den Wert „0", die am wenigsten symptomatischste/positivste Antwort den Wert „4".

18.2.5. Ergebnis des Body Shape Questionnaires

Die Körperzufriedenheit im BSQ (Cooper, Taylor, Cooper, Fairburn, 1987) mißt die Sorgen um die eigene Figur, insbesondere die Erfahrung, sich zu „fett zu fühlen" und den Angstgrad der Patienten bezüglich des eigenen Körpers.

In Anbetracht der speziellen Themen des BSQ wurde angenommen, daß sich die Sorge und Beschäftigung mit dem eigenen Körper (Figur, Straffheit), die Fehleinschätzungen als „zu dick" sowie die damit einhergehenden, gewichtsregulierenden und -kontrollierenden Verhaltensweisen und Schamgefühle, bezogen auf den Körper, verringern. Die Verringerung der angesprochenen Problempunkte kann als Steigerung der Körperzufriedenheit ausgelegt werden.

Die Prüfung des Behandlungseffekts auf die einzelnen BSQ-Items mittels MANOVA ergab einen signifikanten Haupteffekt für den Faktor Zeit F (90,147) = 3.62, $p < 0.0001$, und zwar bei allen Items (univariate F-tests, p-values $< 0,05$).

Hinsichtlich der Skalenscores der einzelnen Inhalte dieses Meßinstrumentes wurde demnach bewiesen, daß sich die Sorgen aller Frauen während der 12monatigen Therapie am TCE signifikant verringert und die Zufriedenheitswerte verbessert haben, (polynomiale Kontrasttest in MANOVA; p-value für den linearen Trend < 0,05 bei jedem Item). Auch die Items, welche das Kontroll- und Vermeidungsverhalten der Patientinnen fokussierten, weisen zum vierten Meßzeitpunkt erheblich bessere Werte auf als zu Therapiebeginn.

Die nachfolgende Abbildung 10 zeigt diesen Verlauf deutlich:

Abb. 10: Verlauf der Mittelwerte einzelner Items des BSQ der eßgestörten Patienten (Prä-Post-Vergleich)

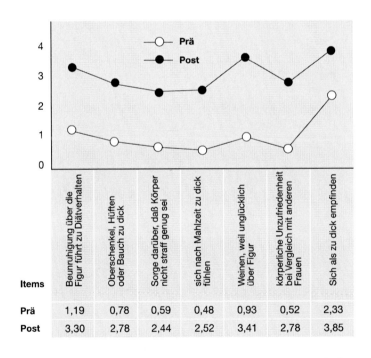

Items	Beunruhigung über die Figur führt zu Diätverhalten	Oberschenkel, Hüften oder Bauch zu dick	Sorge darüber, daß Körper nicht straff genug sei	sich nach Mahlzeit zu dick fühlen	Weinen, weil unglücklich über Figur	körperliche Unzufriedenheit bei Vergleich mit anderen Frauen	Sich als zu dick empfinden
Prä	1,19	0,78	0,59	0,48	0,93	0,52	2,33
Post	3,30	2,78	2,44	2,52	3,41	2,78	3,85

Prä = vor Therapiebeginn, Post = nach Therapiebeendigung/12 Monate

Anmerkung: Die symptomatischste Antwort erhält den Wert „0", die am wenigsten symptomatischste/positivste Antwort den Wert „4".

18.2.6. Ergebnis des Semantischen Differentials

Im Semantischen Differential (Steinhausen, 1990) wird die subjektive Einstellung gegenüber der äußeren Erscheinung anhand von Eigenschaftspaaren beschrieben und anhand dessen die Zufriedenheit eingeschätzt. Die zur Auswahl stehenden, 16 bipolaren Adjektiv-Paare beziehen sich auf den Körper als Gesamterscheinung, d.h. konkret auf sein Aussehen, seine Proportioniertheit, seine Attraktivität, Stärke oder Aktivität.

Ich bin davon ausgegangen, daß die Patientinnen nach Beendigung der Therapie ihren Körper mit Hilfe der vorgegebenen Adjektiv-Paare als u.a. schöner, angenehmer, besser proportioniert, attraktiver, eher den eigenen Vorstellungen entsprechend und dünner empfinden und beschreiben als vor Therapiebeginn.

Der Behandlungseffekt auf die normalisierten Scores der SED-Items war auch hier signifikant, $F (42,193) = 4.37$, $p < 0.0001$, und zwar bei jedem einzelnen Item (univariate F-tests, p-values $< 0,05$).

Die Werte nach der Behandlung zeigen, wie bei den Items der anderen Verfahren, eine deutliche Verbesserung der Eigenbeurteilung des Körpers – und somit auch der Körperzufriedenheit – bei den Patientinnen nach Beendigung der Therapie (polynomiale Kontrasttests in MANOVA, p-values für den linearen Trend $< 0,05$ bei jedem einzelnen Item).

Die Abbildung 11 veranschaulicht diese Verbesserung der Selbsteinschätzung:

Abb. 11: Verlauf der Mittelwerte der Items des SED der eßgestörten Patienten (Prä-Post-Vergleich)

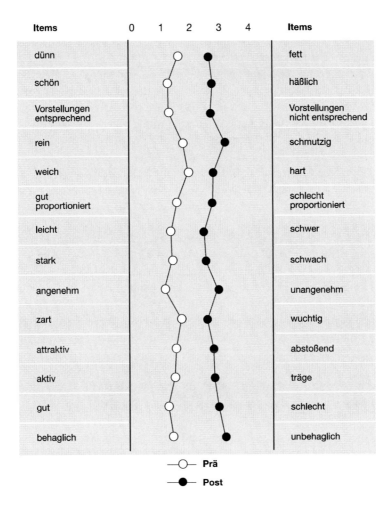

Prä = vor Therapiebeginn, Post = nach Therapiebeendigung/12 Monate

Anmerkung: Die symptomatischste Antwort erhält den Wert „0", die am wenigsten symptomatischste/positivste Antwort den Wert „4".

18.3. Vergleich der Körperzufriedenheit eßgestörter und nicht-eßgestörter Frauen

Eine interessante Nebenfrage der Untersuchung war es, ob sich die behandelten Patientinnen von den nicht-eßgestörten Frauen bezüglich ihrer Zufriedenheit mit dem eigenen Körper unterscheiden. Die Vermutung war, daß akut eßgestörte Patientinnen generell über eine negativere Körpereinstellung verfügen als nicht-eßgestörte Frauen (1. Meßzeitpunkt), daß aber mittels einer speziellen Therapie ein Grad der Zufriedenheit erlangt werden kann, welcher dem der nicht-eßgestörten Frauen entspricht (4. Meßzeitpunkt). Hierfür wurden die Zufriedenheitswerte der Patientinnen des 1. und 4. Meßzeitpunktes den Werten einer Vergleichsgruppe gegenübergestellt.

Nachdem alle Skalenscores bedeutende Unterschiede zwischen den unbehandelten, akut eßgestörten Patientinnen und den nicht-eßgestörten Frauen zum 1. Meßzeitpunkt nachweisen konnten, wurde der Vergleich nach 12 Monaten Therapiedauer erneut angestellt.

MANOVA wies zum 4. Meßzeitpunkt bzgl. aller verwendeten verfahrensnormierten Skalenscores auf keinen signifikanten Unterschied zwischen den behandelten Patientinnen (nach 12monatiger Therapie) und den Vergleichspersonen mehr hin. Es scheint also, als würden sich die ehemals stark unzufriedenen Patientinnen nach Beendigung der Therapie hinsichtlich ihrer Zufriedenheit mit ihrem Körper den „gesunden", nicht-eßgestörten Frauen stark ähneln. Dieses Ergebnis spricht für eine „Normalisierung" der Körperzufriedenheit im Vergleich zur Normalpopulation im Verlauf der Behandlung.

Die nachfolgende Abbildung 12 stellt die Körperzufriedenheit der behandelten Patientinnen und der Vergleichspersonen bildlich gegenüber:

Abb. 12: Körperzufriedenheit der nicht-eßgestörten Frauen und der behandelten Patientinnen (1. und 4. Meßzeitpunkt) im Vergleich

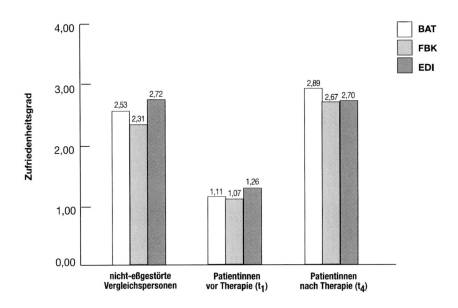

EDI = Eating Disorder Inventory; BAT = Body Attitude Test; FBK = Fragebogen zur Beurteilung des eigenen Körpers.

Anmerkung 1: Die symptomatischste Antwort erhält den Wert „0", die am wenigsten symptomatische/positivste Antwort den Wert „4".

Anmerkung 2: Die Vergleichsgruppe wurde nur zu einem Zeitpunkt befragt.

Anmerkung 3: Die Fragestellung lautete bei
EDI: „Ich bin mit der Gestalt meines Körpers zufrieden."
BAT: „Wenn ich mich im Spiegel betrachte, fühle ich mich mit meinem Körper unzufrieden."
FBK: „Ich bin mit meinem Körper zufrieden."

18.4. Vergleich der Körperzufriedenheit anorektischer und bulimischer Patientinnen

Im folgenden werden die Ergebnisse bezüglich der Körperzufriedenheit hinsichtlich der Diagnose dargelegt (Diffenzierung zwischen Anorexie und Bulimie), d.h. es soll verglichen werden, ob oder inwieweit sich anorektische Frauen hinsichtlich ihrer Körperzufriedenheit – und deren Verläufe während des Behandlungszeitraumes – von den bulimischen Frauen unterscheiden.

Vergleicht man mittels MANOVA die beiden Patientinnengruppen (Anorexie vs Bulimie) hinsichtlich der verfahrensnormierten Skalenscores der einzelnen Instrumente vor der Behandlung, nach 4 bzw. 8 bzw. 12 Monaten nach Therapiebeginn, so ergeben sich zu keinem der Behandlungs- bzw. Meßzeitpunkte signifikante Unterschiede zwischen den beiden Diagnosegruppen (Wilks, multivariater Signifikanz-Test; $F(6,20) = 0.527$, $p = 0.781$).

Dies bedeutet, daß sich die anorektischen und die bulimischen Patientinnen in ihrem Ausmaß der Körperzufriedenheit zu keinem Zeitpunkt der Therapie voneinander unterscheiden. Beide Patientinnengruppen weisen anfangs geringe Körperzufriedenheitswerte auf und können diese im Lauf der Therapie gleichermaßen signifikant verbessern (s. Tabelle 35).

Die Ergebnisse dieses Vergleiches sollten jedoch nicht überbewertet werden, da die Stichprobenzahl relativ gering ist.

Tab. 35: Vergleich der Anorexie- und Bulimiepatientinnen hinsichtlich der Skalenscores der verschiedenen Instrumente

Instrument und jeweiliger Meßzeitpunkt	Diagnose					
	Anorexie (N = 19)			Bulimie (N = 8)		
	Mittelwert	SEM	Median	Mittelwert	SEM	Median
EDI (D)1*	0.62	0.13	0.29	1.11	0.39	0.71
EDI (K)1	1.08	0.20	1.11	1.49	0.32	1.44
BAT1	1.44	0.14	1.47	1.93	0.27	1.92
FBK1	1.11	0.14	1.15	1.25	0.33	1.04
BSQ1	1.09	0.18	1.03	1.80	0.29	1.68
SED1	1.43	0.19	1.57	1.47	0.30	1.43
EDI (D)2*	2.50	0.15	2.57	2.45	0.21	2.36
EDI (K)2	2.05	0.17	2.22	2.01	0.31	1.89
BAT2	2.69	0.16	2.58	2.35	0.22	2.21
FBK2	2.19	0.14	2.31	2.13	0.27	1.85
BSQ2	2.65	0.17	2.70	2.53	0.20	2.45
SED2	2.47	0.11	2.57	2.18	0.25	2.04
EDI (D)3*	3.05	0.12	3.00	2.66	0.29	2.57
EDI (K)3	2.55	0.18	2.89	2.26	0.31	2.06
BAT3	3.04	0.09	3.00	2.76	0.19	2.71
FBK3	2.57	0.16	2.77	2.25	0.30	2.23
BSQ3	3.18	0.12	3.23	2.77	0.20	2.70
SED3	2.82	0.10	2.86	2.46	0.25	2.14
EDI (D)4*	3.17	0.13	3.29	2.66	0.33	2.79
EDI (K)4	2.64	0.20	3.00	2.43	0.29	2.17
BAT4	3.12	0.12	3.11	2.86	0.20	2.63
FBK4	2.72	0.17	2.85	2.53	0.24	2.42
BSQ4	3.21	0.12	3.30	2.88	0.22	2.90
SED4	2.87	0.14	2.86	2.59	0.23	2.32

Anmerkung: SEM = Standardabweichung; N – Anzahl der Patientinnen;
EDI (D) = Eating Disorder Inventory: Subskala: Drang, dünn zu sein, EDI (K) = Eating Disorder Inventory: Subskala: Körperunzufriedenheit, BAT = Body Attitude Test, FBK = Fragebogen zur Beurteilung des eigenen Körpers, BSQ = Body Shape Questionnaire, SED = Semantisches Differential

* Die Zahl kennzeichnet den Meßzeitpunkt: 1 = vor Therapiebeginn; 2 = nach 4 Monaten Therapie; 3 = nach 8 Monaten Therapie, 4 = nach 12 Monaten Therapie.

18.5. Ergebnis hinsichtlich der angewendeten Meßinstrumente

Eine Frage, welche sich im Rahmen der Untersuchung stellte, war, ob unter den 5 unterschiedlichen Meßinstrumenten (EDI, BAT, FBK, BSQ, SED) bzw. unter deren 6 unter- schiedlichen Skalen eine Art Objektivität festzustellen ist, d.h. ob sie hinsichtlich der Erfassung der Körperzufriedenheit weitgehend übereinstimmen.

Im Fall übereinstimmender Ergebnisse wäre es dann von Vorteil, bei Forschungsprojekten zum Thema Körperzufriedenheit in Zukunft nur noch von einem der fünf Testverfahren Gebrauch zu machen, und zwar von dem mit dem geringsten Arbeitsaufwand.

Für die vorliegende Untersuchung wurden die körperbezogenen Themen der 6 unterschiedlichen Skalen – obwohl die jeweiligen Autoren unterschiedliche Oberbegriffe verwendeten wie z.B. *Körpereinstellung, Körperunzufriedenheit, Drang, dünn zu sein* oder *Attraktivität und Selbstvertrauen* – unter dem einen Oberbegriff „Körperzufriedenheit" zusammengefaßt.

Für die statistische Vergleichbarkeit der verschiedenen Instrumente war die von Instrument zu Instrument unterschiedliche Anzahl an Skalenitems zur Erfassung der Körperzufriedenheit von großem Nachteil. Um die Schwierigkeit zu umgehen wurden die sogenannten verfahrensnormierten Skalenscores verwendet (s. Kapitel 17.2.1).

Alle 6 Skalen bzw. 5 Meßinstrumente haben mittels MANOVA zu demselben Ergebnis geführt, nämlich zu einem signifikanten Effekt der Therapie, der im Lauf der Zeit immer stärker wird. Die Frage, welche sich hier stellte, war, ob alle Instrumente die Veränderungen der Körperzufriedenheit über die Zeit in gleicher Stärke und Güte erfassen, oder nur spezielle unter ihnen diese Eigenschaft besitzen. Ein geeignetes Gütekriterium dafür bot der Pearson'sche Korrelationskoeffizient an.

Die in der vorliegenden Untersuchung verwendeten 6 verschiedenen Skalen wurden mittels des Pearson'schen Korrelationskoeffizienten zu jeder Phase der Therapie auf ihre Ähnlichkeit hin geprüft.

Es ergaben sich folgende interessante Zusammenhänge: alle Instrumente zeigten bezüglich der Scores signifikante Assoziationen, wobei die Assoziationen zwischen den Instrumenten BAT und BSQ, sowie insbesondere zwischen SED und FBK, sich als stark auffällig erwiesen. Auf der explorativen Ebene erhielt man dieselben Ergebnisse. Allgemein deutet die signifikante Korrelation zwischen den Skalenscores aller Skalen zu jedem Zeitpunkt der Therapie auf eine Objektivität hin, die in dem Ausdruck „sie messen tatsächlich das, was sie vorgeben zu messen", zu verstehen ist.

Somit kann man sagen, daß bei zukünftigen quantitativen Datenerhebungen zur Körperzufriedenheit der Einsatz nur eines Instruments, nämlich das mit der kleinsten Itemsanzahl, am vorteilhaftesten und ökonomischsten ist. Dieses ist von den in der vorliegenden Arbeit vorgestellten Instrumenten die Subskala *Körperunzufriedenheit* des Eating Disorder Inventory, welches aus nur 9 Items besteht. Auch zählt der EDI allgemein zu den bekanntesten Meßinstrumenten auf dem Gebiet der Eßstörung.

19. Diskussion der Ergebnisse

Nach der Darstellung der Ergebnisse im vorherigen Kapitel können nun diese im Kontext von Theorie und Empirie diskutiert werden.

Diskussion der Nebenergebnisse:
1) Gewichtsnormalisierung
2) Vergleich der behandelten Patientinnen mit der nicht-eßgestörten Vergleichsgruppe hinsichtlich der Körperzufriedenheit
3) Vergleich der anorektischen Patientinnen mit den bulimischen Patientinnen hinsichtlich der Körperzufriedenheit
4) Vergleich hinsichtlich der angewendeten Meßinstrumente

Diskussion des Hauptergebnisses:
1) Körperzufriedenheit der eßgestörten Patientinnen der Untersuchung im Vergleich vor und nach der 12monatigen Therapie am TCE

19.1. Diskussion der Nebenergebnisse

19.1.1. Gewichtsnormalisierung

Bei der vorliegenden Untersuchung wurden 8 Patientinnen mit Anorexie und 19 Patientinnen mit Bulimie untersucht. Das wichtigste klinische Merkmal betraf das Körpergewicht der Patientinnen. Das Gewicht ist für die vorliegende Studie insofern von Interesse, da der Verlauf der Körperzufriedenheit immer auch im Zusammenhang mit den Gewichtsverläufen betrachtet werden sollte. Denn eine Zunahme der Zufriedenheit mit dem eigenen Körper bei gleichzeitiger Gewichtszunahme stellt bei ehemals unter- oder idealgewichtigen Frauen natürlich einen wesentlich größeren Erfolg dar als bei einer Gewichtsabnahme oder -stagnation.

Nach einem Interventionszeitraum von 12 Monaten konnten hinsichtlich des Ziels einer Gewichtsnormalisierung bei den Patientinnen folgende Entwicklungen vermerkt werden:
- Alle acht, anfänglich stark untergewichtigen, anorektischen Patientinnen (durchschnittlicher BMI: 15,8) nahmen signifikant an Gewicht zu. Fünf dieser anorektischen Patientinnen erreichten ein Gewicht von über 20,0 BMI, zwei Patientinnen die BMI-Werte von 19,3 und 19,8. Dies bedeutet, daß alle anorektischen

Patientinnen zum Zeitpunkt des Verlassens der Therapie den „anorektischen Gewichtsbereich" (BMI < 17,5) verlassen, und 6 von 8 Patientinnen den für Frauen wünschenswerten Gewichtsbereich (20 < BMI < 25) erreicht hatten. Die Werte zweier anorektischer Patientinnen lagen noch geringfügig unter dem für Frauen wünschenswerten Bereich.
- Die Gewichtsverteilung der bulimischen Frauen war breiter gefächert, d.h. von „anorektischen Werten" bis beinahe hin zu „übergewichtigen Werten" (BMI: range: 15,2-24,6). Vier der 19 bulimischen Patientinnen lagen anfangs im „anorektischen Gewichtsbereich" (BMI: 15,2-17,3). Drei dieser von auffälligem Untergewicht betroffenen Frauen erreichten zum Zeitpunkt des Verlassens der Therapie wünschenswerte Gewichtswerte. Eine Patientin lag mit BMI = 19,5 noch knapp unter der Minimum-Grenze von BMI = 20.
- Vier der 19 bulimischen Patientinnen (BMI: 24,3-24,6) lagen zu Therapiebeginn beinahe im übergewichtigen Bereich (BMI > 25). Diese konnten ihr Gewicht – trotz des individuell ausgerichteten Eßprogramms – jedoch nicht, bzw. zwei der Patientinnen lediglich um 700 Gramm, reduzieren.
- Zusammenfassend: Nach Beendigung der Therapie befand sich nur noch eine Patientin im untergewichtigen Bereich (BMI = 19,5), jedoch keine der Patientinnen im anorektischen (BMI < 17,5), übergewichtigen (25 < BMI < 30) oder stark übergewichtigen (BMI > 30) Bereich.

Vergleicht man die Gewichte der behandelten Patientinnen mit denen des Aufnahmezeitpunktes, so ist zusammenfassend zu erkennen, daß
1) bei den anorektischen Patientinnen bedeutsame Gewichtsveränderungen eingetreten sind,
2) bei den bulimischen Patientinnen erwartungsgemäß keine signifikanten Gewichtsveränderungen eingetreten sind, da der BMI bereits vor Therapiebeginn im Normalbereich lag. Ziel bei Bulimikerinnen ist vielmehr eine Stabilisierung des Normalgewichts – trotz des Verzichts auf symptomatische Verhaltensweisen,
3) sich die Anzahl der Patientinnen, welche – gemäß BMI – im Normalgewichtsbereich anzusiedeln war, im Verlauf der Therapie von 11 auf 22 Patientinnen exakt verdoppelt hat,
4) die vier „beinahe übergewichtigen" Patientinnen hinsichtlich einer Gewichtsreduzierung keine bzw. keine nennenswerten Fortschritte machen konnten (die Gründe hierfür sind aus der vorliegenden Untersuchung leider nicht ersichtlich),
5) der 4. Meßwert bei den Magersucht-Patientinnen (BMI: 20,0) einerseits dem 4. Meßzeit-punkt der Bulimie-Gruppe (BMI: 21,6) und, andererseits, dem Meßwert der Vergleichsgruppe (BMI: 20,3) sehr ähnlich ist.

Die Therapie am TCE, welche ein spezielles Eßprogramm beinhaltet, kann hinsichtlich des Ziels der Gewichtsnormalisierung bzw. -stabilisierungen als effektiv eingeschätzt werden, wobei nicht vergessen werden darf, daß eine Gewichtszunahme allein niemals als ein Erfolgskriterium bewertet werden darf.

Die Patientinnen der vorliegenden Untersuchung äußern sich – trotz der schmerzlichen Aufgabe ihres Symptoms und eines Verzichts auf ihren meist untergewichtigen, schwer erkämpften „Traumkörper" – nach Beendigung der Therapie dennoch zufriedener als vor Therapiebeginn. Diese Entwicklung läßt vermuten, daß die Patientinnen hinsichtlich ihres Körperbildes und vermutlich auch hinsichtlich ihres Selbstvertrauens Fortschritte gemacht haben und entweder gelernt haben, ihren Körper besser zu akzeptieren, oder aber ihm eine geringere Bedeutung beizumessen als zu Zeiten akuter Erkrankung.

19.1.2. Vergleich der Körperzufriedenheit der behandelten Patientinnen mit den nicht-eßgestörten Frauen

Eine übertriebene Besorgnis um die eigene Figur und eine generelle Unzufriedenheit mit dem eigenen Körper/Aussehen ist weit verbreitet unter allen Frauen – ob eßgestört oder nicht. Untersuchungsergebnisse haben zwar ergeben, daß die Körperzufriedenheit kein pathognomisches Merkmal bei Eßstörungen ist, da auch nicht eßgestörte Frauen zahlreiche Unzufriedenheiten äußern, aber der Grad dieser Unzufriedenheit ist bei eßgestörten Patientinnen in den meisten Fällen wesentlich größer als bei nicht-eßgestörten Frauen und zieht weitreichendere Verhaltensmaßnahmen bis hin zu massiven Selbstverletzungen nach sich.

Die vorliegenden Ergebnisse ergeben, daß die Körperzufriedenheit, welche zu Beginn der Therapie bei den Patientinnen signifikant geringer war als bei der Vergleichsgruppe, am Ende der Therapie keine signifikanten Unterschiede im Vergleich zur Normalpopulation aufzeigte.

Die behandelten Frauen scheinen sich zum vierten Meßzeitpunkt nicht mehr von den nicht-eßgestörten Frauen der Vergleichsgruppe zu unterscheiden und liegen hinsichtlich des Körperbildes weitgehend im Normalbereich.

Für die vorliegende Untersuchung wurde anfänglich folgende Hypothese formuliert: Eßgestörte Patientinnen und eine vergleichbare, nicht-eßgestörte Vergleichsgruppe unterscheiden sich in dem Ausmaß ihrer subjektiv empfundenen Körperzufriedenheit am Ende der 12monatigen Therapie (4. Meßzeitpunkt) signifikant nicht mehr voneinander.

Diese Hypothese bezüglich einer „Normalisierung" der Körperzufriedenheit konnte mittels der Untersuchungsergebnisse eindeutig bestätigt werden.

Aufgrund der relativ geringen Anzahl der Vergleichspersonen (N=32) sollten die Ergebnisse dieses Vergleichs zwischen eßgestörten und nicht-eßgestörten Frauen nicht überbewertet werden. Die Ergebnisse des Vergleichs mit einer nicht-eßgestörten Gruppe von Frauen, welche bezüglich ihres sozioökonomischen Statuses und ihrer demographischen Merkmale relativ gut vergleichbar waren, dienen als Anhaltspunkt für den durchschnittlichen Grad einer generellen Körperzufriedenheit, so wie er in der „Normalbevölkerung" vorkommen könnte. Die Erkenntnisse sollen die Untersuchung bereichern und dazu beitragen, die Ergebnisse zu veranschaulichen.

19.1.3. Vergleich der Körperzufriedenheit der anorektischen mit den bulimischen Patientinnen

Die beiden Diagnosegruppen (Anorexie und Bulimie) wurden für die vorliegende Studie gemeinsam befragt und ausgewertet, da die Berichte von magersüchtigen und bulimischen Frauen bezüglich ihrer Erfahrungen, Einstellungen und Gefühle gegenüber ihrem Körper weitgehend identisch sind (Touyz et al., 1984; Freeman et al., 1985).

Zu dieser Erkenntnis gelangte das TCE aufgrund jahrelanger Erfahrung in der Praxis mit eßgestörten Patientinnen. Auch wenn die Untersuchungsergebnisse der Forschungsbemühungen, welche darauf abzielten, die Unterschiede bezüglich der Körperzufriedenheit bei anorektischen und bulimischen Frauen festzustellen, teilweise widersprüchlich waren. Allgemein schienen die Ergebnisse bulimischer Frauen homogener als bei anorektischen Frauen. Ferner schien es, als seien einige der restriktiven Anorektikerinnen manchmal auch relativ zufrieden mit ihrem Körper.

Auch aufgrund der Tatsache, daß es sich bei den Anorektikerinnen ausschließlich um den bulimischen Subtypus handelte, fiel letztendlich die Entscheidung, zur Überprüfung der Haupthypothese die beiden Diagnosegruppen nicht getrennt voneinander zu befragen. Auch sprach die geringe Anzahl der verbleibenden Probandinnen gegen eine zusätzliche Differenzierung (es nahmen nur 8 Anorektikerinnen im Gegensatz zu 19 Bulimikerinnen an der Untersuchung teil). So mußte die Stichprobenzahl nicht noch zusätzlich wesentlich verringert werden. Die Vorgehensweise einer gemeinsamen Behandlung beider Diagnosegruppen entspricht der Auffassung und Praxis des Therapiezentrums für Eßstörungen (TCE) in München.

Dennoch wurde ein Vergleich zwischen den beiden unterschiedlichen Diagnosegruppen hinsichtlich der Körperzufriedenheit durchgeführt.

Die Überprüfung mittels MANOVA ergab keine signifikanten Unterschiede zwischen den beiden Diagnosegruppen. Wie bereits angenommen, sind sowohl anorektische, als auch bulimische Frauen vor Therapiebeginn negativ gegenüber ihrem Körper eingestellt. Diese mangelnde Körperzufriedenheit konnte jedoch im Verlauf der 12monatigen Intervention signifikant verringert werden. Beide Gruppen äußern sich zu jedem Meßzeitpunkt gleichermaßen unzufrieden bzw. zufrieden mit ihrem eigenen Körper und können daher für Therapieverlaufs- bzw. Effektivitätsstudien auch gemeinsam befragt werden. Inwieweit auch restriktive Anorektiker hinzugezählt werden können, müßte jedoch noch eigens geprüft werden.

Auch das Ergebnis dieses Vergleichs sollte man aufgrund der Stichprobengröße nicht überbewerten.

19.1.4. Vergleich der angewendeten Meßinstrumente

Eine Frage, welche sich im Rahmen der Untersuchung stellte, betraf die Vergleichbarkeit der 5 unterschiedlichen Instrumente (EDI, BAT, FBK, BSQ und SED), bzw. der 6 unterschiedlichen (Sub-)Skalen.

Einige Autoren kritisierten, daß es kein einzelnes geeignetes Meßinstrument gäbe, welches konkret die Körperzufriedenheit umfassend zu messen vermag, und schlagen gleichzeitig vor, mehrere Verfahren einzusetzen (Meermann & Vandereycken, 1987; Probst et al., 1990).

Aufgrund dieser Forderung fiel für die vorliegende Untersuchung die Entscheidung, mehrere, standardisierte und anerkannte Meßinstrumente parallel zu verwenden. Es wurden fünf verschiedene Meßinstrumente ausgesucht, welche hinsichtlich ihrer Items, genauer gesagt hinsichtlich ihrer spezifischen Definitionen von Körperzufriedenheit, sehr ähnlich schienen, bzw. deren Ähnlichkeiten mittels Korrelationsstudien bereits teilweise nachgewiesen wurden (Probst et al., 1995). Probst und seine Kollegen (1995) untersuchten die Korrelationen zwischen dem BAT und den zwei Unterskalen des EDI (*Drang, dünn zu sein* und *Körperunzufriedenheit*) sowie zwischen der Unzufriedenheitsskala des EDI und dem BSQ. Diese Untersuchungen erbrachten hohe Übereinstimmungen, d.h. die verschiedenen Instrumente zielen auf sehr ähnliche, gut vergleichbare Aspekte der Körpersymptomatologie ab: Die Subskala namens *Drang, dünn zu sein* des EDI hängt eng mit der Subskala *Körperunzufriedenheit* des EDI zusammen. Der BAT korrelierte in hohem Maße mit den zwei Unterskalen des EDI, *Drang, dünn zu sein* (.66) und *Körperunzufriedenheit* (.70), sowie mit dem BSQ (.93).

Diese Untersuchungsergebnisse machten es wahrscheinlich, daß die Skalen und Tests ein und dieselben Charakteristika des Konstrukts „Körperzufriedenheit" zu messen vermögen und sprachen für die Auswahl und Vergleichbarkeit einiger der in der vorliegenden Studie verwendeten Instrumente.

Jedoch faßten nicht alle Autoren das zu untersuchende Phänomen unter den Begriff der Körperzufriedenheit. Abgesehen davon jedoch, welchen Namen die verschiedenen Autoren dem Phänomen gaben – ob *Körpereinstellung, Körperunzufriedenheit, Drang, dünn zu sein* oder *Attraktivität und Selbstvertrauen* – hatten alle Verfahren ein identisches Interesse: sie waren daran interessiert zu messen, wie positiv oder negativ sich die befragte Person über das Aussehen ihres eigenen Körpers, vor allem hinsichtlich ihres Gewichts und ihrer Figur, äußert, diesen selbst subjektiv empfindet, beurteilt und beschreibt. Die Definitionen des zu untersuchenden Phänomens der einzelnen Autoren, welche die verschiedenen Verfahren entwickelten, sind als nahezu identisch zu beschreiben. Für die vorliegende Untersuchung wurden die körperbezogenen Themen der verschiedenen Meßinstrumente unter einem Oberbegriff zusammengefaßt: „Körperzufriedenheit".

Nach ausführlichen Literaturrecherchen fanden letztendlich folgende fünf Instrumente (bzw. einzelne Subskalen derer) Anwendung: Eating Disorder Inventory (Subskalen: *Drang, dünn zu sein* und *Körperunzufriedenheit*), Body Attitude Test, Fragebogen zur Beurteilung des eigenen Körpers (Subskala: Attraktivität und Selbstvertrauen), Body Shape Questionnaire und ein Semantisches Differential.

Die Folge und der Nachteil dieser umfassenden Ermittlung der Körperzufriedenheit war eine schwer überschaubare Fülle an Variablen und Daten. Jeder Fragebogenkatalog, welcher eigens für die vorliegende Untersuchung unter dem Namen *Fragebogen zur Körperzufriedenheit* konzipiert wurde, beinhaltete für jeden einzelnen Meßzeitpunkt und jede einzelne Patientin insgesamt 92 Items. Jene Fülle an Variablen und Daten bedeutet sowohl für den Forscher als auch für die Befragten einen relativ großen Zeit- und Arbeitsaufwand. Ein daraus entstandenes Anliegen war es nun, die Notwendigkeit zu überprüfen, inwiefern der Einsatz mehrerer Verfahren überhaupt nötig ist. Im Rahmen der Untersuchung sollten daher die Zusammenhänge zwischen den verwendeten Verfahren festgestellt werden, um so bei größeren Übereinstimmungen in Zukunft auf eine Verwendung mehrerer, zumindest rein quantitativer Verfahren verzichten zu können.

Die Ergebnisse zeigten: Im vorliegendem Fall ließen sich zwischen den unterschiedlichen Skalen auffallend große Übereinstimmungen feststellen. Es waren keine signifikanten Unterschiede hinsichtlich ihrer Ergebnisdaten festzustellen. Die Instrumente BAT und BSQ, sowie insbesondere die SD und FBK zeigten eine sehr auffällige Ähnlichkeit. Die signifikante Korrelation zwischen den Skalenscores aller Meßinstrumente zu jedem Zeitpunkt der Therapie scheint eine Objektivität der verwendeten Skalen zu beweisen. Diese Ergebnisse hinsichtlich der Ähnlichkeit verschiedener Meßverfahren zur Erfassung der Körperzufriedenheit ergänzen die am Anfang des Kapitels genannten Untersuchungsergebnissen anderer Autoren (Probst et. al., 1995).

Es sollte mittels der Untersuchung folgende Hypothese untersucht werden: Die sechs angewendeten, unterschiedlichen Skalen sind hinsichtlich ihrer Ergebnisse bezogen auf die Messung der Veränderungen der Körperzufriedenheit im Verlauf der Therapie gut miteinander vergleichbar und daher zukünftig austauschbar. Diese Hypothese konnte bestätigt werden.

Somit läßt sich schlußfolgern, daß sich jedes zukünftige Forschungsprojekt nur noch für ein einziges Meßinstrument entscheiden muß. Mit nur einer dieser 6 Skalen kann zukünftig ein Prä-Post-Therapievergleich hinsichtlich der Körperzufriedenheit bei eßgestörten Patientinnen erstellt werden. Eine nur schwer überschaubare Datenfülle kann zukünftig umgangen werden. Mit einem für alle Beteiligten wesentlich geringeren Aufwand könnten so zukünftig ebenso klare Ergebnisse erzielt werden. Jedem Forscher bliebe es dann selbst überlassen, welches der Meßinstrumente er zur Erfassung der Körperzufriedenheit (so wie er sie definiert) für am geeignetsten hält und letztendlich anwendet.

Dieses Ergebnis stellt einen wichtigen Beitrag dar, um die klinisch-wissenschaftliche Forschung auf dem Gebiet der kognitiv-affektiv orientierten Körperbildstörungen bei Eßstörungen wesentlich zu vereinfachen und trägt somit zu einer Reduzierung der allgemeinen Unüberschaubarkeit im Rahmen der jahrzehntelangen Diskussionen bei. Es ist ferner zu hoffen, daß dieses Ergebnis dazu beiträgt, daß Körperzufriedenheits-Skalen vermehrt in der wissenschaftlich-klinischen Forschung eingesetzt und in die therapeutische Arbeit einbezogen werden.

19.2. Diskussion des Hauptergebnisses: Körperzufriedenheit der eßgestörten Patientinnen im Vergleich vor und nach der Therapie

Die Hauptfrage war, inwiefern eine einjährige, teilstationäre und anschließend ambulante Behandlung, bei der eine spezielle Körpertherapie angewendet wird, die mangelnde Körperzufriedenheit der eßgestörten Patientinnen beeinflußt. Oder anders formuliert: inwiefern sich die Körperzufriedenheit bei den eßgestörten Frauen im Verlauf der speziellen Körpertherapie verbessert.

Bei den Patientinnen wurde zu Beginn der Therapie eine deutliche Unzufriedenheit mit dem eigenen Körper festgestellt. Diese Beobachtung stimmt mit den Ergebnissen anderer Studien zur Körperzufriedenheit bei akut eßgestörten Frauen überein (Garfinkel et al., 1992; Fernandez et al., 1995).

Diese anfänglich beobachtete negative Körpereinstellung und auch unrealistische Selbsteinschätzung, vor allem bezogen auf Figur und Gewicht und die daraus resultierende mangelnde Körperzufriedenheit, hatte sich bei den befragten Patientinnen im Verlauf der 12monatigen Therapie im positiven Sinne signifikant verändert.

Gemäß der jeweiligen Definitionen von Körperzufriedenheit bedeutet dies konkret folgendes: Das Körpergewicht verlor signifikant an Bedeutung, der extreme Wunsch nach Schlankheit ließ deutlich nach und die Angst, an Gewicht zuzunehmen, war weniger stark ausgeprägt. Die Körpereinschätzungen hinsichtlich der Größe und Form spezieller, frauenspezifischer Körperteile wie Bauch, Oberschenkel, Hüften, Brust, Gesäß, oder aber auch des Körpers als Gesamterscheinung, waren nach Therapieende wesentlich realistischer. Die direkte Konfrontation mit dem Körper scheint dazu geführt zu haben, Depersonalisationsgefühle signifikant zu verringern. Der Körper wird nach Therapieende als weniger fremd, bedrohlich oder beängstigend erlebt. Die Patientinnen fühlen sich mehr in ihrem Körper zuhause, als zu Therapiebeginn. Einzelne Verhaltensmaßnahmen, welche auf die abwertende, oft vernichtende Selbsteinschätzung des eigenen Körpers zurückzuführen waren, nahmen in hohem Maße ab: die behandelten Patientinnen beschäftigen sich nach Therapieende deutlich weniger – oder gar nicht mehr – mit gewichtskontrollierenden Maßnahmen, wie z.B. mit Diäten oder Abführmitteln, grübeln seltener über ihre Figur nach, finden zunehmend wieder Gefallen daran, sich in der Öffentlichkeit zu zeigen (Parties, Schwimmbäder), verstecken ihren Körper nicht mehr so häufig hinter weiter Kleidung, sondern trauen sich wieder vermehrt figurbetonende Kleidung zu tragen.

Zusammenfassend läßt sich feststellen: Die eßgestörte Patientinnen weisen nach Beendigung der Therapie höhere Werte hinsichtlich der Körperzufriedenheit auf als zu Therapiebeginn. Es scheint ganz allgemein, als hätten sich die Patientinnen im Lauf des Jahres mehr und mehr mit ihrem Körper angefreundet, sowie gelernt, ihn weitgehend zu akzeptieren.

Die Haupt-Hypothese der vorliegenden Untersuchung lautete folgendermaßen: Im Verlauf der insgesamt 12monatigen, stationären und anschließenden ambulanten Therapie nimmt die Körperzufriedenheit bei magersüchtigen und bulimischen Patientinnen zu. Diese Hypothese konnte mittels der Untersuchung bestätigt werden.

Dennoch muß angenommen werden, daß die Themen Körper, Gewicht, Figur, Aussehen oder Attraktivität oft ein Leben lang, bedeutungsvolle, heikle und sensible Themen bleiben, sowohl für die meisten eßgestörten oder ehemals eßgestörten Frauen, als auch für viele „normale", d.h. psychisch-unauffällige und nicht-eßgestörte Frauen.

Aufgrund langjähriger Erfahrungen am TCE wird auch vermutet, daß eine Verringerung der kontinuierlichen Beschäftigung und Konfrontation mit dem eigenen Körper bei einigen Patientinnen allmählich wieder zu einer Verschlechterung des Körperbildes führen könne. Die Patientinnen werden daher bereits in der ambulanten Phase dazu angehalten und darin unterstützt, so viel Eigenverantwortung wie möglich zu übernehmen und selbständig dafür Sorge zu tragen, daß die mittels der Therapie erlangten Effekte und Erfolge auf der Körperebene möglichst erhalten bleiben. Allen Patientinnen am TCE wird nahe gelegt, weiterhin mit ihrem Körper und an ihren Körpergefühlen zu arbeiten, und die Übungen und Anregungen, welche ihnen am TCE vermittelt wurden, regelmäßig zuhause zu praktizieren.

Da der Aspekt der Unzufriedenheit mit dem eigenen Körper bei der Entstehung und Aufrechterhaltung von Eßstörungen eine entscheidende Rolle spielt und das subjektive Bild vom eigenen Körper eine wichtige Seite beim Selbstwertgefühl des Menschen darstellt, sollten sämtliche, auf diesem Gebiet gewonnenen Erkenntnisse genutzt und Strategien erarbeitet werden, um das Ausmaß der allgegenwärtigen Sorgen um das Aussehen unter den Frauen westlicher Gesellschaften einzudämmen. Die soziokulturellen Einflüsse, welche viele der in der Studie geschilderten, körperbezogenen Probleme der Frauen verstärken, lassen sich nicht beseitigen. Daher empfiehlt es sich, mit den Frauen an deren Selbstwertgefühlen direkt zu arbeiten. Erstrebenswert ist es, möglichst vielen Frauen ein Bewußtsein dafür zu vermitteln, daß die Vorgaben der Gesellschaft und der Medien, unrealistische weibliche Körperformen und Traumfiguren anzustreben, nicht zu erfüllen sind – zumindest nicht ohne schwerwiegende gesundheitliche Folgen. Jungen Mädchen sollte vermittelt werden, daß subjektives Wohlbefinden, ein gesundes Selbstbewußtsein sowie berufliche und private Zufriedenheit nicht mittels eines „perfekten, übermäßig dünnen Traumkörpers" erzielt werden kann.

19.3. Kritische Betrachtung der Ergebnisse und methodische Probleme

Mit der Erforschung psychotherapeutischer Prozesse und insbesondere mit einer generalisierenden Interpretation der Forschungsergebnisse ist eine große Verantwortung verbunden. Ziel allen Fortschritts ist es, die Heilungschancen von Patienten zu verbessern. Durch falsche und einseitige Darstellungen von Forschungslage und -ergebnissen kann die Chance für kreative psycho-soziale Lösungen vertan werden. Fehlinterpretierte Ergebnisse führen zwangsläufig zu Fehlplanungen im Gesundheitswesen. Diese wiederum gefährden die seelische Gesundheit weiter Teile der Bevölkerung bzw. beeinträchtigen ihre Heilungschancen. Hiermit erklärt sich die Bedeutung der Sorgfalt und Gründlichkeit, mit der Ergebnisse der Psychotherapieforschung diskutiert werden müssen (Fäh & Fischer, 1998).

In diesem Kapitel werden die vielversprechenden Ergebnisse bezüglich der Verbesserung der Körperzufriedenheit bei den untersuchten Patientinnen am TCE aus mehreren methodischen Gründen kritisch betrachtet.

Über die allgemeine Problematik des Zählens und Messens in der Psychologie ist vielerorts berichtet worden (Selg, Klapprott & Kamenz, 1992). Ein besonderes Problem hinsichtlich dieser Problematik zeigt sich vor allem bei dem Versuch, hochgradig subjektive und variable Phänomene wie das des Körpererlebens zu erfassen. Es sollen Daten produziert werden, die auf Introspektion beruhen und die explizit oder implizit im System der Sprache ausgedrückt sind. Das körperliche Erleben gewinnt so erst in der sprachlichen Symbolisierung Gestalt und ist nur gedeutet zugänglich (Wiedemann, 1995). Gedeutet werden muß hier zweimal: zuerst vom Untersuchten, der sein Körpererleben in Konzepte (gewöhnlich Verbalisierungen) fassen muß und dann noch einmal vom Untersucher, der diese Konzeptualisierungen als Daten abbildet. *„Die Daten zum Körpererleben sind somit Deutungen von Deutungen"* (Wiedemann, 1995, S. 200). Die methodischen Konsequenzen für das Messen des Körpererlebens sind folgenreich. Mit einem Blick auf die herkömmlichen Methoden (meist Fragebögen oder Semantische Differentiale) zeigt sich *„das Problem der Methodenabhängigkeit der Daten"* deutlich (Wiedemann, 1995, S. 200). Unterschiedliche Verfahren bringen unterschiedliche Daten, nämlich quantitative, kategoriale oder verbale, hervor. Bestimmte Formen der Datenerhebung und -auswertung ermöglichen bestimmte Datenstrukturen, die die Komplexität des Untersuchungsgegenstandes in unterschiedlichem Maße erfassen. Die Antwortformate (offene oder geschlossene), die mit den jeweiligen Verfahren vorgegeben werden, lassen dem Untersuchten unterschiedlich viel Raum für die Darstellung seines individuellen Körperempfindens.

In der vorliegenden Untersuchung lagen geschlossene Antwortformate vor, d.h. die Probanden hatten bestenfalls die Möglichkeit, zwischen verschiedenen Graden der Zustimmung auszuwählen. Gerade bei einem subjektiven Phänomen wie dem des Körpererlebens kann eine solche Vorgehensweise zu *„irrtümlichen Unterstellungen und Verzerrungen"* führen; subjektive Besonderheiten werden minimiert oder ausgelöscht (Wiedemann, 1995, S. 201). Verbale Daten mit offenen Antwortformaten räumen dem Probanden zweifelsohne bessere Möglichkeiten der Eigendarstellung und freien Beschreibung und somit auch bessere Verbalisierungschancen ein. Bei freien Interviews, Selbstdokumentationen oder Tagebüchern wird nicht fraglos unterstellt, daß der Untersuchte die gleiche Sicht bezüglich des Körpererlebens vertritt wie der Forscher. Komplexe verbale Darstellungen jedoch werden bisher kaum angewendet. Ein Grund hierfür ist, daß noch geeignete Auswertungsverfahren fehlen bzw. nicht bekannt sind.

Bei einer kritischen Betrachtung der Untersuchungsergebnisse muß außerdem berücksichtigt werden, daß Fragebogenuntersuchungen zur Selbstbeschreibung grundsätzlich folgende Schwachstellen aufweisen: Einerseits ist die Selbstbeschreibung von Probanden in der Persönlichkeitsdiagnostik die Methode mit der größten Verbreitung und von daher die wichtigste Informationsquelle. Sie ist beliebt wegen ihrer hohen Augenschein-Validität und weil sie einfach durchzuführen ist. Andererseits stehen diesen Vorteilen auch viele methodische Mängel gegenüber: Selbstbeschreibungen unterliegen stets einer bewußten zensierenden Kontrolle. Subjekt und Objekt der Beschreibungen sind identisch. Eine generelle Kritik an der Verbalmethode besagt, daß selbst bei kooperativen Probanden das Verbalverhalten nicht ohne weiteres dem Verhalten in der Echtsituation entspricht. Verantwortlich gemacht wird dafür der außerordentlich komplexe Verarbeitungsprozeß, der jeder verbalen Reaktion vorangeht.

Auch sind Probanden, wenn man ihnen Introspektion abverlangt, häufig überfordert, weil sie auf verschiedene Informationen psychischer Art prinzipiell keinen direkten Zugriff haben. Dies beweist sich in der Arbeit mit eßgestörten Patienten immer wieder. Sie besitzen oft nicht genügend Selbstwahrnehmungs- und Selbstexplorationsfähigkeit, d.h. sie kennen sich oftmals selbst nicht gut genug, um alle Fragen zuverlässig beantworten zu können (Probst et al., 1990).

Ein weiteres, bei eßgestörten Patienten charakteristisches Problem, welches die Antwortmuster entscheidend beeinflußt, ist die Krankheitsverleugnung. Eßgestörte Patienten *„sind dafür bekannt, daß sie abgeneigt sind, bestimmte Aspekte ihrer Persönlichkeit preiszugeben, und ihre Krankheitsverleugnung wird sogar als ein typisches Charakteristikum mit diagnostischer Bedeutung angesehen (...) Besonders bulimische Patienten schämen sich so sehr ihres Problems, daß eine spontane, klare und direkte Kommunikation mit dem Arzt unwahrscheinlich ist"* (Meermann & Vandereycken, 1987, S. 19).

Im Zusammenhang mit den Problemen der Verleugnungstendenz und der mangelnden Introspektionsfähigkeit ist auch der Vergleich der Ergebnisse der verschiedenen Untersuchungszeitpunkte nicht unproblematisch. Eßgestörte Patienten weisen vor Beginn einer Therapie mit großer Wahrscheinlichkeit größere Verleugnungstendenzen und eine größere Scheu vor Negativantworten auf, als nach mehreren Monaten motivierter, therapeutischer Mitarbeit. Auch sind sich viele Patienten zu Beginn der Therapie der wirklichen Problematik und Dramatik ihrer Krankheit noch gar nicht bewußt. Es ist wahrscheinlich, daß die Patienten am Ende der Therapie eine größere Krankheitseinsicht und verbesserte Introspektionsfähigkeit besitzen als zu Beginn. Auch dies beeinflußt die Antwortmuster der Patienten.

Außerdem: Hohe Zufriedenheitswerte bei Anorektikerinnen zu Therapiebeginn lassen sich erfahrungsgemäß meist auf das Ausmaß der Krankheitsverleugnung zurückführen. Es ist mir kein einziger Fall bekannt – weder aus eigener Praxis, noch aus der Literatur – in dem eine eßgestörte Patientin freiwillig eine Therapie aufsucht und sich gleichzeitig als zufrieden mit ihrem Körper beschreibt. In den Fällen, in denen hohe Zufriedenheit angegeben wurde, fand man folgendes Untersuchungsergebnis: Extrem dünne Patienten, welche eine hohe Körperzufriedenheit angaben, wiesen im Vergleich zu ihren „schwereren", unzufriedeneren Mitpatienten eine größere Psychopathologie auf (Garner, Garner & Van Egeren, 1992). Eine Verringerung der Zufriedenheit zum Zeitpunkt der Therapiebeendigung kann demnach auch ein Zeichen in Richtung realistischer Körperbildeinschätzung sein. Auch dieser Aspekt erschwert eine zuverlässige Bewertung der aus einer Fragebogenuntersuchung gewonnenen Ergebnisse.

Auch in der vorliegenden Untersuchung traten nach eigener Einschätzung die bisher angesprochenen Probleme der mangelnden Introspektionsfähigkeit und Krankheitsverleugnung auf: bei genauer Durchsicht der individuellen Antwortmuster der Patientinnen ließen sich einzelne – ausschließlich stark untergewichtige, anorektische – Frauen finden, welche zu Beginn der Therapie (1. Meßzeitpunkt) bei einigen Items ihre Körperzufriedenheit als relativ hoch einstuften. Diese Patientinnen jedoch, welche ich monatelang in ihrer Therapie begleitete, entsprachen meiner Einschätzung nach genau den Patientinnen, welche die größten Schwierigkeiten damit hatten, sich und anderen das Ausmaß ihrer Krankheit und Unzufriedenheit einzugestehen. Im Verlauf der Therapie waren diese mehr und mehr in der Lage, sich zu öffnen, zu ihren wahren Empfindungen zu finden und diese zu formulieren.

Abgesehen von unbewußten systematischen Antworttendenzen könnte die nichtanonyme Vorgehensweise in Kombination mit einem sensiblen, heiklen und als „peinlich" empfundenen Thema wie das des eigenen Körpers, zusätzlich zu vereinzelt, bewußt verfälschten Aussagen führen. Der Einfluß der sozialen Erwünschtheit ist hier nicht auszuschließen. Die Durchschaubarkeit der Items macht die Antworten anfällig für bewußte und unbewußte Verfälschungstendenzen der Probanden.

Hinzu kommt, daß die Beantwortung, speziell bei einem Fragebogen zur körperlichen Zufriedenheit, stark tageszeit-, tagesform- und stimmungsabhängig ist. Zum Beispiel verändert sich das Körpergefühl nach Beendigung einer Mahlzeit („mit vollem Bauch") bei den meisten Patienten. Studien zeigten den Zusammenhang von gedrückter Stimmung und Beurteilung des eigenen Körpers (Fabian & Thompson, 1989; Tuschen, Florin & Schröder, 1993).

Zum gegenwärtigen Stand der Forschung sollte man sich zwar von der Vorstellung lösen, die Messung aller Details und therapeutischen Effekte einheitlich realisieren zu können, prinzipiell wird dies aufgrund der unterschiedlichen Operationalisierungen vor dem jeweiligen theoretischen Hintergrund und der unterschiedlichen Meßverfahren verhindert. Psychosometrische Skalen und Operationalisierungen strukturieren den Gegenstand meist so vor, daß bestimmte Merkmale zwangsläufig selektiv hervorgehoben werden und andere in den Hintergrund treten. Daher sollte ein Untersuchungsdesign zukünftig so ausgearbeitet werden, daß die Daten derartig komplexer Phänomene möglichst umfassend ermittelt werden können.

Multimethodale Erfassungen können am ehesten Annäherungen an die Komplexität des Gegenstandes darstellen. An vielen Stellen wird daher empfohlen, mehrere standardisierte Verfahren, quantitative und qualitative in kombinierter Form, einzusetzen, um ein Körperbild vielseitiger und genauer zu erfassen (vgl. Kapitel 19.4; Meermann & Vandereycken, 1987; Probst et al., 1990). Die genannten Probleme und Schwächen von Selbstbeurteilungsverfahren ließen sich am ehesten mittels zusätzlicher qualitativer Methoden (Interviews, Selbstdokumentationen oder Tagebücher) vermeiden. Bei rein quantitativer Datenerhebung gehen derartige interessante Details grundsätzlich verloren.

Der Verzicht auf die Vorgehensweise einer Kombination von quantitativen mit qualitativen Daten war in der vorliegenden Untersuchung weder freiwillig noch geplant: Die rein quantitativ erhobenen Daten der vorliegenden Untersuchung sollten ursprünglich, gemäß einzelner Forschungshinweise, durch qualitative Daten sinnvoll ergänzt werden. So hätte der Individualität der einzelnen Patientinnen und der jeweiligen Körperbildstörung besser Rechnung getragen werden können. Auch den genannten methodischen Problemen hätte man auf diese Art gezielter begegnen können (z.b. bei Verdacht auf Krankheitsverleugnung oder mangelnder Introspektionsfähigkeit der Patientinnen). Leider wurde dieses Vorhaben aufgrund verschiedener Bedenken von seiten der Leitung des TCE abgebrochen. Das Hauptargument lautete, daß Interviews zum Thema „Körper" einzelnen Patientinnen sehr nahe gehen könnten und nach einer endgültigen Entlassung aus dem geschützten Rahmen der Therapie somit nicht ohne weiteres zu verantworten gewesen wären. Zusätzliche Interviews am Ende der Therapie wären nur dann genehmigt worden, wenn dem Untersucher, d.h. der Autorin dieser Arbeit, entsprechendes psychotherapeutisch geschultes Personal zur Verfügung gestanden hätte. Diese Bedingung, welche für das TCE einen erheblichen Arbeits- und Zeitaufwand bedeutet hätte, konnte zu Zeiten der laufenden Untersuchung am TCE aufgrund mangelnder personeller und zeitlicher Mittel nicht gewährleistet werden.

Der nächste Kritikpunkt betrifft den Verzicht auf eine Kontrollgruppe, welche die Aussagekraft der Ergebnisse bestärken könnte. Das Fehlen einer Kontrollgruppe wird in empirischen Studien meist äußert kritisch betrachtet. Die Bildung einer „klassischen" Kontrollgruppe wäre im Fall der vorliegenden Untersuchung jedoch nicht zu verwirklichen gewesen: Jede Patientin muß Zugang zu allen erfolgversprechenden Therapieangeboten haben. Die Ausgrenzung einiger Patientinnen von der am TCE angebotenen Körpertherapie – nur zum Zweck wissenschaftlicher Forschung – stand aus ethisch-moralischen Gründen nicht zur Debatte. Auch wurde der Vergleich verschiedener Institutionen, was einen Vergleich nicht vergleichbarer Therapiekonzepte und -verfahren bedeuten würde, für wenig sinnvoll erachtet. Die für die vorliegende Untersuchung herangezogene nicht-eßgestörte „Vergleichsgruppe" ist von rein deskriptivem Wert, da die Ergebnisse statistisch nicht optimal abgesichert sind.

Hierzu schreiben Fäh & Fischer (1998, S.159): wir benötigen *"nicht ständig wiederholt den Nachweis der überlegenen Wirksamkeit von Psychotherapie über den Vergleich mit unbehandelten Kontrollgruppen, was wir aber benötigen, ist präzise Prozeßforschung, die uns die wahren Moderatoren des psychotherapeutischen Unternehmens zu identifizieren gestattet, damit sie systematischer ins Kalkül gezogen werden können"* (Fäh & Fischer, 1998, S. 159f).

Ein weiterer Grund, die vielversprechenden Ergebnisse der vorliegenden Studie kritisch zu beleuchten, betrifft die besondere Auswahl der Probanden: in der psychologischen Forschung spielt die Voraussetzung der zufälligen Auswahl einer Stichprobe aus einer definierten Population eine zentrale Rolle (Randomisierung). Die Untersuchung von therapeutischen Prozessen bei Eßgestörten müßte demzufolge davon ausgehen, daß die in der Studie erfaßten und behandelten Patienten eine zufällige Stichprobe aus der Population der eßgestörten Patienten darstellen. In der Therapieforschung kann man jedoch keinesfalls davon ausgehen, daß diese Zufallsauswahl tatsächlich gegeben ist, weil es spezielle Filtermechanismen gibt, die den Zugang zur Psychotherapie (und Psychotherapiestudien) mit determinieren. Auch am TCE wird nur eine begrenzte Auswahl der sich vorstellenden Patienten nach dem obligatorischem Erstgespräch aufgenommen. Hier findet bereits eine erste „Auslese" statt. Einzelne Patientinnen mit zusätzlichen psychischen Diagnosen wie extreme Zwanghaftigkeit, Suizidalität oder Drogen-, bzw. Alkohohlsucht werden grundsätzlich an andere Einrichtungen weitergeleitet. Dies bedeutet, daß in Therapiestudien erhebliche Verletzungen der externen Validität gegeben sind, die die Generalisierbarkeit von Ergebnissen einschränken können – so auch in der vorliegenden Studie.

Da von den 72 Patientinnen, welche zum ersten Befragungszeitpunkt an der Untersuchung teilnahmen, insgesamt 45 Probanden entweder von der Studie ausgeschlossen wurden oder „freiwillig" die Therapie abbrachen, verblieben bis zum vierten Meßzeitpunkt nach insgesamt 12 Monaten Behandlungsdauer letztendlich nur 27 Patientinnen. Es muß vermutet werden, daß diejenigen Patientinnen, welche bis zum Schluß an der Befragung teilnahmen, ebenfalls eine „besondere Auslese" eßgestörter Patienten darstellen. Bei den der Untersuchung zur Verfügung stehenden Patientinnen handelt es sich einerseits um Patientinnen ohne schwerwiegende Zweit- und Drittdiagnose und andererseits wahrscheinlich um eher hoch motivierte oder auch „besonders angepaßte Musterpatientinnen", welche demnach auch am erfolgreichsten zu behandeln sind.

Dieser letztgenannte Aspekt führt uns zu einem weiteren Kritikpunkt, der Stichprobengröße. In Anbetracht der großen Anzahl von Variablen ist eine Probandenzahl von 27 Patientinnen nicht optimal. Viele vergleichbare Studien zur Eßstörungsthematik zeigten jedoch ähnliche Stichprobengrößen (zwischen 15 und 31 Patienten; Fernandez-Aranda, 1996; Eltze, 1996; Laumer et al., 1997). Obwohl die Ergebnisse vielversprechend und richtungsweisend sind, sollte man sie trotzdem nicht überbewerten.Die Anzahl der Probandinnen wurde auch durch die hohe Anzahl an Untersuchungsausschlüssen bzw. Therapieabbrechern (N=45) verringert. Insgesamt schieden fast 2/3 der in Frage kommenden Frauen, welche zum Zeitpunkt der Untersuchung am TCE eine Therapie begannen, früher oder später aus der Untersuchung aus. Leider können anhand der erhobenen Daten keine Aussagen über die näheren Gründe der 29 „freiwilligen" Abbrecher gemacht werden.

Ein weiterer zu berücksichtigender Kritikpunkt betrifft die Vorgehensweise der Gruppenbildung der Studie: um die Stichprobe nicht zusätzlich verringern zu müssen, wurden die 8 Anorektikerinnen und die 19 Bulimikerinnen für die Untersuchung gemeinsam befragt. Dieses Vorgehen entspricht dem Vorgehen einiger ähnlicher Studien (Fernandez-Aranda, 1996), sowie dem Behandlungskonzept des TCE, bei dem die Patientinnen mit den unterschiedlichen Eßstörungen unterschiedslos gemeinsam behandelt werden. Die daraus entstandene Störungs-Heterogenität der untersuchten Gruppe ist dennoch kritisch zu betrachten. Dies gilt, da verschiedene klinische Studien (Fernandez et al., 1994; Freeman et al., 1983; Touyz et al., 1985) der mehrheitlichen Meinung widersprechen, daß sich anorektische und bulimische Patientinnen hinsichtlich einer negativen Körpereinstellung nicht wesentlich voneinander unterscheiden. Auch innerhalb einer rein anorektischen Gruppe wurden Unterschiede gemessen: Anorektikerinnen des restriktiven Subtypus waren zufriedener als die des bulimischen Subtypus (Garner, Garfinkel & Shaughnessy, 1985). Hierzu zeigen die Erfahrungen in der Arbeit mit beiden Diagnosegruppen am TCE, daß sich Anorektikerinnen, so lange sie ihre selbst gesteckte untere Gewichtsgrenze strikt einhalten konnten, in manchen Fällen zwar zufrieden und stolz zeigen, daß diese aber bei nur minimalen Gewichtszunahmen von irrational großen Unzufriedenheiten und Selbsthaß berichten.

Der Einfluß der genannten Faktoren auf die Beantwortung von Fragebögen gilt als erwiesen, ist aber in einzelnen Fällen schwer nachweisbar.

Als Resultat einer Untersuchung wie der vorliegenden wäre es natürlich wünschenswert, die angewendete Psychotherapie am TCE hinsichtlich ihrer Effektivität abschließend beurteilen zu können. Es scheint, als würden die erzielten Resultate, welche eine positive Veränderung der Körperzufriedenheit der Patientinnen des TCE nachweisen, Schlußfolgerungen hinsichtlich einer hohen Effektivität zulassen. Für die folgende Studie jedoch läßt es sich – genausowenig wie allgemein für die meisten Psychotherapiestudien – nicht klären, welchen Anteil die spezielle Psychotherapie (Therapieform und -technik) an den erzielten Therapieerfolgen hatte. Noch viel weniger läßt sich beurteilen, welchen Anteil explizit der Therapiebaustein „Körpertherapie" hatte, da die Körpertherapie nur ein Therapiebaustein eines multidisziplinären Konzeptes darstellt. Es lassen sich die Erfolge, welche scheinbar in der Körpertherapie erzielt wurden, von den Erfolgen aus den anderen Therapiebausteinen nicht trennen.

Die Tatsache einer positiven Veränderung als Folge von Psychotherapie sagt also wenig darüber aus, ob tatsächlich die Psychotherapie, und nicht möglicherweise ganz andere Faktoren für die Veränderung ausschlaggebend waren. Denn im allgemeinen werden Heilungserfolge in der Psychotherapie durch die unterschiedlichsten Wirkfaktoren ausgelöst, spezifische und/oder unspezifische (gemeinsame) Wirkfaktoren. Es könnte folglich sein, daß weniger die Qualität des Psychotherapiekonzeptes am TCE von größter therapeutischer Wirkung war, sondern andere Faktoren, wie beispielsweise allgemein günstige Lebensumstände, *„positive Suggestionseffekte, allgemeine Ermutigung, das Eröffnen einer hoffnungsvollen Perspektive und Remoralisierung"* (Fäh & Fischer, 1998, S. 43), die Person/ Persönlichkeit der Körper- oder aber auch der Gesprächstherapeutin, spezielle Eigenschaften und besondere therapeutische Qualitäten (*„acceptance, warmth, respect, empathie, caring"*; Lang, 1994), das weibliche Rollenvorbild der Therapeutin, ihr positiver Umgang mit dem eigenen Körper als Frau, u.s.w. *„Verfügen die Therapeuten über Können und Geschick und erscheinen sie den Patienten engagiert und glaubwürdig, dann ist ein Erfolg wahrscheinlich"* (Senf, 1988, S. 282). Der Qualität der therapeutischen Beziehung kommt auch aus der Perspektive der Empirie die größte Bedeutung für das Gelingen einer Therapie zu:

„Alle erfaßten Prozeßmekmale, die auf eine gute therapeutische Beziehung hinweisen, stehen in einem signifikanten Zusammenhang mit guten Therapieergebnissen" (Senf, 1988, S. 282). *„Die wichtigste unspezifische Komponente in jeglicher Form von Psychotherapie ist die therapeutische Beziehung bzw. das therapeutische Arbeitsbündnis. Doch diese Erkenntnis ist so allgemein, daß sie wiederum (fast) gar nichts erklärt"* (Fäh & Fischer, 1998, S.43).

Die Wirkfaktoren einer Psychotherapie können allein aus methodischen Gründen nicht exakt bestimmt werden. Die mangelnde interne Validität der Methode, d.h. das Kriterium, ob und wieweit die Versuchsanordnung die inhaltliche Untersuchungsfrage zu beantworten erlaubt, ist ein entscheidender Grund.

Fazit: Über die Effektivität der angewendete Psychotherapie am TCE, und im speziellen des Therapiebausteins „Körpertherapie", läßt sich anhand der vorliegenden Studie nichts Statistisch-abgesichertes aussagen. Hierüber lassen sich aufgrund langjähriger klinischer Erfahrungen lediglich Vermutungen formulieren: aus klinischen Erfahrungen und nach Durchsicht zahlreicher Selbstdokumentationen der Patienten am TCE kann in vielerlei Hinsicht davon ausgegangen werden, daß die Verbesserung speziell körperbezogener Aspekte in den meisten Fällen höchstwahrscheinlich eher (oder größtenteils) mittels konkreter Körperübungen erzielt wurden und weniger mittels Gespräche oder anderer Wirkfaktoren. In vielen Selbstdokumentationen und Abschlußbilanzen beschreiben einzelne Patienten immer wieder, inwieweit bestimmte Elemente der Körpertherapie ihnen besonders geholfen haben, beispielsweise ihre Körperempfindungen differenzierter wahrzunehmen, sich körperlich besser auszudrücken oder ihren Körper besser akzeptieren zu können (s. Anhang 5.7). Eigenen klinischen Erfahrungen und den Aussagen zahlreicher Patientinnen nach, verhalfen die Übungen zur Sinneswahrnehmung des Therapiebausteins „Körpertherapie" den Patienten eher zu einer ausdifferenzierten Selbstwahrnehmung als die Gespräche des Therapiebausteins „Gesprächstherapie". Oder, anderes Beispiel: Es half den Frauen am besten, mit dem steigenden Gewicht und dem immer runder werdenden Körper zurecht zu kommen, indem sie sich konkret mit diesem auseinandersetzen mußten, ihn berührten und beobachteten (anstatt ihn zu verstecken).

Verbalisiert wurde diese Thematik meistens – wenn auch nicht ausschließlich – im Rahmen der Körpertherapie und weniger in anderen Therapiebausteinen (wie z.B. Ernährungstherapie oder Gesprächstherapie). Auch am Beispiel des Schwimmens stellt sich die Frage, ob Patientinnen, welche jahrelang aufgrund von extremen Schamgefühlen, Angst und Unzufriedenheit mit ihrem Körper Schwimmbäder gemieden hatten, in nur wenigen Monaten allein durch das Sprechen über Schwimmbad-Situationen ebenso schnell ihre Angst und Scheu überwunden hätten. Die Vermutung liegt nahe, daß hier das Ausprobieren, Überwinden und Erleben – im Gegensatz zur rationalen Einsicht und Vernunft – eine wesentlich größere Rolle spielten.

Bekannt ist in dem Zusammenhang trotzdem, daß auch Körpertherapie allein angewendet meist keine Lösung bei einer Therapie von eßgestörten Menschen ist, sondern sich bisher ausschließlich im Rahmen multimodaler Psychotherapien als sinnvolle und effektive Ergänzungen erwiesen hat (Rosen, 1990, 1996; Thompson, 1990; Fisher & Thompson, 1994; Laumer et al., 1997).

Abschließend wäre zu sagen, daß es sicherlich keine Studie gibt, die allen Erfordernissen in methodischer Hinsicht gerecht würde. Psychotherapieforschung ist niemals abgeschlossen, sondern ein menschliches Unterfangen mit Mängeln und Beschränkungen.

Anregungen für weiterführende Psychotherapieforschung werden im folgenden Kapitel 19.4. angeführt.

19.4. Ausblick

Erfreulicherweise kann heute die Frage, ob Psychotherapieforschung helfen kann, die psychotherapeutische Praxis zu überprüfen und empiriekontrolliert zu Weiterentwicklung und Fortschritt beizutragen, bejaht werden (Kächele & Kordy, 1992). Dennoch bleibt die Therapieforschung ein schwer überschaubares Gebiet, das sich gegenwärtig in rascher Entwicklung befindet.

Eine angemessene Interpretation von Forschungsergebnissen ist nur im Rahmen eines differenzierten Methodenverständnisses möglich, das der Komplexität psychotherapeutischer Heilungsprozesse Rechnung trägt. Prinzipiell entscheidet die Beachtung der methodischen Grundsätze der Verfahren – und nicht deren Inhalt – über den Wert, d.h. die Glaubwürdigkeit eines Ergebnisses (Fäh & Fischer, 1998). Die Anwendung statistischer Verfahren in Evaluationsstudien stößt seit langem nicht gerade auf einhellige Zustimmung. Es gibt zahlreiche Gründe für die Voreingenommenheit gegenüber empirisch-statistischer Forschung. Die Auffassung, *„als wissenschaftlich gesichert gilt nur das, was durch einen statistischen Signifikanztest gesichert ist"* wird als *„erstarrter methodologischer Positivismus"* bezeichnet und vielerorts nicht mehr vertreten (Fäh & Fischer, 1998, S. 30). Derartig extreme Auffassungen verhindern die Entwicklung geeigneter, der jeweiligen Fragestellung angemessener wissenschaftlicher Methoden. Gerade von seiten der Praxis wird rein theoretischen, statistischen Argumenten eine gewisse verständliche Skepsis und Ablehnung entgegengebracht, welche folglich – zum Nachteil beider Seiten – eine mögliche Kooperation zwischen klinischer Praxis und Forschung verhindert (Fäh & Fischer, 1998). Der methodische Positivismus verharrt oftmals in seiner Auffassung und ist dann nicht bereit, sich auf einen erforderlichen *„Dialog mit dem Gegenstand"* einzulassen (Fäh & Fischer, 1998, S. 31). Einseitig quantitative und reduktionistische Bewertungskriterien zur Beurteilung des Erfolges und des Verlaufs einer Psychotherapie erschweren es dem Praktiker, *„seine klinischen Erfahrungen und Schwierigkeiten seiner alltäglichen Praxis"* in den *„sensationell präsentierten Erfolgsstatistiken"* wiederzufinden (Fäh & Fischer, 1998, S. 167). Die Klinik verzichtet daher häufig auf eine „extraklinische" Überprüfung und eventuelle Korrektur ihrer praxisleitenden Annahmen. Die notwendige Zusammenarbeit zwischen Forschung und klinischer Praxis soll vermeiden helfen, daß spektakuläre Effekte, wie sie durch monomethodische Einseitigkeit der Wissenschaften entstehen, zukünftig ausgeschlossen werden. Nur die „intermethodale" Absicherung kann verhindern, daß Ergebnisse und Schlußfolgerungen aus einem unvollkommenen Vorgehen voreilig in die fachliche und allgemeine Öffentlichkeit getragen, und mit der Gefahr, Patienten nach artifiziellen Kriterien zu behandeln, auf die klinische Praxis übertragen werden. Die Psychotherapieforschung soll zukünftig ausschließlich gesicherte Ergebnisse vorweisen können, anstatt sensationelle Teilergebnisse in die Öffentlichkeit zu tragen, deren Informationswert ebenso rasch veraltet wie er zunächst „boomt" (Fäh & Fischer, 1998, S. 12).

Ferner muß beachtet werden, daß die Reichweite jeder einzelnen Forschungsmethode zwangsläufig durch ihre Erkenntnisinstrumente begrenzt ist. Grundsätzlich sollte man sich auf keine Methode allein verlassen. In unterschiedlichen Erhebungsverfahren und -situationen kommen jeweils andere Seiten der Persönlichkeit zum Ausdruck. Allgemein sollte erkannt werden, daß statistische Methoden in empirischen Psychotherapiestudien eine klinische Beobachtungen ergänzende Möglichkeit bieten, um zu generalisierbaren Aussagen zu gelangen. Die Notwendigkeit einer qualitativen Ergänzung ergibt sich daraus, daß vorgegebene Bewertungs- und Beurteilungsskalen in der Praxis zu anderen Ergebnissen als beispielsweise Interviewdaten führen. Viele interessante Details gehen in rein quantitativen Befragungen verloren und lassen sich am ehesten mittels Interviews, Selbstdokumentationen oder Tagebüchern herausfinden. *„Die situativen Faktoren des Untersuchungssettings wirken sich konstitutiv auf die gewonnenen Daten aus, was auch durch sozialpsychologische Forschungsarbeiten, die unter dem Stichwort der Artefaktforschung das Thema aufgreifen, nahegelegt wird"* (Fäh & Fischer, 1998, S. 169). An vielen Stellen wird daher vorgeschlagen, zu den traditionell, vorwiegend quantitativen Kriterien einen Katalog qualitativer Bewertungskriterien einzusetzen um den Verlauf und Erfolg psychotherapeutischer Behandlungen sowie komplexe Phänomene wie das des Körperbildes, vielseitiger und genauer erfassen zu können (Meermann & Vandereycken, 1987; Probst et al., 1990). Diese Vorgehensweise kann am ehesten Annäherungen an die Komplexität des Gegenstandes darstellen. Der Individualität der einzelnen Patientinnen und jeweiligen Körperbildstörung kann so besser Rechnung getragen werden. Auch methodischen Problemen kann auf diese Art gezielter begegnet werden (z.B. bei Verdacht auf Krankheitsverleugnung oder mangelnder Introspektionsfähigkeit der Patientinnen).

Schlußfolgernd ließen sich hierzu Fäh & Fischer (1998, S. 10) zitieren: *„Wir benötigen daher Forschungsstrategien, die verschiedene Methoden berücksichtigen und deren Ergebnisse 'mosaikartig' zueinander in Beziehung setzen. Erst wenn unterschiedliche Methoden, etwa systematische Fallstudien und gruppenstatistische Ansätze, zu konvergierenden Ergebnissen führen, können wir sicher sein, daß die Forschungsresultate nicht lediglich Artefakt der jeweiligen Methode sind"*.

Gerade Verfahren, die mit körperlichen, plastischen, graphischen oder akustischen Medien arbeiten (z.B. Gestalt-, Musik- oder Körpertherapie), sind wesentlich von qualitativen Bewertungskriterien abhängig. Als Konsequenz hieraus bedarf es der Erarbeitung und Formulierung von qualitativen Erfolgskriterien, um die konventionellen quantitativen Daten erfolgreich zu ergänzen.

Ist die erkenntnislogische Notwendigkeit eines multimethodalen Vorgehens im Bewußtsein der Psychotherapieforschung verankert, so wird die Forschung einen Weg nehmen, der der Praxis zunehmend wertvolle Hilfen bieten kann. Solange aber die multimethodal abgesicherte Interpretation der Ergebnislage in der Psychotherapieforschung noch nicht in Sicht ist, kommt der methodischen Kritik eine große Bedeutung zu.

Nach dieser ausführlichen Betrachtung grundsätzlicher methodischer Überlegungen, welchen ich aufgrund meiner eigener, in der vorliegenden Arbeit gemachten Erfahrungen und Erkenntnisse eine enorme Wichtigkeit beimesse, sollen nun abschließend konkrete Anregungen für zukünftige Forschungsarbeiten im Überblick gegeben werden.

Wie meist bleiben auch im Rahmen der vorliegenden Arbeit einige Fragen unbeantwortet, welche in zukünftigen Studien fokussiert werden könnten. Während der Ausarbeitung der vorliegenden Arbeit entstanden zahlreiche neue Ideen und Vorschläge, welche nicht unerwähnt bleiben sollen, da sie wertvolle Beiträge und Verbesserungsvorschläge für zukünftige Körperbildforschung darstellen können.

- Ein multimethodales Vorgehen, wie soeben ausführlich geschildert, sowie eine verbesserte Zusammenarbeit von Forschern und Praktikern kann dazu beitragen, daß sich neue Behandlungskonzepte und insbesondere Körpertherapietechniken häufiger einer strengen empirischen Kontrolle stellen. Glaubwürdige Nachweise hinsichtlich der Effektivität sind dringend erforderlich, um vielversprechenden (Körpertherapie-)Ansätzen vermehrt Eingang in die psychotherapeutische Praxis zu gewähren.
- Es stellte sich auch bereits die Frage, welches diagnostische Mittel im Rahmen der Körperbildforschung subjektive Daten am besten erfaßt. Zum heutigen Stand der Forschung kann folgende Antwort als gesichert gelten: verbale Daten mit offenen Antwortformaten bieten dem Probanden zweifelsohne die besten Möglichkeiten der Eigendarstellung und freien Beschreibung und somit auch bessere Verbalisierungschancen. Bei freien Interviews, Selbstdokumentationen oder Tagebüchern wird nicht fraglos unterstellt, daß der Untersuchte die gleiche Sicht bezüglich des Körpererlebens vertritt wie der Forscher. Komplexe verbale Darstellungen jedoch werden bisher kaum angewendet. Ein Grund hierfür ist, daß noch geeignete Auswertungsverfahren fehlen. Eine Herausforderung an die Forschung kann somit sein, ein geeignetes Modell zu entwickeln, *„das ausweist, wie Daten, Verfahren und die verschiedenen Aspekte des Körpererlebens aufeinander bezogen sind: welche Daten durch welche Verfahren konstituiert werden und welche Aspekte des Körpererlebens sie anzeigen"* (Wiedemann, 1995, S. 203).
- Wie bereits andere Autoren empfohlen hatten, sollte der Einschätzungsfähigkeit von Körperdimensionen (Körperschemaforschung) zukünftig keine nähere Beachtung geschenkt werden (Hsu, 1982; Hsu et al., 1991).
- Die Wirkfaktoren einer Therapie können nicht exakt bestimmt werden (Fäh & Fischer, 1998). Hier besteht eine Wissenslücke in der bisherigen Psychotherapieforschung. Das Unspezifische wird umso spezifischer, unser Wissen von den realen therapeutischen Wirkfaktoren umso vollständiger, je besser es gelingt, die Mikrostruktur der therapeutischen Wirkung einer Technik, der therapeutischen

Beziehung und der Eigenschaften des Therapeuten zu erforschen (Fäh & Fischer, 1998, S. 43f). Auf diesem defizitären Gebiet lassen sich zahlreiche neue Forschungsideen finden. Hierzu schreiben Fäh & Fischer (1998, S. 159): *„was wir aber benötigen, ist präzise Prozeßforschung, die uns die wahren Moderatoren des psychotherapeutischen Unternehmens zu identifizieren gestattet, damit sie systematischer ins Kalkül gezogen werden können"*. Besonders der Beziehungsaspekt gilt neuerlich in der Literatur als der Faktor für die Selbstentwicklung und ebenso für die Therapieeffektivität überhaupt (Lang, 1994; Rosen, Orosan-Weine & Tang, 1997). Hier zeigt sich ein breites und interessantes Forschungsfeld an.

- Der Vergleich verschiedener therapeutischer Verfahren, mit und ohne Körpertherapie, scheint derzeit ein relativ sinnloses Unterfangen zu sein, da, wie gesagt, die Wirkfaktoren einer Therapie noch weitgehend im Bereich des Unspezifischen bleiben. Auch sollen zukünftig weniger die Wirksamkeit von Therapieverfahren im allgemeinen erforscht werden, sondern ihre konkreten Auswirkungen in umschriebenen klinischen Anwendungsfeldern, wie etwa bei Eßstörungen.

- Fäh und Fischer (1998) formulieren das Postulat, vor allem die spezielle Gruppe der Therapieabbrecher und -ablehner und deren gescheiterte Verläufe genauer zu erforschen, diese mitzuteilen und zugleich die Bedingungen für das Scheitern anzugeben, soweit sie ermittelt werden konnten. Therapieabbrüche und -ablehnungen sagen nicht unbedingt generell etwas über die Qualität des Psychotherapie-Angebots, der spezifischen Technik oder des Verfahrens aus. Auch in erfolgreichen Studien gibt es Erfolglosigkeit oder Verschlechterungen in Einzelfällen. Die Ergebnisse der „Mißerfolgsstudien" gäben sicherlich interessante Erkenntnisse preis, welche der jeweiligen Institution für ihre konzeptionelle Planung von Nutzen sein könnte. Aufschlußreich wäre in dem Zusammenhang auch der Vergleich der Körperzufriedenheit zwischen den Patienten, welche eine Therapie (erfolgreich) beendet haben, und den Patienten, welche schon frühzeitig die Therapie abbrachen. Es existieren einzelne Vermutungen – aber noch keine genauen Erkenntnisse – darüber, daß bei eßgestörten Patienten Zusammenhänge zwischen der Psychopathologie, dem Therapieerfolg, der Prognose und dem Zufriedenheitsgrad mit dem eigenen Körper bestehen. Diese Zusammenhänge näher zu beleuchten, könnte eine Herausforderung an die Forscher auf dem Gebiet der Eßstörungen sein.

- Es ist nach wie vor nicht eindeutig geklärt, ob das Wesen der Körperbildstörung bei Anorexie- und Bulimie-Patienten unterschiedlich ist. Die Untersuchungsergebnisse zur Vergleichbarkeit der beiden Diagnosegruppen sind widersprüchlich. Beim derzeitigen Stand der Forschung empfiehlt es sich daher, die beiden Diagnosegruppen getrennt voneinander zu untersuchen und so differenziertere Aussagen zu treffen. Die Erforschung eventueller Unterschiede, bezogen auf das Körperbild, könnte für zukünftiges, therapeutisches Arbeiten gewinnbringend sein.

- In der Wissenschaft gelten Ergebnisse als umso aussagekräftiger, je größer die jeweilige Stichprobe ausfällt. In der vorliegenden Studie nahmen 27 Patientinnen und 32 Vergleichs-personen teil. Diese Stichprobengrößen stellen – verglichen mit den Stichproben anderer ähnlicher Untersuchungen – keine Seltenheit dar (Fernandez-Aranda, 1996; Eltze, 1996). Dennoch könnten zukünftige, größer angelegte Forschungsprojekte zum Thema Körperbild die in der vorliegenden Untersuchung gewonnenen Erkenntnisse und Anregungen aufgreifen und die bisherigen Ergebnisse mittels größerer Stichproben zuverlässig untermauern.
- Eine Nachuntersuchung von behandelten Patientengruppen, frühestens 1 Jahr nach Therapieentlassung, wäre von großem Interesse. Hierbei könnte ermittelt werden, ob und unter welchen Umständen die mittels Therapie erreichte Körperzufriedenheit stabil bleibt und in welchem Zusammenhang sie mit dem aktuellen Eßverhalten 1 Jahr nach Therapieentlassung steht. Auch hier empfiehlt es sich, die Bedeutung der Mißerfolgsforschung nicht zu vernachlässigen.
- Zweifellos lag das Hauptanwendungsgebiet für Fragebögen zum Körperbild in der Vergangenheit bei Eßstörungen. Beobachtungen im Rahmen der Körperbildthematik lassen jedoch auf die besondere Bedeutung des Körperbildes bei Kindern und Jugendlichen mit den unterschiedlichsten psychiatrischen, psychosomatischen oder organischen Erkrankungen schließen (vgl. auch Eltze, 1996).
- Folgender Forschungshinweis ist mir in Anbetracht der sich epidemisch ausbreitenden, übertriebenen und krankmachenden Besorgnis um das eigene Aussehen und die Figur in unserer Gesellschaft ein besonderes Anliegen: Weiterführende, breit angelegte Forschungsstudien zum Thema Körperzufriedenheit könnten innerhalb der Normalpopulation der Prävention psychischer oder psychosomatischer Krankheiten im Kindes- und Jugendalter von großem Nutzen sein. Auf der Grundlage fundierter Ergebnisse ließen sich die unterschiedlichsten Präventionsmaßnahmen und -projekte verwirklichen: weitgreifende Aufklärungsprogramme zu zahlreichen eßstörungsbezogenen Themen (z.B. zu den Themen gesellschaftlicher Einflußfaktoren, Ernährung, Gesundheit, Diät- und Suchtverhalten), sowie kreative Workshops und Seminare (z.B. zu den Themen soziale Kompetenzen, Streß- und Konfliktbewältigung, Körpererfahrung). Auch hier macht die Kooperation verschiedener Institutionen besonderen Sinn: Kinder- und jugendpsychiatrische Einrichtungen könnten Schulen zu Informationsveranstaltungen einladen (so wie es das Münchner TCE seit 1995 praktiziert). Die Jugendlichen könnten Hemmschwellen überwinden und erste Kontakte zu professionellen Helfern aufnehmen, die professionellen Helfer wiederum könnten Betroffenen und Lehrern vor Ort Tips geben und Hilfe anbieten. Einzelne weitere Präventionsversuche zeigten schon erste Erfolge: ein mehrwöchiges Körperbild-Curriculum, in dem über Eßstörungen, Gesundheitsrisiken, und soziokulturelle Themen, wie z.B. Schönheitsideale, Schönheitsoperationen, Body-Building und Körperkult diskutiert wurde, konnte in der Normalbevölkerung Effekte hinsichtlich einer

größeren Körperzufriedenheit erzielen (Springer et al., 1999). Auch sportlich ausgerichtete Trainingsprogramme erzeugten positive Effekte auf das Körpererleben (Skrinar et al., 1986; Ossip-Klein et al., 1989). Trainingsprogramme, bezogen auf die äußere Erscheinung (Kleidung, Schminken, Auftreten, etc.), konnten bei sozial ängstlichen, depressiven oder übergewichtigen Jugendlichen große Wirkungen erzielen (Cash, 1990). Derartige Erkenntnisse lassen sich nicht nur für klinisch-therapeutische Zwecke anwenden, sondern gewinnen in Anbetracht der Überbewertung der äußerlichen Erscheinung in unserer heutigen Zeit und Gesellschaft für alle, auch „klinisch-unauffälligen" Kinder und Jugendlichen Bedeutung. Die Schulen, welche flächendeckend besonders viele Mädchen und Jungen aller relevanten Altersklassen erreichen, bieten sich für Präventionsprogramme in besonderem Maße an. Kindern und Jugendlichen könnte man so im Rahmen ihrer Schullaufbahn schon frühzeitig eine kontinuierliche Anlaufstelle zum Schutz vor Erkrankung, bzw. bei bereits bestehender Erkrankung fachmännische, niedrigschwellige Hilfe anbieten. Auch Eltern und Lehrern könnten in Form von Fort- und Weiterbildungen adäquate Hilfestellungen angeboten werden.

Abschließend ließe sich schlußfolgern: In einer auf Äußeres fixierten Gesellschaft und Zeit, stellt die Erforschung und Anwendung effektiver Strategien zur Verbesserung von Körperbildstörungen und Steigerung der Körperakzeptanz eine vielversprechende Herausforderung an alle Professionellen dar.

20. Zusammenfassung

In der vorliegenden Arbeit wird das kognitiv-verhaltenstherapeutisch orientierte Therapiekonzept des Therapiezentrums für Eßstörungen am Max-Planck-Institut für Psychiatrie in München (TCE) vorgestellt, welches ganz bewußt die Intervention auf mehreren, verschiedenen Ebenen anstrebt, anstatt Körper und Seele für die Behandlung zu trennen. Eine Besonderheit des multimodalen Konzepts liegt in der expliziten Wertlegung auf die direkte Bearbeitung körperlicher Aspekte im Rahmen einer speziell entwickelten Körpertherapie. Ein Anliegen der vorliegenden Studie ist es, eine detaillierte Beschreibung des körpertherapeutischen Vorgehens vorzulegen, um Praktikern in der Arbeit mit eßgestörten Patienten den Sinn und Nutzen körpertherapeutischer Maßnahmen glaubhaft zu machen, sowie Anregungen und Ideen zu geben.

Fragestellung
In der vorliegenden Studie war von primärem Interesse, inwiefern sich die Körperzufriedenheit bei den beiden Diagnosegruppen, Anorexie und Bulimie, nach einer 12monatigen Behandlung am TCE verändert.

Nebenbei wurde noch untersucht, ob sich die beiden Diagnosegruppen (Anorexie und Bulimie) sowie die Patientengruppe von einer nicht-klinischen Vergleichsgruppe hinsichtlich ihrer Körperzufriedenheit voneinander unterscheiden. Abschließend wurde die Vergleichbarkeit der sechs unterschiedlichen Skalen zur Erfassung der Körperzufriedenheit bei eßgestörten Patienten einem Test unterzogen.

Stichprobe und Methodik
Bei insgesamt 27 eßgestörten Patientinnen – 8 magersüchtigen und 19 bulimischen – wurde gemessen, ob sich die Körperzufriedenheit im Laufe einer 12monatigen therapeutischen Intervention verbessern läßt. Die Patientinnen wurden mittels eines umfangreichen Frage-bogenkatalogs in einem zeitlichen Abstand von 4 Monaten, insgesamt vier mal, gebeten, ihre subjektiv empfundene Körperzufriedenheit selbst einzuschätzen. Der Fragebogenkatalog bestand aus 5 verschiedenen, standardisierten Meßinstrumenten bzw. 6 verschiedenen Skalen: Eating Disorder Inventory (Skala: Drang, dünn zu sein und Skala Körperunzufriedenheit), Body Attitude Test, Fragebogen zur Beurteilung des eigenen Körpers (Skala: Attraktivität und Selbstvertrauen), Body Shape Questionnaire, Semantisches Differential.

Die erste Messung erfolgte vor Antritt der 12monatigen, teilstationären und ambulanten Therapie am TCE; die vierte und letzte Messung erfolgte am Ende der

Therapie – nach 12 Monaten. Durch eine einfaktorielle, multivariate Varianzanalyse (MANOVA) mit Zeit (als Within-Subjects- Faktor) wurden bei den sechs verschiedenen Skalen überprüft, inwiefern sich die Körperzufriedenheit bei den eßgestörten Patentinnen veränderte.

Ergebnisse

Das Hauptergebnis der Studie war, daß sich die subjektiv eingeschätzte Körperzufriedenheit der anorektischen und bulimischen Patientinnen nach Ablauf der 12monatigen Therapie am TCE verbessert hatte. Sowohl anorektische als auch bulimische Patientinnen zeigten am Anfang der Behandlung eine negative Einstellung und geringe Zufriedenheit mit dem eigenen Körper, welche sich im Verlauf der Therapie positiv verändert hatte. Die Ergebnisse weisen darauf hin, daß die Patientinnen im Lauf der Behandlung lernen konnten, ihren Körper mehr und mehr zu akzeptieren. Es wurde bezüglich dem Ausmaß der mangelnden Körperzufriedenheit kein Unterschied zwischen den Diagnosegruppen Anorexie und Bulimie festgestellt.

Von Interesse war auch die Frage, ob die Unzufriedenheit mit dem eigenen Körper bei den behandelten eßgestörten Frauen (nach Beendigung der 12monatigen Therapie) von gleichem Ausmaß ist wie bei nicht-eßgestörten Frauen. Diese Frage konnte mittels der Datenanalyse bejaht werden. Eßgestörte Patientinnen zeigten zum Zeitpunkt des Therapiebeginns eine größere Besorgnis um den eigenen Körper und dessen Aussehen als die Vergleichsgruppe, nicht aber zum Zeitpunkt der Therapiebeendigung. Dies weist auf eine relative „Normalisierung" der anfangs extrem geringen Körperzufriedenheit mittels Therapie hin.

Die positiven Ergebnisse deuten auf eine prinzipielle Wirkung der kognitiv-verhaltenstherapeutisch orientierten Behandlung hin, in deren Rahmen eine zusätzliche Körpertherapie angewendet wurde. Die direkte Konfrontation mit dem eigenen Körper und seinem Aussehen im Rahmen eines multimodalen psychotherapeutischen Therapieprogrammes scheint eine wirksame und hilfreiche Behandlungsmethode bei eßgestörten Patientinnen zu sein. Die Erfassung von Wirkfaktoren einer Therapie ist bislang nahezu unmöglich. Für aufschlußreichere Hinweise auf die prinzipielle Wirksamkeit der Psychotherapie am TCE müßten weiterführende, aufwendige Untersuchungen angestellt werden, die den Gesamtkontext der einzelnen Patienten zu erfassen versuchen. Dies scheint jedoch zum heutigen Stand der Forschung ein noch relativ aussichtsloses Unterfangen zu sein.

Ein für weiterführende wissenschaftliche Forschungsarbeiten interessantes Nebenergebnis besagt, daß künftig nur ein einziges der angewendeten Verfahren ausreicht, um quantitative Daten zur Selbstbeurteilung der Körperzufriedenheit zu erfassen, da hohe Korrelationen zwischen den verschiedenen Verfahren gemessen werden konnten. Die Zeitersparnis könnte dann sinnvoll dazu verwendet werden, ergänzend qualitative Methoden zu erheben, um das Körperbild zukünftig vielseitiger und genauer zu erfassen.

Diskussion und Schlußfolgerungen
Die Ergebnisse der Studie sind vielversprechend und weisen auf die besondere Bedeutung körpertherapeutischer Maßnahmen hin. Aus methodischen Gründen sind die Ergebnisse kritisch betrachtet und ausführlich diskutiert worden.

Die vorliegende Studie trägt primär dazu bei, konkrete körpertherapeutische Therapiemethoden der klinisch-therapeutischen Praxis näher zu bringen und zu einem vermehrten Einsatz in der Arbeit mit eßgestörten Menschen anzuregen. Mit Hilfe von speziell entwickelten und individuell angewendeten Körpertherapie-Konzepten soll zukünftig das Ausmaß der Therapieerfolge bei eßgestörten Menschen vergrößert werden.

Viele chronifizierte Patientinnen haben bereits mehrere Psychotherapieversuche hinter sich, sind perfekt verbalisiert, haben aber über eine Gesprächstherapie keinen Zugang mehr zu ihrer Problematik. Sie gelten oft als „übertherapiert", „therapieresistent" und „untherapierbar". Diesen Menschen kann mit Hilfe einer speziell konzipierten Körpertherapie erfahrungsgemäß besser geholfen werden als mit einer weiteren Gesprächspsychotherapie. Mittels individuell ausgerichteten körpertherapeutischen Übungen, Bewegung und Tanz haben die Frauen die Möglichkeit, völlig neue – anfänglich meist äußerst bedrohliche – Erfahrungen sowie einen neuen Zugang zum eigenen innersten Empfinden erleben zu können.

Die Arbeit legt weiter die Basis für methodische Verbesserungen auf dem Gebiet der Körperbildforschung und gibt wertvolle Anregungen für konkrete, zukünftige Forschungsbemühungen zum Thema Körperzufriedenheit bei psychiatrisch auffälligen, aber auch bei nicht-klinischen Kindern und Jugendlichen, die unter dem gnadenlosen Schlankheits- und Schönheitswahn unserer heutigen Gesellschaft leiden und zu erkranken drohen.

21. Anhang

ANHANG 1: Untersuchungsergebnisse zum Thema Über- und Unterschätzung der Körperdimensionen bei Anorexie und Bulimie

ÜBERSCHÄTZUNG (ÜS) der Körperdimensionen stellten fest:
- Slade, 1977, 1985: ÜS bei AN vs KN; Verringerung der ÜS bei Anstieg des Körpergewichts und Korrelation mit schlechter Prognose bei Entlassung;
- Crisp & Kalucy, 1974: ÜS bei AN und KN;
- Garner, Garfinkel, Stancer, & Moldofsky, 1976: ÜS bei AN, KN, neurotischen und untergewichtigen Patienten;
- Meermann, 1982: ÜS bei AN, KN, bei Schizophrenen und Ballettschülerinnen;
- Meermann, 1983 a: ÜS bei AN hinsichtlich bestimmter Körperteile (Hüfte, Oberschenkel) mehr als KN;
- Norris, 1984: ÜS bei AN, BN und KN gleichermaßen;
- Birtchnell, Lacey & Harte, 1985: ÜS bei BN und KN gleichermaßen;
- Freeman, Thomas, Solyom & Hunter, 1983: ÜS bei Eßgestörten, insbesonders BN, mehr als KN;
- Freeman, Thomas, Solyom & Koopman, 1985: ÜS bei AN, BN und KN zu je mehr als 50%;
- Garner, Garfinkel & Shaughnessy, 1985: ÜS bei AN (restriktiver & bulimischer Typ), BN;
- Touyz, Beaumont, Collins & Cowie, 1985: ÜS bei BN (95%) mehr als AN (48%);
- Fichter, Meister & Koch, 1986: ÜS bei akuten AN mehr als KN; (chronische AN überschätzten im Vgl. mit KN nicht signifikant);
- Whitehouse, Freeman & Annadale, 1986: ÜS bei BN (45%) mehr als KN (5%);
- Collins, Beaumont, Touyz, Krass, Thompson & Philips, 1987: als KN; ÜS bei AN, BN und Adipöse signifikant mehr BN am meisten; KN genauere Einschätzung;
- Franzen, Florin, Schneider & Maier, 1988: BN mehr als KN;

UNTERSCHÄTZUNG (US) der Körperdimensionen stellten fest:
- Meermann, 1983 a: US bei AN und KN: KN mehr als AN;

ÜBER-und UNTERSCHÄTZUNG der Körperdimensionen stellten fest:
- Touyz, Beaumont, Collins, Mc Cabe & Jupp, 1984: AN und KN: ÜS bei AN zu 37% & US zu 56%, ÜS bei KN zu 50% & US zu 50%;
- Fernandez, Probst, Meermann, & Vandereycken, 1994: AN, BN und KN;
- Huon und Brown, 1986: AN, BN und KN; AN und BN mehr als KN;

Bulimiker mit anorektischer Vorgeschichte überschätzen signifikant mehr als BN ohne:
- Meermann, 1983 a;
- Birtchnell, Lacey und Harte, 1985;
- Freeman, Thomas, Solyom und Koopman, 1985;

AN = Anorektiker, BN = Bulimiker, KN = Kontrollgruppe, ÜS = Überschätzung, US = Unterschätzung

Anmerkung: Die Verfahren waren unterschiedlich: Videoverzerr-Verfahren, Image Marking Verfahren, Visual Size Estimation, Fotoverzerr-Verfahren, Psychometrische Verfahren (für Details und Literatur: Fernandez, 1996, s. Tabelle S. 70ff).

ANHANG 2: Verfahren zur Erfassung der Körperwahrnehmung

I. Apparative, experimentelle und projektive Verfahren zur Erfassung der Einschätzung der Körperdimensionen (Körperschema):

- Spiegelverzerrungstechnik (Traub & Orbach, 1964)
- Auswahl verzerrter Fotografien (Meyer & Tuchelt-Gallwitz, 1968)
- Einstellapparat für verzerrte Fotografien (Glucksmann & Hirsch, 1969)
- Markiermethode (Askevold, 1975)
- Body Image Screening Scale (Fichter & Meermann, 1981)
- Selbsteinschätzung mit Lampen-Einstell-Apparat im Dunkelraum (Reitmann & Cleveland, 1964)
- Selbsteinschätzung bei verzerrten Video-Bildern (Allebeck, Hallberg & Espmark, 1976)
- Draw-A-Person-Test; Draw-A-Human-Figure-Test (Machover, 1957; Witkin, 1962)
- Rorschach-Test (Fisher & Cleveland, 1958)
- Holtzman-Inkblot-Test (Engel, 1980).

II. Selbstbeurteilungsverfahren zur Erfassung der Gefühle und Einstellungen gegenüber dem eigenen Körper (Körperbild):

- Selbsteinschätzungsskalen/Fragebögen (Fisher, 1970; Garner, Olmstedt & Polivy, 1983)
- Semantische Differentiale (Steinhausen, 1990)
- Satzergänzungstest (Hirschenfang & Benton, 1966)
- Draw-A-Person-Methoden (Kalliopuska, 1982)

(vgl. Fichter & Meermann, 1981; Cash & Brown, 1987)

ANHANG 3: Anregungen für Körperbild-Curricula zur Prävention von Körperbildstörungen

Class topic	Educational format	Theme
Body image in the media	Lecture, video, group discussion	1. Body image is a subjective costruct that is multiply determined 2. A healthy body image involves self-acceptance, not preoccupation with trying to alter appearance 3. The media promotes an unrealistic ideal that by comparison can make many women feel unattractive
Historical perspectives on body image	Lecture, slide presentation, class exercise (identify commercials that define success or failure on the basis of physical appearance) and group discussion	1. Standards of beauty vary over the time 2. Advertising normalizes body image discontent and encourages consumption of beauty aids and participation in diet programs 3. Society tolerates discrimination against and stigmatization of overweight individuals
Beauty and disgust as agents of evolution	Lecture, slide presentation, group discussion	1. Evolutionary and biological pressure exist which underlie concern with physical attractiveness
Body image development: childhood to adolescence	Class exercise: autobiographical report of one´s development of one´s body image; group discussion	1. Students discussed personal experiences with being teased about weight, familial pressures, self-conciousness, and developing sexuality. 2. Weight and fat gain is an essential component of puberty and reproductive competence for women 3. Pubertal adjustment to new body shape and sexual capabilities can be difficult
Disability and body image	Student panel, group discussion	1. In defining body image, physical appearance is overrepresented while physical ability is often underappreciated
Body image and the lifecycle: aging, exercise, surgery	Class exercise (interview an older relative on evolution of his or her body image), videos (male body building, cosmetic surgery, exercise), and group discussion; Lecture, group discussion, student panel	1. Older relatives´body image often differed with student expectation 2. Vanity was discussed as a motivational component of body manipulation through surgery and compulsive exercise

Class topic	Educational format	Theme
Anorexia and bulimia: risk factors and manifestations	Lecture, video, group discussion	1. Anorexia and bulimia have specific clinical definitions 2. Disordered eating patterns in the college environment are often normalized
Clinical eating disorders: medical and psychological consequences	Lecture, group discussion	1. Eating disorders have severe short and long-term physical and psychological consequences 2. Anorexia is a psychopathology rather than a desired weight loss strategy taken to an extreme
Obesity and body image	Lecture, group discussion	1. Obesity is a heterogenous condition with multiple risk factors 2. Restrictive dieting is often ineffective and can predispose to binge eating
Cultural and ethnic differences in body image		1. Cultural differences exist in standards of beauty 2. Thinness is viewed as unhealthy and unattractive in some cultures

(Curriculum outline for „Body Traps: Perspectives on Body image" nach Springer, Winzelberg, Perkins & Taylor, 1999)

ANHANG 4: Selbstbeurteilungsverfahren zur Erfassung des Körperbildes

Autoren	Jahr	Fragebögen	Objektiv
Secord & Jourard	1953	Body Cathexis Scale	Körperzufriedenheit: funktionale und morphologische Aspekte des Körpers
Fisher	1970	Body Distortion Questionnaire (BDQ)	Unangenehme, ungewöhnliche körperliche Empfindungen (Körperwahrnehmung, -grenzen, -öffnungen, Depersonalisation)
Berscheid, Walster, & Bornstedt	1973	Body Parts Satisfaction Scale (BPSS)	Körperunzufriedenheit bezüglich der Dimensionen verschiedener Körperteile
Fichter & Keeser	1980	Anorexia nervosa Inventar zur Selbstbeurteilung (ANIS): Figurbewußtseinsskala	Figurbewußtsein beinhaltet u.a. die Bereiche Fasten, Diät, Unaufrichtigkeit bzgl. Eßverhalten, Angst vor dem Dicksein
Paulus & Otte	1982	Fragebogen zum Körpererleben (FKE)	Körperunzufriedenheit bezüglich der äußeren Erscheinung: Physiognomie und Figur
Strauss & Appelt	1983	Fragebogen zur Beurteilung des eigenen Körpers	Einstellung zum Körper hinsichtlich Mißempfinden, Unsicherheit, Körperzufriedenheit, Attraktivität und Akzentuierung des Körpers
Hall, Leibrich & Walkey	1983	Food, Fitneß & Looks Questionnaire	Äußere, kosmetische Erscheinung, Fitneß und Sorgen um Figur und Gewicht
Garner, Olmstedt & Polivy	1983	Eating Disorder Inventory (EDI): Körperunzufriedenheitsskala	Körperunzufriedenheit bezüglich der Dimensionen verschiedener Körperteile
Van Coppenolle, Vandereycken, Pierlot, Probst	1984	Body Attitude Test (BAT)	Körpererfahrung und -einstellung, Körperzufriedenheit, Depersonalisation, Angst vor dem Dicksein, Hyperaktivität
Goldfarb, Dykens & Gerrard	1985	The Goldfarb fear of fat scale	Angst dick zu werden
Schulman, Kinder, Powers, Prange & Gleghorn	1986	Bulimia Cognitive Distortion Scale	Kognitionen und Einstellungen gegenüber dem Körper
Cash, Lewis & Keeton	1987	Body Image Automatic Thoughts Questionnaire (BIATQ)	Kognitionen und Einstellungen gegenüber dem Körper

Autoren	Jahr	Fragebögen	Objektiv
Cooper, Taylor, Cooper & Fairburn	1987	Body Shape Questionnaire (BSQ)	Angst dick zu werden, Fixierung auf körperbezogene Themen, Körperzufriedenheit
Lindholm & Wilson	1988	Body Parts Satisfaction Questionnaire	Körperzufriedenheit mit einzelnen Körperregionen
Lehmkuhl, Schmidt & Masberg	1989	Silhouettenauswahlmethode	Körperzufriedenheit (Vergleich von Ist- und Wunschbild)
Reed, Thompson, Brannick & Sacco	1990	Body Image Anxiety Scale (BIAS)	Ängste bezüglich des Körpers und seiner Dimensionen
Rosen, Saltzberg & Srebnik	1990	Body Image Behavior Questionnaire (BIBQ)	Verhalten und Vermeidungstendenzen in Zusammenhang mit dem Körperbild
Steinhausen	1990	Semantisches Differential (SD)	subjektive Einstellung gegenüber der äußeren Erscheinung; Körperzufriedenheit
Ben-Tovim & Walker	1991	Ben-Tovim Walker Body Attitudes Questionnaire (BAQ)	Einstellungen und die Hauptsorgen der Frauen bezüglich ihres Körpers (Körperablehnung, Kraft, Fitneß, Attraktivität, etc.)

(vgl. Thompson, 1990; Meermann & Fichter, 1982; Cash & Brown, 1987).

Anmerkung: Diejenigen Verfahren, welche hiervon für die vorliegende Studie verwendet wurden, sind in der Tabelle durch graue Flächen gekennzeichnet.

ANHANG 5: Arbeitsmaterial des TCE

ANHANG 5.1: Körpertherapie-Konzept des TCE – zeitliches und inhaltliches Vorgehen – (nach B. Vödisch, 1999):

Einführung
- Organisatorisches
- Inhaltliches
- Ziele
- Ängste
- Vorerfahrungen

Spielerisches Kennenlernen
Vorstellen in Bewegung/Namen lernen
- Patientinnen stehen im Kreis
- eine Patientin sagt ihren Namen und macht eine Bewegung dazu, die ihr entspricht, ihr spontan einfällt und Spaß macht (muß keine „tolle" Bewegung sein, wird auch nicht analysiert; wichtig das zu erwähnen, sonst steht Patientin unter Druck)
- Gruppe greift den Namen und die Bewegung auf. Dann sagt nächste Patientin ihren Namen, zeigt ihre Bewegung. Gruppe beginnt mit Namen und Bewegung der ersten Patientin, fügt Namen und Bewegung der 2. an, dann von der 3., usw., bis Namen und Bewegungen aller aneinandergefügt werden.

Kennenlernspiel (auch mit Musik):
Gehen im Raum, Patientinnen ordnen sich zu und bilden Gruppen je nach Thema: Lieblingsfarbe, Hobbys, Lieblingsreiseländer, Musikinteressen, Sternzeichen, Geburtsorte/-regionen, Wohnungssituationen etc.

Ziele:
- Kennenlernen und fördern der Kontakte untereinander

Tanzen am Morgen
Ziele:
- Körper und Stimmung am Morgen wahrnehmen
- zur Ruhe kommen
- lernen, die eigenen Bewegungen zu finden
- Hemmungen auf Bewegungsebene verringern
- Spaß an Bewegungen
- Bewegungen und Musik mehr genießen lernen
- sich unabhängig von der Wirkung auf andere bewegen
- Gefühle in Bewegung ausdrücken

Ablauf:
- Musik (jede Patientin soll eigene, zum Tanzen geeignete Lieblingsmusik mitbringen – von Schnulze bis Hardrock, keiner „bewertet" den jeweiligen Geschmack der Patientin)
- jede Patientin bewegt sich so, wie es ihr gut tut

- Bewegungen müssen nicht toll aussehen und keine fertigen Tanzschritte sein
- Spaß an der Bewegung ist wichtiger
- Augen schließen oder öffnen, je nachdem wie Patientin es möchte
- Patientinnen können im Tanz Kontakt aufnehmen, wenn sie wollen
- jede Patientin soll sich mitbewegen, auch wenn ihr die Musik nicht gefällt, sich drauf einlassen, offen sein für neue Erfahrungen. Keine Kritik an der Musik anderer üben
- Gemeinsamkeiten und ähnliche Interessen sehen
- Konzentration auf sich richten/bei sich sein, wenig auf andere achten
- kleine Anhaltspunkte, Grundlagen für weiteren Austausch, Kontaktaufnahme
- Spaß haben
- Ängste abbauen
- abschalten

Thema: Sinneswahrnehmung

Ziele:
- Genießen lernen
- die kleinen Dinge schätzen lernen
- die Sinne öffnen und sensibilisieren
- Konzentration auf den Moment
- weg vom Konsumieren, Qualität wahrnehmen statt Quantität
- zur Ruhe kommen und nicht immer Sinnvolles tun müssen
- sanfter Einstieg in die Körpertherapie, kein Leistungsdruck, Vertrauen wecken

Riechen:
- Patientinnen erstellen ein Geruchssortiment aus ätherischen Ölen, Gewürzen, Blüten, Parfumtücher, Lebensmitteln, etc. In Filmdosen anrichten
- zusätzliches, bestehendes Geruchssortiment (Riech-Fix-Spiel) und ätherische Öle
- jede Patientin bringt ihren Lieblingsduft mit

Partnerübung:
- Patientin A nimmt entspannte Körperhaltung ein (sitzend, liegend, Kissen, Decken etc.)
- Patientin A schließt, wenn möglich, die Augen (Patientin nicht überfordern oder „zwingen")
- Patientin B wählt Düfte aus und läßt Patientin A riechen:
Aufgaben für Patientin A:
* Geruch beschreiben
* Gefällt der Geruch oder nicht? Warum?
* Bilder, Eindrücke, Erinnerungen zum Geruch?
* Gerüche erraten
* Lieblingsgerüche? Warum?

Hinweise zur Partnerübung:
- Ätherische Düfte nicht zu nahe an die Nase halten (zu intensiv)
- für jeden einzelnen Geruch viel Zeit lassen (Tendenz der Patientinnen, zu schnell zu „konsumieren")
- Manche Patientinnen können nur 3-4 Gerüche, manche bis zu 10 Gerüche, hintereinander wahrnehmen (individuell entscheiden lassen)
- zwischendurch an Kaffeepulver riechen lassen, dies neutralisiert die Nase
- Riechproben stets fest verschließen, sonst riecht der ganze Raum

Hören:
- Geräusche im Raum und außen wahrnehmen (Naturgeräusche, Alltagsgeräusche, Geräusche von Geräuschkassette...)
- welche Geräusche mag die Patientin, welche weniger?
- Bilder, Erinnerungen?
- Geräusche erraten
- Erzeugung eigener Geräuscheffekte in Kleingruppen:
  * Erstellen eines Hörbildes (z.b. Schritte auf Kies, Rythmusinstrumente, Geschichten erfinden, Lieder singen, trommeln) zu je 3-4 Patientinnen; 20-30 min. Zeit zur Erarbeitung
  * Gruppen entfernen sich voneinander, um ungestört zu sein und andere zu überraschen
  * jede Kleingruppe stellt ihr Klangbild den anderen vor. Diese konzentrieren sich aufs Zuhören
  * Rückmeldungen zu den einzelnen Klangbildern
- singen, musizieren, zuhören
- Hören von Lieblingsmusik
- Hören und Konzentrieren auf eine Geschichte/deren Inhalt (nicht abschweifen oder einschlafen)

Hausaufgaben:
Thema Hören: Geräusche wahrnehmen. Wahrnehmen: wie hört Patientin anderen Menschen zu? Was mag sie hören? Was nicht?

Sinneswahrnehmung in freier Natur:
- Sinnesspaziergang: Patientin geht allein 10 min. mit „geöffneten Sinnen" (riechen, hören, sehen, tasten) durch die Natur (Park, Wald – je nach Möglichkeiten) und sucht sich Gegenstand (Stein, Blume, Blatt etc.), der sie anspricht; soll diesen ertasten, riechen, genau wahrnehmen; später erzählen, was sie wahrgenommen hat und warum sie den Gegenstand gewählt hat
- Vertrauensspaziergang: Partnerübung: eine hält, wenn möglich, die Augen geschlossen, die andere führt die Patientin vorsichtig und langsam und läßt die Partnerin verschiedene Materialien ertasten (nicht überfordern, nicht zu früh im Verlauf der Therapie)

Tasten:
- Partnerweise Bodenvierecke aus verschiedenen Materialien (gibt es zu kaufen oder selbermachen), mit Händen und Füßen ertasten, erraten
- Verschiedene Lieblingsmaterialien
Partnerübung: Patientin A gibt Patientin B Materialien zum Ertasten, Erfühlen (ohne Hinschauen) Patientin beschreibt Material, berührt mit dem Material auf verschiedene Weise ihre Hände, Hals, Gesicht,... so wie sie es angenehm findet (Zeit für die Wahrnehmung und Erfahrung lassen, nicht zu schnell Materialien wechseln, sich einlassen; Austausch, sich den anderen mitteilen

Schmecken:
Ernährungstherapie: schmecken mit geschlossenen Augen, langsam essen, wahrnehmen, genießen lernen, Geschmack beschreiben, usw.

Thema: Körperpflege/Körperwahrnehmung

Füße:
- Barfuß bewußtes Gehen durch den Raum (wenn möglich auch im Freien), Füße bewußt wahrnehmen, wie sie abrollen, aufgesetzt werden, wie viel Kontakt zum Boden, etc.
- verschiedene Bewegungen mit den Füßen ausprobieren (stampfen, schleichen, abrollen...)
- Im Sitzen Füße betrachten (Form, Farbe, Narben...) und ggf. Erfahrungen, Bilder schildern

Fußbad:
Heißes Wasser mit z.B. Algenkonzentrat und Meersalz (je 1 EL), je nach Wunsch, möglichst mindestens 15-20 Minuten, heißes Wasser nachgießen lassen;
Patientin sollen Handtuch, Massageöl oder Körperlotion, Nagellack oder eigene Fußbadessenz mitbringen – je nach Wunsch.
Nach dem Fußbad: Füße abtrocknen, massieren, eincremen, Nägel lackieren (sich für jeden Fuß mindestens 5 min. Zeit nehmen, was oft schwerfällt), wahrnehmen, wie sich der Fuß anfühlt, auch im Vergleich zum anderen Fuß...

Hinweise:
- richtige Temperatur beachten (nicht zu heiß, nicht zu kalt. Patientinnen nehmen Temperaturen oft nicht richtig wahr; Zeit nehmen, um richtige Temperatur zu finden)
- Patientinnen nicht überfordern, Patientinnen wollen oft nach 2 min. aufhören, finden es „eklig" o.ä.
- Keine Gespräche, Entspannungsmusik
- Konzentration auf die Füße, das Befinden
- Patientinnen werden oft unruhig, haben oft Schwierigkeiten, die Ruhe auszuhalten und sich etwas Gutes zu tun

Hausaufgabe:
in der nächsten Woche 1 Fußbad und Füße bewußt wahrnehmen.

Austausch:
- Erfahrungen der Patientinnen beim Fußbad
- Bezug zu den Füßen?
- nimmt Patientin Füße im Alltag wahr?
- werden die Füße gepflegt?
- Schuhwerk? Bequem, gesund...?
- vermeidet Patientin bestimmte Schuhe, z.B. offene, da sie Füße verstecken möchte/sie zu groß wirken?
- trägt Patientin nur hohe Schuhe, weil sie glaubt, so schlanker zu wirken?
- trägt Patientin nur flache Schuhe, weil sie nicht feminin sein möchte?

Ziele:
- Wahrnehmen der Füße
- Füße verwöhnen
- Entspannung, zur Ruhe kommen
- Anregung zur Pflege der Füße
- sich selbst und dem Körper etwas Gutes tun
- Schwierigkeiten mit den Füßen wahrnehmen und Möglichkeiten der Veränderung erarbeiten
- angemessene Schuhe, vielseitigeres Schuhwerk (Neues ausprobieren)

<u>Gesicht:</u>
- Gesicht im Spiegel betrachten, bewußt in allen Einzelheiten wahrnehmen (fällt meist sehr schwer)
- Gefühle und Gedanken beim Betrachten wahrnehmen
- Konzentration auf den positiven Blickwinkel, auf das „Schöne, Eigene, Besondere, Unverwechselbare" des eignen Gesichts; versuchen, nicht abzuwerten, zu bewerten, eher erforschend wahrnehmen.
- Was sieht Patientin? Wie sieht sie sich? Was gefällt ihr daran?

Gesichtsmaske:
- Gesichtsmasken – je nach Hauttyp – selbst anfertigen (Naturkosmetik)
- Abschminken (für viele Patientinnen schwierig)
- Auftragen der Masken mit Pinseln, mit Händen, allein oder zu zweit -- je nach Wunsch
- Entspannungsmusik
- ca. 15-20 min. einziehen lassen (je nach Befinden und Hauttyp)
- abwaschen, eincremen, Veränderungen wahrnehmen
- als Hausaufgabe in der nächsten Woche wiederholen

Schminken:
- Wer will was ausprobieren?
- Wer braucht Hilfe, Rat? Wer will wen schminken oder sich selbst schminken?
- Schminktechniken und Frisuren ausprobieren (erfordert oftmals viel Mut)

Austausch:
- Wer hat was Neues ausprobiert?
- Rückmeldungen: wem war es angenehm/unangenehm/hat Spaß/keinen Spaß gemacht?
- lehnt Patientin Schminken ab (findet es albern/eitel/zu weiblich)? Weshalb?
- Geht Patientin nicht ungeschminkt aus dem Haus? Ist Schminke Schutz/Maske?
  Thema: sich zeigen können, wie man ist, sich „ungeschminkt" sehen lassen
- sonstige Gefühle, Wahrnehmungen zum Thema mitteilen

Häufig auftauchende Themen:
- Angst, Frau zu sein
- Schminken bedeutet: oberflächlich sein, nicht auf innere Werte schauen, dumm, aufreizend sein (Schwarz-Weiß-Denken)
- oft verbale oder non-verbale Einflüsse, z.B. durch Mutter, die Schminken ablehnt/sportlicher Typ ist; oder Schminken ist Tabuthema: Mutter „donnert sich auf", was Patientin erschreckend findet/ihr Angst macht, sie peinlich/ordinär findet...
- sich nicht wichtig genug nehmen, sich sowieso zu häßlich fürs Schminken finden
- sich nicht als Frau fühlen
- stark geschminkt sein; Thema: Schutz oder Perfektionismus

Hände:
- Betrachten der Hände
- Pflege der Hände: selbstgemachte Naturkosmetika, Peelings, Handkur, Cremes, etc.

Hinweis:
Pat finden Cremes/Öle glitschig, eklig, unangenehm. Oft Zusammenhang mit „Sauberkeitsticks" oder Mißbrauchserfahrungen. Nicht überfordern, zwingen.

Austausch:
Themen:
- Wie sah bisherige Handpflege aus? Vorerfahrungen?
- Nägelkauen?
- Gefühle, Gedanken und Erfahrungen während der Pflege?
- Nervosität, Anspannung, Druck, Aggressionen?

Hausaufgabe:
Handkur; eventuell Vereinbarung bzgl. Nägelbeißen treffen

Körpersymptome sowie Ressourcen auf Körperebene

Ziele der Körpersymptomsammlung:
- Patientinnen sollen sich bewußt werden, in welchen Bereichen sie schlecht mit sich und ihrem Körper umgehen/umgegangen sind
- je nach Symtomen: diese unterlassen oder reduzieren, ein „gesundes Maß" finden
- Hilfen, Zwischenschritte und Wege aufzeigen
- Symptome reduzieren und Platz für neue Erfahrungen mit dem Körper schaffen. Körpertherapie unterstützt und zeigt Alternativen auf.

Körpersymptombereiche:
Kleidung, Bewegung, Entspannungsfähigkeit, Körperhygiene, Körperkontakte (zum eigenen Körper und zu anderen), Körperkontrolle, Körperverletzung, Weiblichkeit, Sexualität, exzessives Sporttreiben oder Sport vermeiden.

Übungsablauf:
- Kleingruppen
- schriftliches Sammeln der einzelnen Symptome auf Körperebene, vortragen
- jede Patientin erstellt individuelle Symptomtabelle
- bei Symptomen wie Selbstverletzung, Sport und Solarium gibt es keine Zwischenschritte; diese müssen sofort unterlassen werden

Hinweis:
- nicht zu detailliert auf Symptome eingehen, sonst Stimmung zu schwer
- Gefahr des Konkurrierens um die „schlimmsten Symptome"
- Hilfe bei Unsicherheiten geben: Oft Schwierigkeiten: was ist/ab wann ist etwas symptomatisch oder nicht mehr „normal"?

Ressourcenliste:
- sich eigener Stärken und Fähigkeiten auf Körperebene bewußt werden
- was mag ich an meinem Körper? (wichtig, daß jede Patientin etwas findet und benennt)
- Erinnern an positive Erlebnisse mit dem Körper/am Körper
- weg vom negativen Blickwinkel, vermehrte Wertschätzung
- Loslassen alter Erinnerungen und Wahrnehmungen ihrer Selbst (meist sehr schwierig!)

Hinweis:
- Ressourcenliste fällt Patientinnen – im Vergleich zur Symptomliste – sehr schwer (kaum Einfälle)
- oft Widerstände (nichts an sich mögen können/wollen oder benennen können)

Aufgabe:
- jede Patientin erstellt individuelle, ausführliche Symptom- und Ressourcenliste
- im Laufe der Zeit sollen die Listen erweitert werden

Angsthierarchie:

Ziele:
- Schwierigkeiten/Problematik erkennen und benennen können und Wege der Bewältigung erarbeiten
- individuelle Bearbeitung der Ängste der Patientinnen auf Körperebene (Hausaufgaben, Übungen)
- Abbau der Probleme durch regelmäßiges Üben und neue positive Erfahrungen machen

- Verantwortung für Bewältigung der Probleme/Erfolge. Mißerfolge und Fortschritte selbst übernehmen durch Eigeninitiative auch außerhalb der Therapie (Hausaufgaben)

Erstellen einer Angsthierarchie:
- Mögliche Problematiken: Nähe zulassen, Angst vor Berührungen, Vermeiden bestimmter Kleidung, mangelnde Körperakzeptanz; konkret: sich nicht eincremen können, nicht baden können, sich nicht anschauen, berühren können, etc. (s. Körper-Symptomliste)
- Einteilung der Angsthierarchie in 10er Schritte von Null bis Hundert, wobei bei 10 die geringste Angst, bei Hundert die größte Angst zuzuordnen ist

Hinweise:
- Manche Patientinnen können ihre Schwierigkeiten schlecht benennen und/oder nur schwer nach Schwierigkeitsgrad einordnen. Um so wichtiger ist jedoch die Aufgabe, wirklich wahrzunehmen und differenzieren zu lernen. Liste kann später jederzeit korrigiert/ergänzt werden.
- Einige Patientinnen behaupten, gar keine Schwierigkeiten auf Körperebene zu haben, was bei einer Eßstörung jedoch nicht vorkommen kann (nachfragen, nachspüren, erforschen, ausprobieren). Es läßt sich immer etwas finden, was den Frauen leichter oder etwas schwerer fällt.

Entwickeln von Hausaufgaben anhand der Hierarchie:
- Erarbeiten von Übungen zur Selbsthilfe
- Festlegung der Häufigkeit der Übungen, Zwischenschritte festlegen/absprechen
- Patientin soll entscheiden, welche Ängste sie angehen möchte
- lieber weniger Bereiche angehen und weniger Übungen machen als zu viele (Überforderung, Frustrationserlebnisse)
- wochen-, monatelanges Wiederholen der Übungen, bis Veränderungen eintreten oder Aufgaben modifiziert werden, falls sich Überforderung herauskristallisiert
- schrittweises „Hocharbeiten" auf der Angsthierarchie bis zu den schwierigsten Bereichen
- nach ca. 2-3 Monaten: Erstellen einer neuen, aktualisierten Hierarchie: Veränderungen und Erfolge wahrnehmen!

Übungspaß:
- Patientinnen tragen ihre Übungen in einen Übungspaß ein
- Art und Häufigkeit der Übungen
- Stimmung und Gefühle bei der Übung kennzeichnen
- wöchentliche Absprachen mit der Therapeutin anhand des Passes

Hinweis:
Themen, welche möglicherweise auftreten können:
- Sexualität, Mißbrauch
- Erfahrungen mit Weiblichkeit (auch der ihrer Mütter, wie Mutter als Frau sein oder absolut nicht sein will; Hänseleien, z.B. von seiten des Vaters?)
- sehr sensibles, emotionsbeladenes Thema; zentrales Thema im Zusammenhang mit Eßstörung

Eincremen einzelner Körperbereiche

Ziele:
- Konfrontation mit dem Körper
- dem Körper und sich etwas Gutes tun
- eigene Berührungen am Körper wahrnehmen und genießen lernen

- Welche Berührungen tun mir gut?
- Ängste vor dem Körper und vor Berührungen abbauen
- Haut pflegen
- sich auf Körper, die Massage und Berührungen konzentrieren (abdriften vermeiden)

Anleitung:
- Shorts und ärmelloses T-Shirt anziehen (für viele Patientinnen auch schon sehr schwierig)
- Massage mit rechter Hand, dann rechter Unterarm, Oberarm und dann ganzen Arm beginnen (ca. 5 min. pro Körperbereich – abhängig von Schwierigkeiten der einzelnen Patientin)
- Entspannungsmusik
- keine Gespräche währenddessen
- nach Massage: Augen möglichst schließen und massierten Körperteil wahrnehmen (auch im Vergleich zum nicht-massierten Körperteil). Was ist wahrnehmbar?
- Wechsel zum anderen Arm...
- Pause: erst in der nächsten Sitzung oder nachmittags mit den Beinen weitermachen (nicht überfordern)
- Körperbereiche nach dem Massieren eincremen
- Ausprobieren: welche Berührung tut welchem Körperbereich gut? Unterschiede wahrnehmen
- Aufmerksamkeit auf den Körperbereich lenken und dort bleiben (nicht abdriften; falls Schwierigkeiten sollen Patientinnen Pause machen und danach lieber wieder mit voller Aufmerksamkeit weitermachen)

Hinweise:
- manche Patientinnen werden ungeduldig oder aggressiv: einigen Patientinnen erschient es als sinnlos und die Zeit ist ihnen zu lang
- manche verspüren Drang, sich kratzen zu wollen/Selbstaggression; es ist für sie kaum auszuhalten, liebevoll mit dem Körper umzugehen
- manche empfinden die Berührungen als peinlich oder selbsterotisch
- manche können sich nur auf ihr „Fett"/„Fettsein" konzentrieren
- häufig kommen Argumente, daß sich kein Mensch so lange/langsam eincremt, dann den Hinweis geben: die Übung ist nicht mit einem alltäglichen Eincremen zu vergleichen: es ist eine therapeutische Übung, um sich bewußt auf den Körper einlassen und damit verbundene Gefühle wahrnehmen zu können (bei zu schnellem Vorgehen ist dies nicht möglich); nicht von „logisch klingenden Abwehrargumenten" der Patientinnen beirren lassen, statt dessen Hilfestellungen geben und den Ängsten der Patientinnen entgegenkommen

Schwimmen:

Vorbereitung:
Gespräch:
- Ängste und Bedenken der Patientinnen und deren Ausmaß (viele gingen aus Scham seit Jahren nicht mehr Schwimmen)
- Hilfen: Bademantel mitbringen, privates statt öffentliches Hallenbad wählen, spielerische Atmosphäre schaffen: Ablenkung durch Spiele/Bälle,Musik, etc.
- Wege der Angstüberwindung erarbeiten

Ziele:
- Steigerung der Körperakzeptanz (im Badeanzug vor sich selbst und vor anderen)
- schwimmen, „planschen" genießen, so daß Körper und dessen Ausmaße (zu dick, zu dünn) in Hintergrund rückt

- Konfrontation mit dem Körper
- Spaß haben
- Körper nicht länger verstecken
- Körperwahrnehmungen im Wasser: Berührung der Haut durch Wasser, Wahrnehmen des Wasserwiderstandes, der veränderten Körpertemperaturen (Schwitzen oder Frieren/Gänsehaut), Unterwassergeräusche, Atmung unter Wasser...
- eventuelle Partnerübungen: sich tragen/ziehen/führen lassen (Vertrauensübung)

Hinweis:
- nicht zu sehr auf Ängste der Patientinnen eingehen, eher Mut machen und schwere Stimmung vermeiden
- beim 2. Badebesuch tun sich die meisten Patientinnen erfahrungsgemäß schon leichter
- Anregung geben, in freiwilligen, privaten Kleingruppen regelmäßig Schwimmen gehen

Zeitpunkt:
- das erste Mal: nach ca. 3 Monaten Tagklinik/Anfang des letzten Tagklinik-Monats
- as zweite Mal: nach fast 4 MonatenTagklinik/Ende des letzten Tagklinik-Monats
- allgemein: abhängig vom Stand der Gruppe (manchmal war es auch erst zu Beginn der ambulanten Therapiephase möglich)
- als Steigerung (nur in manchen Gruppen möglich): einen Saunagang an den Schwimmbadbesuch dranhängen (Badebekleidung erlauben; ganz nackt ist erfahrungsgemäß für (fast) alle Patientinnen eine Überforderung)

ANHANG 5.2: Symptomsammlung

Symptome auf Körperebene

(in der von den Patientinnen genannten Reihenfolge und Wortlaut)

- den ganzen Tag stehen
- sitzende Tätigkeiten im Stehen ausüben, z.B. Essen, Hausaufgaben machen, telefonieren, Stricken, Fernsehen, etc.;
- liegende Tätigkeiten im Sitzen ausüben, z.b. schlafen
- nicht sitzen wollen, weil sich Oberschenkel „ausbreiten" und fett aussehen
- Körper nie eincremen (Körper nicht betrachten wollen, sich mit dem Körper nicht auseinandersetzen wollen; kein Fett auf der Haut ertragen können; Fehlannahme: das Fett der Creme könne sich in Kalorien verwandeln und dick machen)
- kein Sport/keine Bewegung/jede Bewegung vermeiden
- exzessives Sportverhalten, Hyperaktivität, Bewegungsdrang, ständig in Aktion: Beispiele: Arbeiten immer an sich reißen, absichtlich zu spät losgehen, um dann rennen zu müssen; bewußt schwer tragen (absichtlich zu viel Gepäck in die Berge mitschleppen; Extremgymnastik bis zu Bauchkrämpfen oder bis zum Umfallen
- bewußt anstrengende Berufe wählen (Animateur im Club Med oder Kellnern; niemals Bürojob)
- stets zu viel arbeiten („workaholic")
- Abtasten des Körpers auf Knochen, Kontrollieren ob Rippen sichtbar sind
- „Speck" am Körper abtasten, sich in Bauch kneifen (Gewichtskontrolle)
- ständige Spiegelkontrollen
- mit Maßbändern oder Gürtel Figur kontrollieren
- totale Spiegelvermeidung (Abwertung nach Spiegelbetrachtungen)
- Selbstverletzung (zu heiß duschen, schneiden/schippeln, Zigaretten am Arm ausdrücken, vor Wut über Übergewicht in den Bauch boxen bis er schmerzt)
- Pickel ausdrücken/Wunden aufkratzen/Nägel abbeißen (Aggression, Nervosität)
- bewußt zu enge Kleidung kaufen/tragen (zur Motivation, um abzunehmen)
- bewußt zu weite Kleidung tragen (um den Körper zu verstecken)
- bewußt zu warme Kleidung tragen – auch im Sommer, um zu schwitzen (Kalorien verbrennen)
- bewußt zu leicht angezogen sein, um zu frieren (Kalorien verbrennen)
- hohe Schuhe (zur optischen „Beinverlängerung", um schlanker auszusehen)
- nur dunkle Sachen tragen („macht schlank"; nicht auffallen wollen)
- „edle Kleidung" nur in „schlanken Zeiten" (sonst ist man es nicht wert)
- Sexualität/Berührungen vermeiden/ablehnen/nicht ertragen können
- sich nicht leicht bekleidet/nackt zeigen (möglichst gedämpftes Licht)
- nie ungestylt aus dem Haus gehen (teilweise bis zur Maskenhaftigkeit geschminkt; wenn es an der Tür klingelt, noch schnell schminken)
- „übergestylt" aus dem Haus gehen
- sich nicht schön zurecht machen können/wollen
- sich nie schminken: nicht durch Äußeres auffallen wollen, nicht eitel oder weiblich sein wollen
- krank werden und bleiben wollen (um depressiv und passiv sein zu dürfen)
- Gesundheit vernachlässigen (nie zum Arzt gehen), Krankheiten ignorieren, Körper überstrapazieren
- übertriebenes Gesundheitsbewußtsein (Angst vor Viren u.a.)
- keine Röcke anziehen wollen (nicht weiblich sein wollen)
- Selbstekel

- Weiblichen Körper nicht akzeptieren (keine Reize haben wollen, sich für Menstruation schämen, Sexualität/Erotik ablehnen, weibliche Rundungen ablehnen; männlich sein wollen, z.b. mittels kurzem Haarschnitt)
- Waschzwang (sich schmutzig fühlen, schmutzige Gedanken haben; Angst, durch üblen Körpergeruch aufzufallen)
- Schlafentzug/nie ausschlafen (um Kalorien zu verbrennen; sich nichts gönnen dürfen)
- bestimmte Körperhaltungen einnehmen um dünner auszusehen
- Immer den Bauch einziehen (schon unbewußt)
- sich keine Entspannung gönnen oder sich nicht entspannen können/Kopf nicht abschalten können (zu unruhig/nervös; Angst vor Faulheit/Nichtstun)
- mehrere Tätigkeiten gleichzeitig machen; um Kalorien zu verbrennen
- Aufzüge, Rolltreppen meiden (immer zu Fuß gehen)
- Verkehrsmittel meiden (immer zu Fuß gehen)
- Körperpflege vernachlässigen
- ungern/gar nicht duschen oder baden
- schnell und hastig duschen oder baden (um Körper nicht sehen zu müssen)
- eigene sexuelle Bedürfnisse ignorieren/nicht kennen/vernachlässigen
- eigene Grenzen überschreiten (lassen), z.B. Sexualität nur dem Partner zuliebe, ungewollte Berührungen ertragen, nicht „nein" sagen können, „es" über sich ergehen lassen
- sich nicht gehen/fallen lassen können (Kopf nicht abschalten können z.b. beim Sex)
- Medikamentenmißbrauch, Abführmittel, Appetitzügler (in großen Mengen)
- Erbrechen
- Täglich mehrmals wiegen (bis zu 15x)
- sich nichts gönnen können (Kleidung, Kosmetik, Erholung, ...)
- Blickkontakte meiden; Unsicherheiten bei non-verbaler Körpersprache/Kontaktaufnahme
- sich permanent mit anderen Frauen vergleichen (und sich selbst als nachteilig sehen und abwerten)
- extrem viel Saunen und Solarium
- sich und Körper immer zudecken (durch Klamotten, Decke, Tasche); stets Pulli um Hüfte wickeln, um sich dahinter zu verstecken/damit keine Fettpölsterchen sichtbar sind

Anmerkung: Aus dieser Symptomsammlung entwickelt jede Patientin in Zusammenarbeit mit der Körpertherapeutin ihren individuellen Körpersymptom-Zielplan (Anhang 5.3. und 5.4.) und ihre individuelle Angsthierarchie (vgl. Anhang 5.5.).

ANHANG 5.3: Symptom-Zielplan einer bulimischen und übergewichtigen Patientin

Symptom	Momentanzustand	Zwischenschritte	Ziel
Absichtlich zu leicht angezogen sein; frieren, um Kalorien zu verbrennen (Irrglaube)	Ich trage grundsätzlich keine Jacken und besitze keine warme Winterkleidung.	Ich werde ab jetzt in die Klinik eine dünne Jacke anziehen. Ich kaufe mir jetzt im Kleiderworkshop Winterkleidung.	In Zukunft achte ich auf wettergemäße Kleidung, so daß ich nie mehr friere, und trage die neue Winterkleidung.
Ich vermeide es, meinen Körper ab und zu einzu-cremen, trotz Kauf teurer Produkte.	Ich verwende kaum und wenn nur billige Produkte zur Zeit, obwohl ich in meinem Schrank edle Produkte horte. Ich will meinen Körper nicht berühren und sehen müssen.	Ich werde einmal wöchentlich meine teuren Produkte verwenden (zu besonderen Anlässen). Ich versuche, mich einmal pro Woche einzucremen (erst nur Arme und Beine, später am ganzen Körper).	Ich werde meine Billigprodukte aufbrauchen, aber keine weiteren billigen mehr kaufen und mich täglich mit den besseren Produkten verwöhnen und meinen Körper regelmäßig, d.h. ca. 2-3 x pro Woche am ganzen Körper eincremen und berühren.
Ich vermeide Bewegung: fahre immer jeden Meter mit dem Auto, benütze immer Aufzüge und Rolltreppen, etc.	Ich benütze nie öffentliche Verkehrsmittel und benütze für jede kleine Strecke mein Auto. Ich bin zu faul, mal zu Fuß zu gehen.	Ich werde mein Auto nur noch am Wochenende für längere Ausflüge benützen und ab jetzt mit der U-Bahn zur Therapie kommen und statt Rolltreppen und Lifte ab jetzt immer die Treppen benützen. Ich fange jetzt langsam an, ca. 2x pro Woche 1/4 -1/2 Stunde Sport zu machen (hier am TCE auf dem Fitneßfahrrad).	Ich werde kurze Strecken nur noch mit dem Rad fahren oder zu Fuß gehen. Mein Auto verwende ich nur, wenn es sich gar nicht vermeiden läßt. Ausflüge anders planen (Zug). Zwei Abende die Woche möchte ich später regelmäßig Sport machen (z. B. Schwimmen gehen).
Schminke ablehnen	Ich schminke mich grundsätzlich nie. Ich finde Schminke albern und zu weiblich (unpassend). Ich möchte nicht auffallen.	Ich möchte dezentes Schminken ausprobieren und ab nächster Woche ein-/zweimal geschminkt zur Therapie kommen (bevor ich heimgehe schminke ich mich vorerst aber ab).	Ich möchte lernen, mich gerne weiblicher/hübscher zu machen, regelmäßig zu schminken. Ich möchte versuchen, auch geschminkt aus der Klinik zu gehen und mich erst zuhause abzuschminken. Langfristig möchte ich mich immer, wenn ich ausgehe, schön schminken (im Alltag nur dezent).

Symptom	Momentanzustand	Zwischenschritte	Ziel
sehr enge Kleidung kaufen	Ich kaufe seit langem nie passende/immer zu enge Kleidung und quetsche mich dann hinein, fühle mich unwohl und häßlich und werte mich selbst ab.	Ich gehe jetzt mit einer Mitpatientin neue, besser sitzende Kleider kaufen und werde hier in der Therapie „testen". Ich verzichte nächste Woche auf meine enge Jeans.	Ich möchte langfristig nur noch passende Kleider tragen und mich auch trauen, Neues auszuprobieren, z.B. einen weiten Rock tragen.
Waschzwang	Ich wasche mir ständig die Hände (teilweise 15 x pro Tag). Ich dusche zur Zeit mehrmals täglich und/oder bade täglich. Ich habe stets Angst davor, zu stinken.	Händewaschen nur noch vor dem Essen (kürzer als gewöhnlich) und nach der Toilette. Maximal 1x pro Tag duschen und höchstens jeden 2. Tag baden (statt zu duschen). Ausprobieren! (Den Therapeuten regelmäßig Rückmeldung machen).	Im Normalfall (wenn kein Sport) möchte ich nur noch maximal 1x pro Tag duschen und höchstens 2x pro Woche baden (statt zu duschen). Ich möchte versuchen, zu erkennen, daß meine Ängste bezüglich meines Körpergeruchs unbegründet sind.
Kleiderwaschzwang	Ich wechsel und wasche täglich mehrmals meine Kleider und schmeiße sie nach wenigen Stunden des Tragens sofort in die Waschmaschine.	Kleiderstücke wie Jacken, Hose oder Pulli auch zwei Tage hintereinander anziehen.	Kleiderstücke je nach Verschmutzung auch mal länger anziehen (Jacken nur alle paar Wochen waschen oder Jeans auch mal drei Tage anziehen).
	Zur Zeit läuft bei mir täglich mindestens einmal die Waschmaschine.	Ich will versuchen pro Woche nur noch zwei bis drei Waschmaschinen voll zu laden.	Ich will versuchen nur noch einmal pro Woche all meine Wäsche zu waschen. (Fester Waschtag?)
Berührungsängste	Ich vermeide grundsätzlich alle Berührungen (Angst, jemand könnte Fettpölsterchen ertasten) und fühle mich unwohl dabei, wenn mich doch mal jemand berührt.	Ich will versuchen, auf Personen, die mir nahe stehen, die ich mag, denen ich vertraue, zuzugehen und kleine kurze Umarmungen oder Händedrücken ausprobieren. Im TCE fange ich damit an (Sabine)	Ich möchte lernen, zu sagen wieviel Distanz und Nähe ich brauche und das ausprobieren, wonach mir ist (Gefühle zulassen und ausdrücken). Ich hoffe, es irgendwann genießen zu können.

ANHANG 5.4: Symptom-Zielplan einer anorektischen und untergewichtigen Patientin

Symptom	Momentanzustand	Zwischenschritte	Ziel
Sich nicht entspannen können	Es fällt mir sehr schwer, mich auch nur mal für einen kurzen Moment fallen zu lassen, zu entspannen.	Folgendes probiere ich abwechselnd aus: jeden Abend 1/2 h Fußbad, Musik hören/Kopfhörer oder lesen (nicht fernsehen).	Entspannung und Nichtstun auch genießen können; tägliche Ruhezeiten im Tagesablauf einrichten.
Sich nicht mit seinem Körper auseinandersetzen wollen Bsp. nicht eincremen Bsp. nicht baden	Jetzt, wo ich in den letzten Wochen so stark zugenommen habe, möchte ich mich gar nicht anschauen, aus Angst vor den entstandenen Rundungen/Fettpölsterchen. Ich bade nie und creme mich nie ein.	Ich will versuchen, mir bewußt Zeit zu nehmen und mich mit meinem Körper auseinandersetzen, d.h. ihn einzucremen, um ihn dadurch zu berühren (zweimal die Woche) und einmal die Woche ein kurzes Vollbad nehmen.	Ich will lernen, meinen Körper zu akzeptieren, auch wenn ich die 90% meines Idealgewichts erreicht habe. Jeden Tag einmal in Ruhe (!) duschen, baden und regelmäßig eincremen und mich bewußt konfrontieren.
Nicht schminken	Ich schminke mich nie, lackiere mir nie meine Nägel.	Ich möchte zu einer Fußnagelpflege gehen (Pediküre) und mir dann meine Fußnägel lackieren und versuchen, es „ertragen" zu können. Ich kaufe mir einen dezenten Lippenstift und probiere es am TCE aus.	Regelmäßig nach meinem Stil dezent schminken (Wimperntusche) und ab und zu lackierte Nägel ausprobieren. Ich möchte zum Friseur gehen und eine neue Frisur ausprobieren (etwas weiblicher?).
Täglich mehrmals wiegen:rigides Festhalten an meiner Gewichtsgrenze	Im TCE werde ich täglich gewogen und meine Stimmung ist sehr vom Zeiger der Waage abhängig.	In zwei Wochen werde ich nur noch 3 x die Woche gewogen. Zuhause habe ich meine Waage abgeschafft.	Ich hoffe irgendwann ist meine Stimmung und mein Körpergefühl unabhängig von der Waage. Langfristig möchte ich ohne Waage leben.
Berührungsängste (Streicheln, Umarmen, sexuell)	Mir ist es sehr unangenehm gestreichelt oder in den Arm genommen zu werden. Mit meinem langjährigen Partner habe ich seit Jahren keine sexuelle Beziehung.	Ich hoffe durch die Therapie zu lernen, auch mit meinem Mann über Gefühle und Bedürfnisse zu reden. Ich will, daß er mit in die Partnergruppe am TCE kommt. Ich probiere aus, wie es mir geht, wenn er mal meine Hand halten „darf".	Ich wünsche mir wieder eine sexuelle Beziehung zu meinem Mann. Ich möchte es wieder als angenehm empfinden, gestreichelt und in den Arm genommen zu werden.Ich wünsche mir, mich irgendwann einmal als Frau sehen und fühlen zu können.

Symptom	Momentanzustand	Zwischenschritte	Ziel
Exzessives Sporttreiben	Momentan am TCE: Sportverbot, aber vorher täglich mehrere Stunden Fitneßtraining und Joggen – oft bis zur totalen Erschöpfung!	Ab der ambulanten Therapie: nur einmal die Woche mit anderen Schwimmen gehen (nicht auf Zeit!). Einzelsportarten, wie Joggen und Fitneß sind zukünftig tabu.	Nach der Therapie: ich möchte verschiedene „Spaß-Sportarten" ausprobieren – ohne Leistungsdruck und Versagensängste (höchstens 2-3 x die Woche) und einen Tanzkurs machen (Salsa).
Spiegelkontrolle	In jedes Fenster und jeden Spiegel schauen (meist danach Abwertung und schlechte Stimmung).	Bewußt Spiegel und Fenster vermeiden, morgens beim Waschen täglich einmal schauen. Versuchen, bewußt Einzelheiten an mir wahrzunehmen, die ich an mir mag (Konzentration auf Positives!).	Ganz weg vom „Spiegelsyndrom", d.h. nur alle paar Tage zu Hause mal kurz schauen. Das, was ich an mir mag, betonen (z.B. meine Augen find ich ganz o.k.).
„Beinverlängerung"/ immer hohe Schuhe	Ständig hohe Schuhe tragen; besitze keine flachen Schuhe.	Flache Schuhe kaufen (Turnschuhe/Körper-Workshop nächste Woche) und ab und zu tragen.	Hohe und flache Schuhe alle paar Tage abwechselnd anziehen.
Schlafentzug	Vor Therapie 3-4 x pro Woche bewußter Schlafentzug. Zur Zeit 2 x wöchentlich, d.h. ich schlafe dann jeweils ca. 4 Stunden.	Schlafentzug vermeiden, übergangsweise höchstens 1x wöchentlich. Ab nächstem Monat gar nicht mehr! Wahrnehmen, wie müde ich bin und herausfinden, wieviel Schlaf ich benötige.	Nie mehr bewußt Schlafentzug: darauf achten, regelmäßig und ausreichend viel zu schlafen (8 Stunden im Schnitt).

ANHANG 5.5: Angsthierarchie – Teil 1 (Tagklinik-Phase)

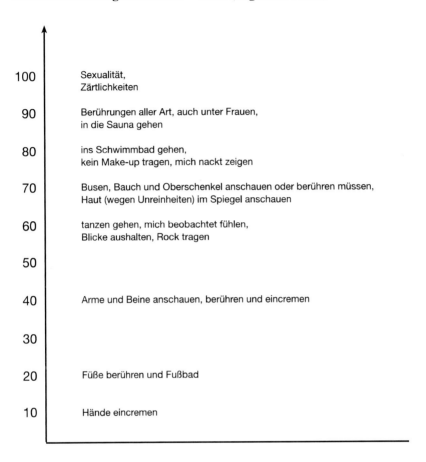

100	Sexualität, Zärtlichkeiten
90	Berührungen aller Art, auch unter Frauen, in die Sauna gehen
80	ins Schwimmbad gehen, kein Make-up tragen, mich nackt zeigen
70	Busen, Bauch und Oberschenkel anschauen oder berühren müssen, Haut (wegen Unreinheiten) im Spiegel anschauen
60	tanzen gehen, mich beobachtet fühlen, Blicke aushalten, Rock tragen
50	
40	Arme und Beine anschauen, berühren und eincremen
30	
20	Füße berühren und Fußbad
10	Hände eincremen

Angsthierarchie *(Tagklinik-Phase)* von Sabine, 25 Jahre, anorektisch

ANHANG 5.5: Angsthierarchie – Teil 2 (Ambulante Phase)

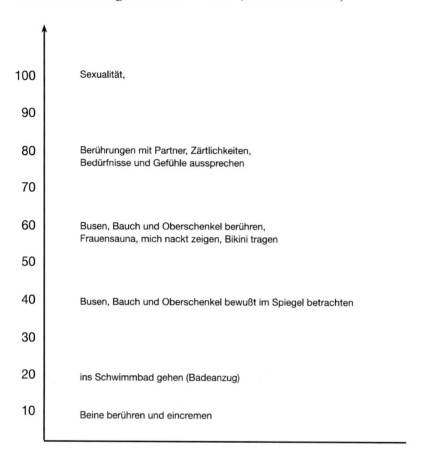

Angsthierarchie *(Ambulante Phase)* von Sabine, 25 Jahre, anorektisch.

Anmerkung: Der Vergleich zwischen der Angsthierarchie der Tagklinik-Phase und der ambulanten Phase zeigt Unterschiede und Verbesserungen, da einzelne Problembereiche ganz bewältigt wurden oder einen anderen Rangplatz erhielten. Zusätzlich traten neue Problematiken, welche einer Bearbeitung bedürfen, hinzu.

ANHANG 5.6: Hausaufgabenpaß (Muster)

WOCHEN-AUFGABE	Samstag	Sonntag	Montag	Dienstag	Mittwoch	Donnerst.	Freitag
• Fußbad	☐	☐	☒☺	☒☺	☒☺	☐	
• Flache Schuhe anziehen, (3x/Woche)	☐	☐	☒😐	☐	☐	☒☺	☒☺
• Rock anziehen	☐	☐	☒☹	☒☹	☐	☐	☒☹
• Rock anziehen	☐	☒☹	☐	☒😐	☒😐	☐	☐
• Körper eincremen (2x/Woche)	☐	☐	☐	☐	☒😐	☒😐	
• Rock anziehen	☒😐	☐	☐	☐	☒☺	☐	☒☺
• Körper eincremen (2x/Woche)	☐	☒☺	☒☺	☐	☐	☐	☐
• Schminken (2x/Woche)	☐	☒😐	☐	☐	☐	☐	☒😐
• Entspannung (Musik hören, Massage)	☒☺	☐	☒😐	☒☺	☐	☐	☐
• Schminken (2x/Woche)	☐	☒☹	☒😐	☐	☐	☐	☐
• Schminken (2x/Woche)	☐	☐	☐	☐	☐	☐	☐
	☐	☐	☐	☐	☐	☐	☐

Anmerkung: Die Symbole zur Befindlichkeit (J L K) zeigen der Therapeutin jede Woche auf einen Blick, wie es der Patientin mit der jeweiligen Hausaufgabe erging. (Für weitere Erläuterungen s. Kapitel 12.3.).

ANHANG 5.7: Selbstdokumentationen

(Aufgrund der besseren Lesbarkeit wurden die ursprünglich handgeschriebenen Dokumentationen vom Verfasser der vorliegenden Arbeit – unverändert – in eine maschinenschriftliche Form gebracht.)

Zum Thema Füße:
„Bisher habe ich überhaupt nicht auf meine Füße geachtet, geschweige denn sie gepflegt. Sie erschienen mir immer zu groß, unförmig und zu lang, deshalb habe ich mir immer Schuhe gekauft, die mir viel zu klein waren, um meine Füße darin zu verstecken und zu verstümmeln. Ich hatte enorme Schmerzen, die ich mir aber mit der Zeit wegdachte und verdrängte. Mittlerweile gefallen mir meine Füße schon wieder recht gut, bis auf die Schwielen und Narben, die sich an den Zehen aufgrund der zu kleinen Schuhe gebildet haben. Ich pflege meine Füße nun auch wieder, mache Fußbäder und habe mir einen Pflegebalsam für die Füße zum Eincremen zugelegt. Meine zu kleinen Schuhe habe ich alle weggeworfen oder als mein Symptom im TCE abgegeben. Das Fußbad in der Körpertherapie war eine große Hilfe und schön, aber auch eine traurige Erfahrung. Das Traurige war, daß ich beim Eincremen erstmalig festgestellt habe, daß ich an den Fußsohlen lauter kleine Löcher habe, die schlimm aussehen, genau so wie meine Schwielen. Beim Massieren fällt es mir schwer, meine Füße richtig zu spüren, sie fühlen sich taub und kalt an. Doch genau das sind die Tatsachen, weshalb ich nun meine Füße wieder pflegen und spüren lernen möchte" (Tina, 24).

Zum Thema Gesicht:
„Manchmal könnte ich heulen, wenn ich in den Spiegel guck und manchmal ist es in Ordnung. Was ich für ein Verhältnis zu meinem Gesicht habe, fällt mir selber schwer zu sagen. Ich schminke mich täglich, ohne Schminke hätte ich früher das Haus nie verlassen, aber auf einzelne Partien, so wie jetzt in der Körpertherapie, achtete ich vorher nie. Die Körpertherapie-Übungen zum Gesicht fand ich schrecklich. Angefangen mit dem Spiegelschauen und das Gesicht in seinen Einzelheiten anschauen. Im Einzelnen betrachtet gefällt mir gar nichts mehr an mir: Ich finde meine Stirn zu picklig, meine Augen zu klein, meine Nase zu lang, meinen Mund zu schmal und mein Kinn voller Mitesser und meine Haare sind total langweilig. Das Gesicht im Ganzen zu beobachten ist etwas leichter, da ich dann die einzelnen Fehler zu jedem Bereich nicht so realisiere. Ich guck normalerweise nicht so konzentriert in den Spiegel wie in der Körpertherapiestunde, sondern immer nur flüchtig, weil ich mich sonst meist eh nur abwerte und beschimpfe und an meiner Haut rumzupfe und drücke, bis sie blutet. Die Gesichtsmasken fand ich auch schrecklich. Ich konnte nicht ruhig liegen und fühlte mich irgendwie beschmutzt und so erdrückt von der Maske. Ich war froh, als ich sie endlich wieder runterwaschen konnte." (Carolin, 22).

Zum Thema: Ziele für die Körpertherapie der ambulanten Phase:
- *Mehr und sichere Akzeptanz meines Körpers und meiner Person*
- *Bewältigung der aufgestellten Angsthierarchie in kleinen Schritten*
- *Mich weiterhin nicht selbst verletzen müssen*
- *Sehnsüchte nach Schmerzen einstellen können, keine Erniedrigungen mehr provozieren müssen*
- *Zulassen können, neue Erfahrungen auszuprobieren, ich möchte spürbarer sein und kein Eisblock mehr*
- *Mich nicht über perfektes Auftreten, Aussehen oder Leistung bestimmen oder definieren müssen, Perfektionismus bzgl. meines Äußeren herabsetzen*
- *Sport machen können ohne Leistungsanspruch, Sport aus Spaß machen*
- *Bedürfnisse äußern, Gefühle zulassen, wahrnehmen und ausdrücken/zeigen können*
- *positive Rückmeldungen und Komplimente annehmen können, ohne mich sofort dabei abzuwerten*
- *mir Schwäche, Traurigkeit und Ängste zugestehen können, auf meine Fassade und Machtspiele verzichten*
- *Nähe zulassen können in Momenten, wo mir nach Nähe ist, z.b. Umarmungen, Hand halten, Massage und streicheln*
- *mich abgrenzen können, wo mir Nähe zu viel wird*
- *versuchen, mich mal verwöhnen zu lassen*
- *Mich wichtiger und ernster nehmen*
- *Mich mit dem Thema Sexualität konfrontieren anstatt es zu verdrängen*
- *Mich trauen, Schwierigkeiten mit Männern anzusprechen*
- *Körperhaltung „lockern" und auch auf Mimik übertragen (weniger verbissen gucken),*
(Conny, 20).

Thema: Körpertherapie-Resumee (Tagklinik-Phase):
„Was mein Körpergefühl anbelangt, hat sich in den vier Monaten Tagklinik für mich sehr viel verändert und ich habe ein viel realistischeres Bild von meinem Körper bekommen. Ich wollte immer nur perfekt sein, nie für mich, nur für meine Umwelt und wegen der Aufmerksamkeit, ich war aber nie perfekt genug, da konnt ich machen, was ich wollte. Ich kann mich heute besser akzeptieren, glaube ich. Durch die Körpertherapie habe ich überhaupt erst mal gelernt, mich als Frau anzusehen und als nächsten Schritt dann auch, als Frau anzunehmen. Mein Hauptproblem ist das Thema Weiblichkeit. Ich fühlte mich nie wie eine Frau, obwohl ich eine sehr weibliche Figur habe. Diese beiden Gegensätze konnte ich nie in Einklang bringen. Ich verhalte und bewege mich auch heute noch eher unweiblich, eben meinem Gefühl entsprechend. Deshalb waren die hüftbetonenden Tänze, wie Bauchtanz oder Merengue für mich anfangs ein Alptraum. Diese Art von Bewegungen machen mir Angst und ich komme mir total blöd und tussig dabei vor. Für mich haben die Bewegungen so was Ordinäres, Schmutziges ..., ich weiß mittlerweile, woher diese Meinungen stammen. Über den Zusammenhang mit den Einstellungen meiner Mutter, haben wir in der Körpertherapie schon geredet. Hier müßte ich weiter an mir arbeiten, vielleicht überwinde ich mich ja doch noch und trete dem Tanzworkshop bei – gut tun würde es mir sicher. Das Allerwichtigste in diesem Zusammenhang in der Körpertherapie aber war für mich: Ich habe erfahren können, daß es keine Schwäche ist, eine Frau zu sein – ganz im Gegenteil. Und als Frau darf man sich auch so bewegen und verhalten und ist nicht sofort „niedrig", „billig" oder „ordinär". Vom Kopf her ist mir das jetzt klar, ich muß das aber noch verinnerlichen und mir immer wieder vorsagen.
 Ein weiteres riesiges Problem für mich waren immer Berührungen. Ich habe zwar keine Problem damit, jemanden zu trösten, zu umarmen oder mich trösten zu lassen. Aber ich tue mich schwer, mich massieren zu lassen oder jemanden anderen zu massieren. Als wir das dann in der Körpertherapie machen sollten, wurde mir ganz übel bei dem Gedanken. Aber dann war es gar nicht so schlimm. Trotzdem war es eher unangenehm, weil ich es komisch finde, wenn zwei Frauen sich berühren. Ich weiß nicht warum, aber hier habe ich eine Hemmschwelle, die ich überwinden möchte. Auch habe ich gemerkt, daß ich mir immer nur vorgemacht habe, Berührungen nicht zu brauchen. Es gibt da schon eine Seite an mir, die sich trotz der Angst danach sehnt. Ich glaube, da brauch ich noch viel Zeit und Mut, um da weiterzukommen.
 Sehr positiv habe ich erlebt, daß wir einfach Schwimmen gegangen sind und nicht nur ewig darüber diskutiert haben. Für mich war auch der Shopping-Workshop sehr hilfreich, seitdem macht es mir mehr Spaß, Kleider anzuprobieren, die früher ein rotes Tuch für mich waren (Sylvesterkleid!). Ich habe durch unsere Pflegeaktionen Freude am Schminken gefunden. Und ich kann mich jetzt beim Baden sogar ent-

spannen! Und – ganz wichtig für mich war: ich gehe seit dem TCE erstmals in meinem Leben abends weg und ich tanze! Das tägliche Tanzen am TCE, vor allem morgens vor Therapiebeginn, tat wahnsinnig gut. Man konnte sich austoben und in sich hineinhorchen, wie man sich morgens fühlte. Außerdem saß man ja sonst den restlichen Tag so viel herum und fühlte sich dann oft so träge, fett und faul, gerade jetzt am Ende der Tagklinik, wo wir alle so viele Kilos zugenommen haben.

Die Körpertherapie hat mir gezeigt, wie man sich entspannen kann. Entscheidend für meine gesteigerte Körperakzeptanz war der Besuch im Dampfbad. Ich fand es so schön und entspannend dort. Die Tatsache, daß alle Frauen dort nackt herumlaufen, egal wie dick oder dünn, hat mich noch mal bestärkt, daß die Figur nicht das Entscheidende im Leben ist, sondern, ob ich mich wohl fühle, denn das strahlt man aus. Ich fühle mich heute auch nur noch selten wie eine Tonne, was vor der Therapie eigentlich immer der Fall war. Ich kann mich heute erstmals wieder im Badeanzug sehen und zeigen. Und: Ich traue mich heute auch gänzlich ungeschminkt aus dem Haus, früher unvorstellbar! Zwar habe ich das erst im TCE geübt, aber wenn ich bald wieder arbeiten gehe, dann werde ich es ausprobieren! Ein weiterer Erfolg: ich kann wieder ab und zu Röcke tragen (auch ein Problem zum Thema Weiblichkeit. Ich habe Röcke immer gehaßt. Mittlerweile habe ich mir zwei Röcke zugelegt).

In der ambulanten Phase möchte ich weiterhin üben, mich zu entspannen, auftretende Probleme in Bezug auf das Thema Weiblichkeit anzusprechen, meine Figur realistisch zu sehen und akzeptieren zu lernen. Ich würde gerne lernen, figurbetonende Kleidung zu tragen, was ich im TCE schon geübt habe. Es fällt mir aber immer noch schwer, engere Oberteile zu tragen (meine extremen Schlabberpullis habe ich bereits entsorgt). Ich möchte weiter an meinen Themen arbeiten, um meine Ängste auf der Körperebene Schritt für Schritt abzubauen (mit Hilfe der Angsthierarchie). In der ambulanten Phase muß ich eines noch üben: es auszusprechen, wenn es mir mit meinem Körpergefühl und meinen Gewichtszunahmen nicht gut geht. Ich habe immer noch Angst vor Antworten wie: „Du bist doch immer noch so dünn, reg Dich also nicht auf, du spinnst doch, nimm lieber mal zu, etc". Ich hatte viel Gelegenheit, mich selber mit meinem Körper besser kennenzulernen und jetzt kann ich vielleicht auch besser mit den Partner- und Beziehungsübungen, die noch anstehen, umgehen. Ich weiß, ich muß ab jetzt alle begonnene Dinge konsequent weiterverfolgen und dran bleiben, um in diesen Punkten nicht rückfällig zu werden.

Zum Schluß möchte ich noch ergänzen, daß die Körpertherapie der einzige Baustein war, wo ich mich getraut habe, ein bißchen über meine schlimmen Erfahrungen, die ich im Internat gemacht habe, zu sprechen. Ich hatte nie das Gefühl, ich müßte mehr erzählen, als ich bereit war und alles aussprechen. Niemand hat da nachgebohrt. Das hat mir die Freiheit gegeben, über dieses schwierige Thema ein bißchen zu sprechen. Die Reaktionen der Gruppe waren für mich eine große Erleichterung, denn niemand vermittelte mir hier, ich sei doch selber schuld gewesen, alle waren ziemlich mitfühlend und gingen sensibel damit um." (Conny, 19).

Thema: Körpertherapie-Resumee (Ambulante Phase):

1) Der Ausgangspunkt:
Vor der Therapie war mein Leben in gute und schlechte Phasen eingeteilt. In Phasen, in denen ich abnahm, mich pflegte und sehr, sehr auf mein Äußeres achtete. Und in Phasen, in denen ich zunahm und mich und mein Äußeres vernachlässigte. Ich mißhandelte meinen Körper durch Crashdiäten, Freßanfälle, Rauchen etc. Ich achtete nicht auf meine Bedürfnisse wie hungrig, satt, müde/erschöpft sein. Ging immer wieder über meine Grenzen. Ich trennte meinen Körper von meinem Kopf und erlebte ihn als ferngesteuerten Feind. Ich gebrauchte ihn durch mein Verhalten, um Gefühle wegzumachen, die durch ungelöste Konflikte (Nähe-Distanz, Ablösung von den Eltern, Konkurrenz zum Bruder, Entdeckung der eigenen Sexualität, Themen: was-will-ich, was-will-ich-nicht, was-will-meine-Umwelt etc.). entstanden und mir zu mächtig und überwältigend erschienen. Ich hatte überhaupt kein Vertrauen in mich und in die Signale meines Körpers (Hunger, Durst, müde...). Dies steigerte sich soweit, bis ich Anfang Juni Herzrasen und Panikattacken bekam und mich entschied, eine Therapie am TCE zu machen. Ich war außerdem hypochondrisch und hatte immer wieder Angst, schlimme Krankheiten wie AIDS, MS oder Krebs zu haben. Ich fand mich unattraktiv und häßlich und hielt mir durch so eine Einstellung Männer vom Leib und vermied es auf diese Art und Weise mich mit Nähe-Distanz und Sexualität auseinanderzusetzen. Ich hatte einen regelrechten Speckpanzer, der mir als Entschuldigung für alles diente (wenn ich nur dünn bin, mag mich jeder, bin ich die Beste der Uni, die Attraktivste, etc.) Vielleicht wollte ich auch meinen Eltern signalisieren „Nehmt mich so wie ich bin, auch dick und unperfekt!"

2. Der Verlauf:
Durch die Therapie lernte ich, viel liebevoller mit meinem Körper umzugehen. Vorher war das ein absolutes Tabu in der ganzen Familie, welches ich völlig verinnerlicht hatte. Das allmorgendliche Tanzen gab mir jeden Morgen 10 Minuten, um zu gucken, wie es mir eigentlich geht. Ich entdeckte auch mehr und mehr, wie ich mich über das Tanzen ausdrücken kann. Ich kam mir immer weniger doof, fett und beobachtet vor. Ich fand mich irgendwann auch nicht mehr „peinlicher" oder weniger interessant anzusehen als die anderen.

Eine wichtige Erfahrung fand ich auch den Vertrauensspaziergang gegen Ende der Tagklinik. Zu erfahren, wie schön es auch sein kann, sich führen zu lassen und daß dabei nichts passiert. Daß mich hierfür eine andere Frau an der Hand nehmen kann, kommt mir heute normal vor, ich verkrampfe mich nicht mehr sofort, fange nicht an nervös zu werden.

In der ambulanten Phase fand ich die Partner-Übung mit den Schnüren aufschlußreich für mich. Und zwar, daß ich vor lauter Harmonie schaffen mich selbst total vergesse/verliere. Ich versuche jetzt immer öfter, zu gucken, was ich eigentlich selbst möchte und fühle und denke und auch den Mut zu haben, das den anderen mitzuteilen und zu vertreten. Noch sehr, sehr anstrengend finde ich das, manchmal bedrohlich, und es wird noch lange brauchen, bis das mal automatisch und ohne daß ich vor Angst das Schwitzen anfange, abläuft. Aber ich merke, wie gut es mir, zumindest danach geht, wenn ich es schaffe zu mir und zu dem Gesagten dann auch zu stehen, mal anderer Meinung zu sein und zu bleiben.

3. Bilanz und Ausblick:
Ich habe in den letzten 10 Monaten ein fühlbar besseres Verhältnis zu meinem Körper bekommen. Ich gehe bewußter, besorgter, liebevoller mit mir um als früher. Ich pflege ihn regelmäßig und versuche mehr und mehr meine Bedürfnisse wahrzunehmen und danach zu handeln. Ich will ihn nie wieder dazu mißbrauchen, nur weil ich andere Sachen in meinem Kopf nicht geregelt kriege, vor allem nicht um meiner Umwelt zu gefallen. Das Herzrasen, das ich am Anfang der Tagklinik hatte, ist verschwunden. Ich kann besser zu meinem Körper stehen, finde mein Aussehen noch nicht toll, aber zufriedenstellend, es ist ganz o.k. so wie ich aussehe. Ich gehe regelmäßig ins Schwimmbad und in die Frauen-Sauna, find ich anfangs auch nicht immer toll, kostet Überwindung, aber danach geht's mir immer gut. Ich creme mich heute mehrmals wöchentlich ein, das geht gut. Beim Thema Sexualität werde ich mir die Zeit nehmen, die ich brauche. Ich glaube, wenn ich einen Partner habe, werde ich schon sehen. Ich habe noch Angst vor dem Unbekannten. Ich muß ja noch 3 kg abnehmen, was mir schwerfällt, weil ich noch mehr loslassen muß vom Schutzpanzer und der Krankheit. Ich habe dann auch keine Ausrede mehr in bezug auf meine Attraktivität. Ich bin dann eine fast normalgewichtige Frau und kann meinen Speckpanzer nicht mehr vorschieben. Die Angst, ausgelacht zu werden, weil ich mit 22 immer noch Jungfrau bin, ist nicht verschwunden, aber immerhin habe ich begonnen, darüber zu reden. Die anderen hier haben mir Mut gemacht, schließlich sind nur wenige von uns besonders erfahren in puncto Sex. Ich finde es heute vom Kopf her zwar endlich o.k., so unerfahren zu sein, aber trotzdem habe ich noch ziemlich Schiß, mich zu blamieren, wenn es soweit ist, „das erste Mal". Es tröstet mich, daß ich aber immerhin heute offener bin und dann hoffentlich besser drüber sprechen kann, wenn es soweit ist. Niemals hätte ich vor der Klinik darüber reden können! Ich werde es dann versuchen, meinem Freund zu sagen, was ich früher eine unvorstellbare Idee fand. Ich habe hier gelernt, mehr auszuprobieren (hierfür war das Tanzen gut, was anfangs auch extrem viel Überwindung/Mut/Vertrauen gekostet hat...).

Ich hoffe, daß ich in Zukunft, sobald es mir schlecht geht, nicht anfange, meinen Körper zu vernachlässigen. Ich nehme mir fest vor, genau das Gegenteil zu tun: nämlich meinem Körper etwas Gutes zu tun." (Irene, 22, bulimisch, übergewichtig)

ANHANG 6: Body-Mass-Index und Broca-Formel

1. Ein häufig benutzter Index ist der *Body-Mass-Index* (BMI), auch als Quetelet-Index bezeichnet. Berechnet wird er wie folgt:

$$BMI = \text{Körpergewicht (kg)} : \text{Körpergröße (m)}^2$$

- BMI < 17,5: Anorexie
- 20 < BMI < 25: wünschenswert
- 25 < BMI < 30: Übergewicht (das bei Vorhandensein eines oderer mehrerer weiterer Risikofaktoren einer medizinischen Kontrolle bedarf)
- BMI > 30: starkes Übergewicht (Fettsuchtbereich, das unabhängig von weiteren Risikofaktoren einer medizinischer Kontrolle bedarf)

2. Eine weitere bekannte Formel ist die *Broca-Formel*:

Normalgewicht:	*Körpergröße (cm) - 100*
Idealgewicht:	*(Körpergröße/cm - 100) - 15%* (Richtlinien bei Frauen)
Idealgewicht:	*(Körpergröße/cm - 100) - 10%* (Richtlinien bei Männern)

ANHANG 7: Übersicht: Aufbau und Inhalt des Fragebogens zur Selbstbeurteilung der Körperzufriedenheit

Übergeordnete Themen:

KÖRPERWAHRNEHMUNG

v

KÖRPERBILD

v

Schwerpunktthema:

v

KÖRPERZUFRIEDENHEIT

Themen der einzelnen Fragebögen und Subskalen:
- Depersonalisation
- extremer Wunsch bzw. Drang, dünn zu sein
- Sorge und Angst um die Figur
- Zufriedenheit und Identifikation mit dem eigenen Körper/Figur
- Sich selbst als zu dick empfinden/sich „fett" fühlen
- Körpereinstellung/-empfinden bzgl. Aussehen, Attraktivität
- Hyperaktivität/körperliche Unruhe
- Mangel an Vertrauen in den eigenen Körper

Der Fragebogen besteht aus 5 verschiedenen, standardisierten Fragebogenverfahren. Diese wurden entweder vollständig oder es wurden nur einzelne Subskalen übernommen:

Standardisierte Fragebögen zur Erfassung des Körperbildes

v

Fragebogenkatalog: „Fragebogen zur Selbstbeurteilung der Körperzufriedenheit"

1. EATING DISORDER INVENTORY (EDI)
Garner, Olmstedt & Polivy, 1983
Skalen: 1. Drang, dünn zu sein   Fragen   1- 7
         2. Körperunzufriedenheit   Fragen   8-16

2. BODY ATTITUDE TEST (BAT)
Van Coppenolle, Probst, Vandereycken, Goris & Meermann, 1990
                                                               Fragen   17-35

3. FRAGEBOGEN ZUR BEURTEILUNG DES EIGENEN KÖRPERS (FBK)
Strauß und Appelt, 1983
Skala: Attraktivität/Selbstvertrauen   Fragen   36-48

4. BODY SHAPE QUESTIONNAIRE (BSQ)
Cooper, Taylor, Cooper & Fairburn, 1987   Fragen   49-78

5. SEMANTISCHES DIFFERENTIAL (SED)
Steinhausen, 1990

ANHANG 8: Soziodemographische und klinische Daten der Patientinnen

Nr.	Beruf	Größe (cm)	GewA (kg)	GewE (kg)	BMI Aufn	BMI Entl	Diagnose	Alter	Alter Beginn Eßst	Familienstand/ Kind	Therapien vorher	Therapieerfahrungen in Monaten	Beruf der Eltern Vater	Mutter
1	Studentin	163	53	58	19,9	21,8	BN	20	14	led	0	-	Maler	Hausfrau
2	z.Z. ohne	168	51	56	18,1	19,8	BN	20	12	led	7	46: a, s, ts	Installateur	Verkäuferin
3	Hausfrau	174	57	61	18,8	20,1	BN	30	16	ver/2	1	1: s	Gastronom	Hausfrau
4	Studentin	170	63	63	21,8	21,8	BN	22	13	led	0	-	Autohändler	Hausfrau
5	Abiturientin	173	48	60	16,0	20,0	BN	20	12	led	4	32: 3s, a	Typograph	Fremdsprachenkorr.
6	Hotelfachfrau	161	48	54	18,5	20,8	BN	22	12	led	2	2: s	Abteilungsleiter	Buchhalterin
7	Bankkauffrau	164	54	55	20,1	20,4	BN	23	14	led	2	8: s	Arzt	Versicherungskauf.
8	Architektin	166	40	56	14,5	20,3	AN	28	23	led	2	3: a	Professor	Historikerin
9	Optikergesellin	168	44	56	15,6	19,8	AN	20	17	led	4	24: a, s	Oberstudienrat	Hausfrau
10	z.Z. ohne	168	43	55	15,2	19,5	BN	21	16	led	0	-	Dipl. Kauf. (Vertrieb)	Dipl. Kauf. (GF)
11	Krankenpflege	170	63	63	21,8	21,8	BN	19	15	led	0	-	Papierhersteller	Papierherstellerin
12	Studentin	170	71	69	24,6	23,9	BN	26	18	led	0	-	Professor	Rentnerin
13	Schülerin	164	44	54	16,4	20,1	AN	15	10	led	1	4: ts	?	Angestellte
14	Arzthelferin	166	67	65	24,3	23,6	BN	24	15	led	2	15: a, ts	Versicherungskauf.	Orthopädin
15	Studentin	174	74	74	24,4	24,4	BN	21	14	led	0	-	Werbedesigner	Hausfrau
16	Abiturientin	173	52	61	17,3	20,4	BN	19	16	led	0	-	Autohändler	Malerin
17	Kosmetikerin	165	42	56	15,4	20,6	BN	23	20	led/1	1	16: a	Schlosser	Geschäftsfrau
18	Studentin	163	57	58	21,4	21,8	BN	27	15	led	1	24: a	Rentner	Hausfrau
19	Schülerin	171	72	72	24,6	24,6	BN	18	11	led	1	48: a	Jurist	Hausfrau
20	Kinderpflege	160	40	54	15,6	21,1	AN	18	15	led	0	-	Braumeister	Techn. Zeichnerin
21	Schülerin	162	57	60	21,7	22,9	BN	18	16	led	1	5: a	Elektotechniker	Med.-Techn.-Assist.
22	Sekretärin	164	42	52	15,6	19,3	BN	30	16	led	0	-	EDV-Fachmann	Goldschmiedin
23	Schülerin	160	53	52	20,7	20,3	BN	18	12	led	3	30: a, ts	Masseur	Sozialpädagogin
24	Schülerin	157	41	52	16,6	21,1	AN	17	16	led	0	-	Manager	Lehrerin
25	Studentin	170	42	55	14,5	19,0	AN	21	19	led	3	15: a	Arzt	Hausfrau
26	Kosmetikerin	159	48	52	18,9	20,6	AN	21	18	led	0	-	Chemiker	Hausfrau
27	Patentanwaltsfachgehilfin	174	66	66	21,8	21,8	BN	25	17	led	0	-	Architekt	Sekretärin

AN = Anorexie; BN = Bulimie; GewA = Gewicht zur Aufnahme; GewE = Gewicht zur Entlassung; BMI = Body-Mass-Index led: ledig; led/1: ledig und 1 Kind; ver: verheiratet; ver/2: verheiratet und 2 Kinder; a: ambulante Therapie; s: stationäre Therapie; ts: teilstationäre Therapie

Anmerkung: Der Wert des Body-Mass-Index wurde auf die erste Dezimalstelle aufgerundet.

ANHANG 9 : Soziodemographische und klinische Daten der Vergleichsgruppe

Nr.	Beruf	Größe (cm)	Gew (kg)	BMI	Alter	Fam.-stand/ Kind	Beruf der Eltern Vater, Mutter
1	Studentin	167	57	20,4	26	led	Manager, Hausfrau
2	Restaurantfachfrau	162	55	20,9	26	led	Kunstmaler, Krankenschwester
3	Techn. Angestellte	168	63	22,3	30	ver/2	Schneider, Angestellte
4	Sozialpädagogin	163	53	19,9	26	led	Kaufmann, Hausfrau
5	Schauspiel/Tanz	174	56	18,5	22	led	Lehrer, Lehrerin
6	Künstlerin/Zeichnen	172	56	18,9	26	led	Dipl.-Ing. Elektro, Techn. Zeichnerin
7	Studentin	157	46	18,6	24	led	Volkswirt, Yoga-Lehrerin
8	Innenarchitektin	166	55	19,9	28	led	Optiker, Bankkauffrau
9	Studentin	164	59	21,9	29	led	Arzt, Sachbearbeiterin
10	Studentin	168	58	20,5	20	led	Rechtsanwalt, Fotografin
11	Studentin	176	68	21,9	20	led	Arzt, Lehrerin
12	Bildhauerin	178	64	20,2	28	ver/1	Handelsvertreter, Fotoretusche
13	Studentin	163	51	19,2	22	led	Kaufm. Direktor, Galeristin
14	Studentin (Medizin)	173	60	20,0	23	led	Goethe-Institut, Gymnasiallehrerin
15	Restaurantfachfrau	179	61	19,0	20	led	Unternehmer, Floristin
16	Kauffrau	171	56	19,1	25	led	– , Rentnerin
17	Studentin	179	70	21,8	26	led	Anwalt, Sekretärin
18	Goldschmiedin	174	53	17,5	24	led	Maschinenbautechnik, Industriekauf.
19	Hausfrau	159	49	19,4	29	ver/1	Philosoph, Krankenpflegerin
20	Pädagogin	179	65	20,3	28	led	Regierungsdirektor, Hausfrau
21	Studentin	166	57	20,7	24	led	Diplomat, Ärztin
22	Krankenpflegerin	165	62	22,8	30	led	Maurer, Hausfrau
23	Studentin	160	52	20,3	28	led	Oberstudienrat, Entwicklungshelferin
24	Hausfrau	167	60	21,5	27	ver	Unternehmer, Lehrerin
25	Studentin	170	54	18,7	25	led	Arzt, Ärztin
26	Krankenschwester	159	51	20,1	20	led	Schreiner, Sekretärin
27	Sozialarbeiterin	179	65	20,3	23	led	Notar, Hausfrau
28	Studentin	166	57	20,7	27	led	Schauspieler, Erzieherin
29	Kosmetikerin	174	63	19,2	25	led	Architekt, Juristin
30	Abiturientin	165	60	22,0	18	led	Graphiker, Übersetzerin
31	Buchhalterin	173	60	20,0	22	led	Autohändler, Hausfrau
32	Schülerin	155	50	20,8	18	led	Professor, Rentnerin

BMI = Body-Mass-Index
led: ledig; led/1: ledig und 1 Kind; ver: verheiratet; ver/2: verheiratet und 2 Kinder

Anmerkung: Der Wert des Body-Mass-Index wurde auf die erste Dezimalstelle aufgerundet.

ANHANG 10: Fragebogen-Muster:
Fragebogen zur Selbstbeurteilung der Körperzufriedenheit

TCE Therapie-Centrum für Eßstörungen
am Max-Planck-Institut für Psychiatrie
Schleißheimerstr. 267
Telefon: 089/3562490
Telefax: 089/35624999

**FRAGEBOGEN
ZUR SELBSTBEURTEILUNG DER KÖRPERZUFRIEDENHEIT**

Liebe Patientin,

im folgenden finden Sie eine Reihe von Fragen zum Thema Zufriedenheit mit dem eigenen Körper.

Der Fragebogen beinhaltet teilweise sehr persönliche und intime Fragen, aber bitte beachten Sie, daß Ihre Angaben streng vertraulich (entsprechend der ärztlichen Schweigepflicht) behandelt werden. Sie dienen einem rein wissenschaftlichen Interesse. Durch die Bearbeitung des Fragebogens helfen Sie uns, die Eßstörungsproblematik, insbesonders ihre Behandlungsweise, noch genauer zu erforschen.

Es gibt keine richtige oder falsche, gute oder schlechte Antwort. Daher beantworten Sie die Fragen bitte vorallem ehrlich und spontan, sowie jeweils auf Ihren momentanen Zustand und Ihr momentanes Gefühl bezogen, d.h. beziehen Sie sich zeitlich bitte nur auf heute, d.h. auf die vergangenen paar Tage oder letzten 1-2 Wochen!

Bitte lassen Sie sich Zeit und beantworten Sie jede einzelne Frage sehr sorgfältig!

Vielen Dank für Ihre Mitarbeit und Ihr Vertrauen!

(Seite 2 im Muster für Patientinnen-Gruppe zum ersten Meßzeitpunkt):

Datum: _____

Vorname: _____

Nachname: _____ (darf abgekürzt werden)

Alter: _____

Familienstand: _____

Beruf: _____

Beruf Ihres Vaters: _____

Beruf Ihrer Mutter: _____

Größe: _____ cm

Momentanes Gewicht: _____ kg

Gewicht beim Erstgespräch: _____ kg

In welchem Alter begannen
Ihre Gewichtsprobleme? _____

Ist das Ihre erste Therapie wegen Ihrer Eßstörung?   ( ) ja   ( ) nein

Falls Sie schon Therapieerfahrung haben:
Wieviele verschiedene Therapien/Therapieversuche haben Sie schon gemacht?

_____

Wieviele Therapien haben Sie davon beendet?

_____

Waren diese Therapien ambulant ( ), stationär ( ) oder teilstationär ( ) ?

Wieviele Monate Therapie haben Sie insgesamt schon gemacht? _____ Monate

(Seite 2 im Muster für nicht-klinische Kontrollgruppe):

(Seite 2 im Muster für nicht-klinische Kontrollgruppe):

Datum: _____ Alter: _____

Familienstand (ledig, verheiratet etc.): _____

Ausbildung und Beruf: _____

Beruf Ihres Vaters: _____

Beruf Ihrer Mutter: _____

Größe: _____ cm

Momentanes Gewicht: _____ kg

Leiden Sie derzeit an einer Eßstörung (Magersucht, Bulimie oder Eß-Brech-Sucht, Eßsucht)?
Hat bei Ihnen früher einmal ein Arzt eine dieser Krankheiten festgestellt?
ja ( )   nein ( )

Glauben Sie, ein völlig „normales" Eßverhalten zu zeigen?
Glauben Sie, selbst keinerlei Probleme im Umgang mit Essen zu haben?
ich weiß nicht: ( )
Ich habe keine Probleme mit dem Essen: ( )
Ich glaube/weiß, Probleme zu haben: ( )... und zwar folgende:

_____

(Bitte beschreiben Sie nun hier kurz, welche Probleme Sie glauben, zu haben,
z.B. ich mache ständig Diäten, ich esse oft so viel bis mir schlecht ist,
stopfe mich mit Süßigkeiten voll, ...):

_____

_____

Höchstes jemals aufgetretenes Gewicht: _____ kg

Wie alt waren Sie da? _____

Wie lange hielten Sie dieses Gewicht? _____

Niedrigstes jemals aufgetretenes Gewicht: _____ kg

Wie alt waren Sie da? _____

FRAGEBOGEN ZUR SELBSTBEURTEILUNG DER KÖRPERZUFRIEDENHEIT

1. Ich bewerte die Bedeutung meines Körpergewichts übermäßig stark
( ) immer   ( ) oft   ( ) manchmal   ( ) selten   ( ) nie

2. Der Wunsch, dünner zu sein, beschäftigt mich stark
( ) immer   ( ) oft   ( ) manchmal   ( ) selten   ( ) nie

3. Wenn ich ein Pfund zunehme habe ich Angst, daß es so weitergeht
( ) immer   ( ) oft   ( ) manchmal   ( ) selten   ( ) nie

4. Ich fühle mich sehr schuldig, wenn ich zuviel gegessen habe
( ) immer   ( ) oft   ( ) manchmal   ( ) selten   ( ) nie

5. Ich beschäftige mich gedanklich viel mit Diäten
( ) immer   ( ) oft   ( ) manchmal   ( ) selten   ( ) nie

6. Ich esse Süßigkeiten und Kohlehydrate, ohne nervös zu werden
( ) immer   ( ) oft   ( ) manchmal   ( ) selten   ( ) nie

7. Ich habe fürchterlich Angst, an Gewicht zuzunehmen
( ) immer   ( ) oft   ( ) manchmal   ( ) selten   ( ) nie

8. Ich empfinde meinen Bauch als zu dick
( ) immer   ( ) oft   ( ) manchmal   ( ) selten   ( ) nie

9. Ich empfinde meine Oberschenkel als zu dick
( ) immer   ( ) oft   ( ) manchmal   ( ) selten   ( ) nie

10. Ich glaube, daß mein Bauch gerade die richtige Größe hat
( ) immer   ( ) oft   ( ) manchmal   ( ) selten   ( ) nie

11. Ich bin mit der Gestalt meines Körpers zufrieden
( ) immer   ( ) oft   ( ) manchmal   ( ) selten   ( ) nie

12. Ich mag die Form meines Gesäßes
( ) immer   ( ) oft   ( ) manchmal   ( ) selten   ( ) nie

13. Ich empfinde meine Hüften als zu breit
( ) immer   ( ) oft   ( ) manchmal   ( ) seltcn   ( ) nie

14. Ich glaube, daß meine Oberschenkel genau die richtige Form haben
( ) immer   ( ) oft   ( ) manchmal   ( ) selten   ( ) nie

15. Ich empfinde mein Gesäß als zu breit
( ) immer   ( ) oft   ( ) manchmal   ( ) selten   ( ) nie

16. Ich bin zufrieden mit der Form meiner Hüften
( ) immer   ( ) oft   ( ) manchmal   ( ) selten   ( ) nie

17. Wenn ich mich mit Gleichaltrigen vergleiche, fühle ich mich mit meinen Körper unzufrieden
( ) immer ( ) oft ( ) manchmal ( ) selten ( ) nie

18. Mein Körper erscheint mir wie ein gefühlloser Gegenstand
( ) immer ( ) oft ( ) manchmal ( ) selten ( ) nie

19. Meine Hüften erscheinen mir als zu breit
( ) immer ( ) oft ( ) manchmal ( ) selten ( ) nie

20. Ich wünsche mir sehr stark, schlanker zu sein
( ) immer ( ) oft ( ) manchmal ( ) selten ( ) nie

21. Ich finde meinen Brustumfang zu groß
( ) immer ( ) oft ( ) manchmal ( ) selten ( ) nie

22. Ich neige dazu, meinen Körper zu verstecken (z.B. durch weite Kleidung)
( ) immer ( ) oft ( ) manchmal ( ) selten ( ) nie

23. Wenn ich mich im Spiegel betrachte, fühle ich mich mit meinen Körper unzufrieden
( ) immer ( ) oft ( ) manchmal ( ) selten ( ) nie

24. Ich kann mich körperlich sehr leicht entspannen
( ) immer ( ) oft ( ) manchmal ( ) selten ( ) nie

25. Ich finde mich selbst zu dick
( ) immer ( ) oft ( ) manchmal ( ) selten ( ) nie

26. Ich empfinde meinen Körper als eine Last, die ich mit mir herumtragen muß
( ) immer ( ) oft ( ) manchmal ( ) selten ( ) nie

27. Mein Körper scheint nicht zu mir zu gehören
( ) immer ( ) oft ( ) manchmal ( ) selten ( ) nie

28. Bestimmte Teile meines Körpers erscheinen mir aufgequollen
( ) immer ( ) oft ( ) manchmal ( ) selten ( ) nie

29. Mein Körper stellt für mich eine Bedrohung dar
( ) immer ( ) oft ( ) manchmal ( ) selten ( ) nie

30. Mein Äußeres ist mir sehr wichtig
( ) immer ( ) oft ( ) manchmal ( ) selten ( ) nie

31. Mein Bauch sieht aus, als ob ich schwanger bin
( ) immer ( ) oft ( ) manchmal ( ) selten ( ) nie

32. Ich fühle eine Unruhe in meinem Körper
( ) immer ( ) oft ( ) manchmal ( ) selten ( ) nie

33. Ich beneide andere um ihre Figur
( ) immer ( ) oft ( ) manchmal ( ) selten ( ) nie

34. In meinem Körper spielen sich Vorgänge ab, die mich ängstigen
( ) immer   ( ) oft   ( ) manchmal   ( ) selten   ( ) nie

35. Ich überwache mein Äußeres im Spiegel
( ) immer   ( ) oft   ( ) manchmal   ( ) selten   ( ) nie

36. Ich bin mit meinen Geschlechtsmerkmalen zufrieden
( ) immer   ( ) oft   ( ) manchmal   ( ) selten   ( ) nie

37. Auf meine Körpersignale kann ich mich verlassen
( ) immer   ( ) oft   ( ) manchmal   ( ) selten   ( ) nie

38. Die Vorstellung, andere sehen mich nackt, bereitet mir Unbehagen
( ) immer   ( ) oft   ( ) manchmal   ( ) selten   ( ) nie

39. Ich bin mit meinem Gewicht und mit meiner Größe zufrieden
( ) immer   ( ) oft   ( ) manchmal   ( ) selten   ( ) nie

40. Ich bin mit meinem Aussehen zufrieden
( ) immer   ( ) oft   ( ) manchmal   ( ) selten   ( ) nie

41. Ich bin mit meiner Figur zufrieden
( ) immer   ( ) oft   ( ) manchmal   ( ) selten   ( ) nie

42. Ich bin attraktiv
( ) immer   ( ) oft   ( ) manchmal   ( ) selten   ( ) nie

43. Ich kann mir nur schwer vorstellen, daß andere mich anziehend finden
( ) immer   ( ) oft   ( ) manchmal   ( ) selten   ( ) nie

44. Ich berühre mich oft sehr liebevoll
( ) immer   ( ) oft   ( ) manchmal   ( ) selten   ( ) nie

45. Ich bin mit meinem Körper zufrieden
( ) immer   ( ) oft   ( ) manchmal   ( ) selten   ( ) nie

46. Ich fühle mich in meinem Körper zuhause
( ) immer   ( ) oft   ( ) manchmal   ( ) selten   ( ) nie

47. Ich bin stolz auf meinen Körper
( ) immer   ( ) oft   ( ) manchmal   ( ) selten   ( ) nie

48. Ich achte darauf, daß mein Körper bekommt, was er braucht
( ) immer   ( ) oft   ( ) manchmal   ( ) selten   ( ) nie

49. Fangen Sie, wenn Ihnen langweilig ist, an, über Ihre Figur nachzugrübeln?
( ) immer   ( ) oft   ( ) manchmal   ( ) selten   ( ) nie

50. Sind Sie derart beunruhigt über Ihre Figur, daß Sie an eine Diät denken?
( ) immer   ( ) oft   ( ) manchmal   ( ) selten   ( ) nie

51. Denken Sie, daß Ihre Oberschenkel, Hüften oder Ihr Bauch im Vergleich zum Rest Ihres Körpers zu groß oder zu dick sind?
( ) immer   ( ) oft   ( ) manchmal   ( ) selten   ( ) nie

52. Machen Sie sich Sorgen darüber, daß Ihr Körper nicht fest/straff genug ist?
( ) immer   ( ) oft   ( ) manchmal   ( ) selten   ( ) nie

53. Fühlen Sie sich, wenn Sie z.b. nach einer ausgedehnten Mahlzeit satt sind, dick?
( ) immer   ( ) oft   ( ) manchmal   ( ) selten   ( ) nie

54. Sind Sie manchmal derart unglücklich über Ihre Figur, daß Sie weinen oder Ihnen zum Weinen zumute ist?
( ) immer   ( ) oft   ( ) manchmal   ( ) selten   ( ) nie

55. Vermeiden Sie es, zu rennen, da sonst Ihr Körper „schwabbeln" könnte?
( ) immer   ( ) oft   ( ) manchmal   ( ) selten   ( ) nie

56. Fühlen Sie sich in der Gesellschaft schlanker Frauen bezüglich Ihrer Figur gehemmt?
( ) immer   ( ) oft   ( ) manchmal   ( ) selten   ( ) nie

57. Beunruhigt es Sie, daß sich beim Sitzen die Oberschenkel „ausbreiten"?
( ) immer   ( ) oft   ( ) manchmal   ( ) selten   ( ) nie

58. Fühlen Sie sich bereits nach einer kleinen Mahlzeit dick?
( ) immer   ( ) oft   ( ) manchmal   ( ) selten   ( ) nie

59. Nehmen Sie die Figuren anderer Frauen wahr, vergleichen Sie sich mit ihnen und finden sich selbst dann meist unvorteilhafter?
( ) immer   ( ) oft   ( ) manchmal   ( ) selten   ( ) nie

60. Stört Ihr Grübeln über Ihren Körper oft Ihre Konzentrationsfähigkeit bei anderen Beschäftigungen (z. B. Lesen, Fernsehschauen, Gespräche mit anderen)?
( ) immer   ( ) oft   ( ) manchmal   ( ) selten   ( ) nie

61. Wenn Sie z.B. beim Baden nackt sind, fühlen Sie sich dann dick?
( ) immer   ( ) oft   ( ) manchmal   ( ) selten   ( ) nie

62. Vermeiden Sie bewußt figurbetonende Kleidung, die Ihnen Ihre Figur vor Augen führt?
( ) immer   ( ) oft   ( ) manchmal   ( ) selten   ( ) nie

63. Verursacht bei Ihnen der Verzehr von Süßigkeiten, Kuchen oder anderer kalorienreicher Speisen das Gefühl, zu dick zu sein?
( ) immer   ( ) oft   ( ) manchmal   ( ) selten   ( ) nie

64. Verzichten Sie darauf, auszugehen (Parties etc.), weil Sie so unzufrieden mit Ihrer Figur sind?
( ) immer   ( ) oft   ( ) manchmal   ( ) selten   ( ) nie

65. Empfinden Sie sich als ungewöhnlich dick oder „richtig kugelrund"?
( ) immer   ( ) oft   ( ) manchmal   ( ) selten   ( ) nie

66. Schämen Sie sich für Ihren Körper?
( ) immer   ( ) oft   ( ) manchmal   ( ) selten   ( ) nie

67. Fühlen Sie sich bezüglich Ihrer Figur am glücklichsten, wenn Ihr Magen ganz leer ist, z. B. am Morgen?
( ) immer   ( ) oft   ( ) manchmal   ( ) selten   ( ) nie

68. Glauben Sie, daß der Grund für Ihre Figur der ist, daß es Ihnen an Selbstdisziplin mangelt?
( ) immer   ( ) oft   ( ) manchmal   ( ) selten   ( ) nie

69. Machen Sie sich Sorgen darüber, daß andere Menschen an Ihrer Hüfte oder Ihrem Bauch „Fleischwülste" sehen könnten?
( ) immer   ( ) oft   ( ) manchmal   ( ) selten   ( ) nie

70. Haben Sie schon einmal gedacht, wie ungerecht es ist, daß andere Frauen dünner sind als Sie?
( ) immer   ( ) oft   ( ) manchmal   ( ) selten   ( ) nie

71. Haben Sie sich schon einmal, um sich dünner zu fühlen, übergeben?
( ) immer   ( ) oft   ( ) manchmal   ( ) selten   ( ) nie

72. Haben Sie in der Gesellschaft anderer schon einmal geglaubt, Sie würden zu viel Platz/zu viel Raum einnehmen, z.B. auf einem Sofa oder im Bus?
( ) immer   ( ) oft   ( ) manchmal   ( ) selten   ( ) nie

73. Fühlten Sie sich schon einmal unglücklich über Ihre Figur, nachdem Sie an einem Schaufenster oder Spiegel vorbeigekommen sind?
( ) immer   ( ) oft   ( ) manchmal   ( ) selten   ( ) nie

74. Kneifen Sie sich gelegentlich an bestimmten Körperregionen, um zu sehen, wie dick sie sind?
( ) immer   ( ) oft   ( ) manchmal   ( ) selten   ( ) nie

75. Vermeiden Sie Situationen, in denen andere Leute Ihren Körper sehen könnten, z.B. öffentliche Umkleiden oder Schwimmbäder?
( ) immer   ( ) oft   ( ) manchmal   ( ) selten   ( ) nie

76. Nehmen Sie gelegentlich Abführmittel, um sich dünner zu fühlen?
( ) immer   ( ) oft   ( ) manchmal   ( ) selten   ( ) nie

77. Fühlen Sie sich aufgrund Ihrer Figur in der Gesellschaft anderer extrem gehemmt/befangen?
( ) immer   ( ) oft   ( ) manchmal   ( ) selten   ( ) nie

78. Bewegt Sie Ihre Sorge um Ihre Figur dazu, Sport zu treiben?
( ) immer   ( ) oft   ( ) manchmal   ( ) selten   ( ) nie

Bitte machen Sie in der jeweiligen Zeile an einer Stelle Ihrer Wahl ein Kreuz:

Meinen Körper empfinde ich zur Zeit als

	1	2	3	4	5	
fett						dünn
schön						häßlich
meinen Vorstellungen entsprechend						gar nicht meinen Vorstellungen entsprechend
schmutzig						rein
weich						hart
gut proportioniert						schlecht proportioniert
leicht						schwer
stark						schwach
angenehm						unangenehm
zart						wuchtig
attraktiv						abstoßend
träge						aktiv
schlecht						gut
unbehaglich						behaglich

Vielen Dank für Ihre Mitarbeit und Ihr Vertrauen!

ANHANG 11: Interview mit der Körpertherapeutin des TCE am Max-Planck- Institut für Psychiatrie

vom 05.01.2000

Frau Barbara Vödisch (Jahrgang 1967) ist ausgebildete Tanz- und Bewegungstherapeutin und arbeitet seit 1995 als Körpertherapeutin am Therapiezentrum für Eßstörungen am Max-Planck-Institut für Psychiatrie in München. Sie wirkt somit seit vielen Jahren entscheidend an der Konzeptualisierung und Realisierung der dort angebotenen Körperwahrnehmungstherapie mit. Frau Vödisch kombiniert tanztherapeutische sowie bewegungstherapeutische Elemente mit verschiedenen Entspannungsverfahren und zahlreichen Übungen aus den Bereichen Körperpflege, Körperwahrnehmung und Beziehungsübungen. Das Therapiekonzept ist seit Bestehen des Therapiebausteins stets modifiziert und somit den speziellen Bedürfnissen der eßgestörten Patientinnen angepaßt worden.

Frau Vödisch stellte sich nach Beendigung der Studie zu einem ausführlichen Gespräch zum Thema der vorliegenden Arbeit zur Verfügung. Die Gesprächsschwerpunkte waren folgende:
• Was kann eine Körpertherapie bewirken?
• Welche typischen Körperbildstörungen gibt es bei eßgestörten Patienten?
• Wie macht sich eine verbesserte Körperzufriedenheit bemerkbar?
• Welche Schwierigkeiten und Gefahren beinhaltet körpertherapeutisches Vorgehen?

Im folgenden wird das ca. 3-stündige Gespräch in verkürzter Form wiedergegeben:

I: Weshalb glauben Sie, ist eine spezielle Körpertherapie im Rahmen eines Behandlungsprogrammes für Eßstörungen von großer Bedeutung?

Th: Eßgestörte Patientinnen sind in der Regel sehr gut verbalisiert, d.h. die Patientinnen sind im kognitiven Sinne und in den Gesprächstherapien meist sehr redegewandt und gut reflektiert. Aus den Gesprächen heraus erscheint oft der Eindruck, die Patientinnen seien im therapeutischen Sinne bereits sehr weit. In den körpertherapeutischen Sitzungen allerdings merkt man dann sehr schnell, wo die Frauen jedoch wirklich stehen. In der Körpertherapie ist es nicht so einfach, etwas vorzuspielen oder vorzugeben, was eigentlich nicht da ist. Es fiel mir immer wieder auf, daß manche Patienten in den anderen Therapiebausteinen vor allem in der Gesprächstherapie sehr gut mitgearbeitet haben und auf mich sehr reflektiert wirkten. Jedoch wurde dann in der Körpertherapie sehr schnell sichtbar, daß dem gar nicht so ist. Die Eindrücke bezüglich einzelner Patientinnen waren im Austausch mit dem Team manchmal sehr unterschiedlich. Auf der Körperebene werden die sogenannten „Defizite" oft schneller und deutlicher sichtbar. Dort zeigt sich schnell und deutlich wie wenig die Patientinnen in ihrem Körper „drinstecken" und wie wenig sie mit ihrem Körper eigentlich anfangen können. Die Körpertherapie hilft diesen Patientinnen, ihre Gefühle und „was wirklich ist" besser wahrzunehmen, anstatt in eine perfekte Rolle zu springen. Der direkte Kontakt zum Körper läßt oft unverblümt erkennen, wie groß die Schwierigkeiten der Patienten tatsächlich sind, wie schwer ihnen eine Auseinandersetzung mit ihrem Körper fällt, obwohl sie in Gesprächen – auch in der Körpertherapie selbst – angeben, gar kein Problem mit ihrem Körper zu haben.

Eßstörung stehen bekanntlicherweise mit Körperwahrnehmungs- oder Körperbildstörungen in einem engem Zusammenhang. Daher ist es sehr wichtig, direkt am Körper anzusetzen und neue, vor allem positive Erfahrungen auf der Körperebene zu machen. Dies kann eine Gesprächspsychotherapie allein nicht oder nur sehr bedingt leisten. Eines der wichtigsten Ziele in der Behandlung von Eßstörungen ist es, den Körper Schritt für Schritt annehmen zu lernen und ein neues Körperbild zu entwickeln. Die Patientinnen sollen sehen, daß auch positive Erfahrungen mit dem eigenen Körper gemacht werden können. Sie sollen lernen, damit aufzuhören, gegen ihren eigenen Körper anzukämpfen und ihn stattdessen als einen Teil von ihnen zu akzeptieren. Diese direkte Auseinandersetzung mit dem Körper anhand ganz konkreter Übungen und die damit einhergehenden neuen Erfahrungen sind unabdingbar für eine Veränderung des Körpergefühls. Hier ist ein längerfristiges und kontinuierliches Arbeiten am und mit dem Körper wichtig. Durch ein- oder zweimaliges Üben wird man natürlich nichts erreichen können. Die Kontinuität des Übens über Monate hinweg ermöglicht meist erst, viele Probleme zu verringern oder gar zu lösen. Die totale Fixierung und Konzentration auf angeblich zu dicke Oberschenkel oder einen angeblich viel zu dicken Bauch lassen erfahrungsgemäß im Lauf der Therapiezeit allmählich nach. Eine verbesserte Akzeptanz des anfangs verhaßten Körpers kann somit langsam erreicht werden.

I.: Welche typischen Probleme zeigen sich in der Arbeit mit eßgestörten Patientinnen Ihren Erfahrungen nach? Welche Körperbildstörungen sind für Eßstörungen charakteristisch?

Th.: Eßgestörte Patientinnen haben typischerweise eine verzerrte Wahrnehmung ihres Körpers und ihrer Figur. Sie nehmen sich oftmals als doppelt so dick wahr, als sie in Wirklichkeit sind. Sie sind sehr fixiert auf ihr Gewicht und ihre Figur, nehmen jedes zugenommene Gramm an sich in extrem übertriebenem Maße wahr. Normal- bis sogar extrem untergewichtige Patientinnen reden über ihren Körper meist so, als würden sie um die 150 kg wiegen und als wäre der Körper total schwabbelig, was jedoch meist absolut nicht der Fall ist. Für diese extreme Verzerrung ihrer Körperwahrnehmung sind Eßgestörte seit eh und je bekannt. Ich habe bisher selten eine eßgestörte Patientin erlebt, die sich von Anfang an als eher zu dünn oder untergewichtig wahrgenommen hat. Fast alle Eßgestörten, egal wieviel Untergewicht sie auf der Waage aufweisen, empfinden sich als zu fett und schwabbelig, vor allem sobald sie auch nur 100 Gramm zugenommen oder nachdem sie gerade gegessen haben. Diese Wahrnehmungsverzerrung ist eines der Hauptprobleme bei den betroffenen Frauen. Es ist eine schwierige, aber therapeutisch enorm wichtige Aufgabe, den Patientinnen diese unrealistischen Ansichten und Meinungen über sich deutlich zu machen und eine Veränderung zu bewirken. Erfahrungsgemäß sind die Patientinnen den Großteil des Tages damit beschäftigt, sich und ihren Körper zu beobachten, zu begutachten und einzuschätzen und halten daher auch sehr an ihrem Bild über sich und ihren Körper fest.

I.: Woher glauben Sie, stammen diese unrealistischen, irrationalen Ansichten über das Aussehen des eigenen Körpers dieser Frauen?

Th.: Die Ursachen dafür sind oft, daß innerhalb der Familie bereits in frühen Jahren Bemerkungen und Kommentare über das Aussehen der Patientin gemacht wurden. Viele Patientinnen leben seit Jahren mit selbstabwertenden Sätzen in ihrem Kopf, welche von Familienmitgliedern immer wieder geäußert und im Lauf der Jahre stark verinnerlicht wurden. Zum Beispiel schildern eßgestörte Patientinnen, daß sie in frühen Jahren vom Vater oder Bruder ununterbrochen gehänselt wurden und z.B. negativ auf ihre neuerlichen, weiblichen Rundungen angesprochen wurden. So Sätze wie „Du hast aber einen fetten Hintern bekommen" können hier fatale Wirkungen und Folgen für die heranwachsende Tochter oder Schwester haben. Die Patientinnen lassen sich von derartigen, teils uralten Kommentaren anderer immer noch leicht verunsichern und beeinflussen. Unter anderem können diese Sätze auch verhindern, daß die Frauen ihren Körper so wahrnehmen, wie er tatsächlich, rein objektiv betrachtet, erscheint und ist. Die alten Verletzungen sitzen oft sehr tief und sind therapeutisch oft schwer zu erreichen. Das kontinuierliche Arbeiten am Körper kann hier aber eine große Hilfe sein, diese alten Sätze über Bord zu schmeißen und ein realistischeres Bild von sich zu gewinnen.

Ein weiterer Punkt ist, daß viele Patientinnen sich wehren, ihre Weiblichkeit anzunehmen. Dies zeigt sich, daß viele so sehr hungern, daß ihre weiblichen Formungen und Rundungen nahezu verschwinden Viele dieser Frauen wollten auch viel lieber ein Junge sein. Auch ließen deren Eltern diesen Wunsch manchmal erkennen. Frau-sein assoziieren viele Betroffene oftmals mit etwas Negativem, mit Schwäche, Hilflosigkeit und Sich-aufopfern-müssen. In manchen Fällen stecken hinter derart negativen Frauenbildern auch vergangene Erfahrungen sexuellen Mißbrauchs oder anderen Formen des Mißbrauchs. Derartige Vorgeschichten erklären den Kampf gegen alles, was weiblich, fraulich oder sexy ist. Viele Patienten ertragen nur sehr schwer körperliche Berührungen und körperliche Nähe und vermeiden diese daher auch wenn möglich. Dies beginnt schon damit, daß einige der Frauen es unerträglich finden, anderen auch nur die Hand zu geben, geschweige denn längere Zeit zu halten. Viele Patientinnen machen erst verhältnismäßig spät, vielleicht mit Anfang oder Mitte 20 heterogeschlechtliche Erfahrungen, wenn überhaupt. Viele trauen sich erst verhältnismäßig spät, sich einem Partner körperlich zu nähern und können nur sehr vorsichtig eine gewisse Nähe zulassen. Im Gegensatz dazu haben andere Patientinnen wiederum auffallend viele und schnell wechselnde sexuelle Kontakte und suchen Nähe auf extreme Art und Weise. Diese Nähe ist meist rein oberflächlich-sexuell und hat mit wirklicher, echter Nähe im eigentlichen Sinne nicht viel zu tun. Innerlich sind diese Patientinnen meist gar nicht „bei der Sache", sondern treten quasi aus ihrem Körper heraus und lassen die Nähe nur äußerlich, rein körperlich an sich ran, distanzieren sich gefühlsmäßig jedoch völlig und glauben somit, die notwendige Kontrolle über die Situation zu behalten. Die Mißbrauchssituationen wiederholen sich häufig in ihren weiteren Beziehungen und Kontakten, da sie meist nie gelernt haben, ihre eigenen Grenzen und Bedürfnisse zu finden und vor allem auch auszusprechen. Sie lassen es zu, daß ihre eigenen Grenzen immer und immer wieder von anderen, den Partnern zum Beispiel, übertreten werden. Die Patientinnen wissen selbst oft nicht, was ihnen guttut und was sie wirklich wollen und was nicht.

I.: Welche weiteren Körperbildstörungen sind für eßgestörte Frauen noch charakteristisch?

Th.: Allgemein kann man sagen, daß die Kontrolle über ihren eigenen Körper – oder eben die vermeintliche Kontrolle – eines der Hauptthemen der Betroffenen ist. Dieses ausgeprägte Kontrollbedürfnis zeigt sich ja auch in der Kontrolle über das Eßverhalten, indem sich die Patienten über ihre natürlichen Bedürfnisse hinwegsetzen und diese weitgehend ignorieren.

Charakteristisch ist in diesem Zusammenhang eine Trennung von Kopf und Körper. Der Kopf hat meist einen viel größeren Stellenwert als der restliche Körper. Kopf und Geist symbolisieren Reinheit, Erhabenheit, Kontrollierbarkeit, die Vernunft, Leistung und Intelligenz. Der Körper gilt als minderwertig, lästig, triebhaft, auf ihn wird meist verächtlich herabgeschaut und wenig Wert gelegt. So können einige Patientinnen ihr Gesicht und dessen Aussehen akzeptieren, aber den restlichen Körper verabscheuen sie und lehnen ihn rigoros ab.

Im Bereich des Themas Kontrolle steht auch die Kontrolle über die Gefühle im Mittelpunkt. Viele Patientinnen können ihre Gefühle gar nicht wahrnehmen, sind abgespalten von ihren Gefühlen, von normalen menschlichen Bedürfnissen und ihrem Körper. Der Kopf wird eingesetzt, um diese „niedrigen" körperlichen Regungen zu kontrollieren. Der Kopf führt im wahrsten Sinne einen Kampf gegen den Körper.

Ein weiteres typisches Problem im Sinne einer Körperbildstörung, vor allem bei Magersüchtigen, ist das Thema Bewegung und Hyperaktivität. Magersüchtige bewegen sich in der Regel den ganzen Tag, sitzen kaum, gehen jeden möglichen Meter zu Fuß, vermeiden Rolltreppen und ähnliche Hilfsmittel, sind ununterbrochen in Aktion. Der Gedanke, faul zu sein, treibt sie permanent an. Die dahintersteckende Hauptmotivation ist natürlich auch die, Kalorien zu verbrennen. Allgemein sind Stille, Entspannung und Ruhe des Körpers und der Gedanken für ganz viele Patienten ein großes Problem. Es scheint, als wären die Gedanken, welche in ruhigen Momenten auftauchen könnten, unerträglich. Durch permanente Aktion und Ablenkung flüchten die Frauen und verhindern damit, sich den aufkommenden, unangenehmen Gedanken, Gefühlen und Problemen stellen zu müssen.

Entspannung ist für viele etwas Sinnloses und wird mit Faulheit und Nichts-tun gleichgesetzt. Die Patientinnen fühlen sich wertlos, sobald sie nichts Sinnvolles tun. Dahinter verbirgt sich die extreme Leistungsorientierung, der permante Drang und Druck, etwas Nachweisbares zu leisten. Diesen Druck machen sich die Patientinnen mit ihren extremen Leistungsansprüchen an sich in der Regel selber. Vielen Betroffenen sitzen jedoch auch die ebenso leistungsorientiert denkenden, höchst ehrgeizigen Eltern im Nacken, welchen es nie gut genug sein kann, was ihre Tochter erreicht und leistet.

Ein weiteres charakteristisches Problemthema im Rahmen der Körperbildstörungen ist die Körperpflege. Die Erfahrungen zeigten, daß magersüchtige und besonders bulimische Frauen in Zeiten ihrer Krankheit ihre Körperpflege teilweise völlig vernachlässigen.

Das andere Extrem sind Patientinnen, welche außerordentlich großen Wert auf ihr Äußeres legen, sich übertrieben viel mit den Themen Körperpflege, Waschen und auch Putzen beschäftigen – oft rund um die Uhr. Diese Frauen zum Beispiel verlassen nur top-gestylt das Haus. Ihre Partner oder Familien haben sie meist noch nie ungeschminkt zu Gesicht bekommen. In einigen seltenen Extremfällen geht das so weit, daß sich Patientinnen lieber und problemloser nackt zeigen könnten als ungeschminkt. Ungeschminkt sein löst bei manchen unverhältnismäßig große Ängste aus. Manche Frauen berichteten auch von einer völlig übersteigerten Angst, eventuell „zu stinken", aufgrund schlechten Körpergeruchs bei andern Menschen unangenehm aufzufallen, weshalb sie sich gezwungen fühlen, sich mehrmals täglich zu duschen und umzuziehen. Der Wunsch, ein nach Außen hin perfektes und schönes Bild abzugeben, ist hier übermächtig. Dieses Extrem übertriebener Perfektion gipfelt in nicht wenigen Fällen in ein pathologisches und zwanghaftes Verhalten. Der Wunsch, „edel, sauber und rein" – auch im übertragenen oder moralischen Sinne – zu sein ist hier eine Ursache des übertriebenen Sauberkeitsdranges. Die Waschzwänge stehen oft in Zusammenhang mit den Gedanken „schmutzig" zu sein und sind oft Folgen sexueller Übergriffe und enormer Schuldgefühle, welche daraufhin entstanden sind.

I.: Inwiefern glauben Sie, unterscheiden sich eßgestörte Frauen von nicht-eßgestörten, sozusagen „normalen" Frauen hinsichtlich dieser Probleme mit dem eigenen Körper?

Th.: Grundsätzlich gibt es hier sicherlich Überschneidungen. Viele Frauen sind heute nicht mit ihrem Körper zufrieden. Aber der Unterschied ist sicherlich der, daß das Ausmaß der Unzufriedenheit bei Eßgestörten wesentlich drastischer und größer ist. Sicherlich liebt nicht jede Frau jeden einzelnen Teil ihres Körpers. Fast jede Frau hat sicherlich ihre persönlichen Problemzonen und kritisiert sich hier und da. Der entscheidende Unterschied ist jedoch, daß die meisten nicht-eßgestörten Frauen nicht ihre ganze Wahrnehmung und Aufmerksamkeit rund um die Uhr auf ihren Körper richten. Die meisten Frauen haben glücklicherweise ganz andere Lebensschwerpunkte und -ziele, setzen andere Pioritäten in ihrem Leben und erkennen, daß der Körper nicht alles im Leben einer Frau ist. Zum Thema Weiblichkeit und Sexualität existieren sicherlich auch gewisse Überschneidungen. Einige Frauen, die keine Eßstörung haben, leiden auch unter ihrer nicht akzeptierten Weiblichkeit oder haben Probleme mit ihrer Sexualität. Aber auch hier ist das Ausmaß der entscheidende Unterschied. Das Thema nimmt im Leben einer Frau normalerweise nicht den alles-beherrschenden Raum ein.

22. Literaturverzeichnis

ADAMS, G. R. (1977). Physical attractiveness research: towards a developmental social psychology of beauty. Human Development, 20, 217-239.

ALLEBECK, P., HALLBERG, D. & ESPMARK, S. (1976). Body image – an apparatus for measuring disturbances in estimation of size and shape. Journal of Psychosomatic Research, 20, 583-589.

AMERICAN PSYCHIATRIC ASSOCIATION (APA), (1980). Diagnostic and Statistical Manual of Mental Disorders, Washington, DC. (3rd ed.), 539-555, Author.

AMERICAN PSYCHIATRIC ASSOCIATION (APA), (1987). Diagnostic and Statistical Manual of Mental Disorders, Washington, DC. (3rd rev. ed.), 539-555, Author.

AMERICAN PSYCHIATRIC ASSOCIATION (APA), (1997). Diagnostic and Statistical Manual of Mental Disorders, Washington, DC. (4th ed.), 539-555, Author.

ARMSTRONG, J. G. & ROTH, D. M. (1989). Attachment and separation difficulties in eating disorders: a preliminary investigation. International Journal of Eating Disorders, 8, 141-155.

ASKEVOLD, F. (1975). Measuring body image. Preliminary report on a new method. Psychoth. Psychosomatics, 26, 71-77.

ASKEVOLD, F. (1983). The Diagnosis of Anorexia Nervosa. International Journal of Eating Disorders, 2, 39-43.

BECK, A. T. (1976). Cognitive therapy and emotional disorders. New York: International University Press.

BECKER, H. (1976). Nonverbaler Therapieansatz bei psychosomatischen Patienten. In: H. STOLZE (Hrsg.). Die konzentrative Bewegungstherapie. Berlin: Springer.

BECKER, H. (1981). Konzentrative Bewegungstherapie (KBT) – Integrationsversuch von Körperlichkeit und Handeln in den psychoanalytischen Prozeß. Stuttgart: Thieme.

BECKER, H. (1989). Nonverbaler Therapieansatz bei psychosomatischen Patienten. In H. STOLZE (Hrsg.), Die Konzentrative Bewegungstherapie (S. 102-108). Berlin: Springer.

BEN-TOVIM, D. & WALKER, M. K. (1990). Women's body attitudes: a review of measurement techniques. International Journal of Eating Disorders, 10 (2), 155-167.

BEN-TOVIM, D. & WALKER, M. K. (1991), The development of the Ben-Tovim Walker Body Attitudes Questionnaire (BAQ), a new measure of women's attitudes towards their own bodies. Psychological Medicine, 21, 775-784.

BEN-TOVIM, D. & WALKER, M. K. (1992). A quantitative study of body-related attitudes in patients with anorexia and bulimia nervosa. Psychological Medicine, 22, 961-969.

BEN-TOVIM, D., WHITHEAD, J. & CRISP, A. H. (1979). A controlled study of the perception of body width in anorexia nervosa. Journal of Psychosomatic Research, 23, 267-272.

BERESIN, E. V., GORDON, C. & HERZOG, D. B. (1989). The process of recovering from anorexia nervosa. Journal of the American Academy of Psychoanalysis, 17, 103-130.

BERSCHEID, E., WALSTER, E., BOHRNSTEDT, G. (1973). The happy American body: A survey report. Psychology Today, 11, 119-131.

BERSCHEID, E. & WALSTER, E. (1974). Physical attractiveness. In: L. Berkowit (Ed.): Advances in experimental social psychology, 7, (S. 157-215). New York.

BIELEFELD, J. (1986). Körpererfahrung – Grundlagen menschlichen Bewegungsverhaltens. Göttingen: Verlag für Psychologie (Hogrefe).

BIRTCHNELL, A., LACEY, J. H & HARTE, A. (1985). Body image distortion in bulimia nervosa. British Journal of Psychiatry, 147, 408-412.

BOWLBY, J. (1969). Attachment and loss, Vol. 1: Attachment. New York: Basic Books.

BRÄHLER, E. (Hrsg.; 1995). Körpererleben – Ein subjektiver Ausdruck von Körper und Seele (2. Aufl.). Gießen: Psychosozial-Verlag.

BRITTON, A. G. (1988). Thin is out, fit is in. American Health, 66-71.

BRODIE, D. A. & SLADE, P. D. (1988). The relationship between body-image and body-fat in adult women. Psychological Medicine, 18, 623-631.

BROSIUS, G. (1988). SPSS/PC+Basics und Graphics. Hamburg: McGraw-Hill Book Company GmbH.

BROWN, T. A., CASH, T. F. & LEWIS, R. J. (1989). Body-image disturbance in adolescent female binge-purgers. A brief report of a national survey in the U. S. A. Journal of Child Psychology and Psychiatry, 30, 605-613.

BROWNELL, K. D. & FOREYT, J. P. (1986). Handbook of Eating Disorders; Physiology, Psychology and Treatment of Obesity, Anorexia and Bulimia. New York: Basic Books.

BRUCH, H. (1962). Perceptual and conceptual disturbances in anorexia nervosa. Psychosom. Med. 24, 187-194.

BRUCH, H. (1973). Eating Disorder. New York: Basic Books.

BRUCH, H. (1976). The treatment of eating disorders. Mayo Clinic Proceedings, 51, 266-272.

BRUCH, H. (1986). Anorexia nervosa: The therapeutic task. In: K. D. BROWNELL & J. P. FOREYT (Eds.). Handbook of Eating Disorders: Physiology, psychology and treatment of obesity, anorexia and bulimia. New York: Basic Books.

BRUCH, H. (1991). Eßstörungen – Zur Psychologie und Therapie von Übergewicht und Magersucht. Frankfurt a.M.: Fischer.

BUNDESZENTRALE FÜR GESUNDHEITLICHE AUFKLÄRUNG (BZgA; Juni 2000). Pressemitteilung. Im Internet unter http://www.meinesache.de/service/hintergrund.htm.

BUNDESARBEITSGEMEINSCHAFT KINDER UND JUGENDTELEFON e.V. im Auftrag der BZgA (Juni 2000). Pressemitteilung. Im Internet unter http://www.meinesache.de/service/hintergrund.htm.

BUNNELL, D. W., COOPER, P. J., HERTZ, S. & SHENKER, I. R. (1992). Body shape concerns among adolescents. International Journal of Eating Disorders, 11 (1), 79-83.

BUHL, CH. (1987). Magersucht und Eßsucht. Ursachen, Beispiele, Behandlung. Stuttgart: Hippokrates-Verlag.

BUTTERS, J. W. & CASH, T. F. (1987). Cognitive-behavioral treatment of womens body image dissatisfaction. Journal of Consulting and Clinical Psychology, 55, 889-897.

BUTTON, E. J., SONUGA-BARKE, E. J., DAVIES, J. & THOMPSON, M. (1996). A prospective study of self-esteem in the prediction of eating problems in adolescent schoolgirls: Questionnaire Findings. British Journal of Clinical Psychology, 35, 193-200.

CALORIE CONTROL COUNCIL (1991, July 8). Calorie Control Council national survey. Time magazine, 51.

CASH, T. F. (1990). The psychology of physical appearance: aesthetics, attributes, and images. In: T. F. CASH & T. PRUZINSKY (Eds.). Body images: development, deviance and change (S. 51-79). New York: Guilford

CASH, T. F. & BROWN, T. A. (1987). Body Image in anorexia nervosa und bulimia nervosa. A review of the literature. Behavior Modification. 11 (4), 487-521.

CASH, T. F., DAWSON, K., DAVIS, P., BOWEN, M. & GALUMBECK, C. (1989). The effects of cosmetic use on the physical attractiveness and body image of college women. Journal of Social Psychology, 129, 349-356.

CASH, T. F. & DEAGLE, E. A. (1997). The nature and extent of body-image disturbances in anorexia nervosa and bulimia nervosa: a meta-analysis. Eating Disorders, 22 (2), 107-119.

CASH, T. F. & DUNCAN, N. C. (1984). Physical attractiveness stereotyping among Black American college students. Journal of Social Psychology, 122, 71-77.

CASH, T. F., & GREEN, G. K. (1986 a). Body weight and body image among college women: Perception, cognition, and affect. Journal of Personality Assessment, 50, 290-301.

CASH, T. F. & HICKS, K. L. (1990). Being fat versus thinking fat: Relationships with body image, eating behaviors, and well-being. Cognitive therapy and research, 14, 327-341.

CASH, T. F. & JANDA, L. H. (1984). Eye of the beholder. Psychology Today, 18 (12), 46-52.

CASH, T. F., LEWIS, R. J. & KEETON, P. (1987, March). Development and validation of the Body-Image Automatic Thoughts Questionnaire: A measure of body-related cognitions. Paper presented at the meeting of the Southeastern Psychological Association, Atlanta, GA.

CASH, T. F. & PRUZINSKY, T. (1990). Body images: development, deviance and change. New York: Guilford-Press.

CASH, T. F., WINSTEAD, B. A. & JANDA, L. H. (1986 b). Body image survey report: The great American shape-up. Psychology Today, 24, 30-37.

CASPER, R. C., HALMI, K. A., GOLDBERG, C., ECKERT, E. D. & DAVIS, J.-M. (1979). Disturbances in body image estimation as related to other characteristics and outcome in anorexia nervosa. British Journal of Psychiatry, 134, 60-66.

CASPER, R. C., OFER, D. & OSTROW, E. (1981). The self-image of adolescents with acute Anorexia nervosa. Journal Pediatr., 98, 656-661.

CLARKE, M. G. & PALMER R. L. (1983). Eating attitudes and neurotic symptoms in university students. British Journal of Psychiatry, 142, 299-304.

CATTERIN, J. & THOMPSON, J. K. (1994). A three year longitudinal study of body image and eating disturbance in adolescent females. Eating Disorders: The Journal of Prevention and Treatment, 2, 114-125.

COLLINS, J. K., BEAUMONT, P. J., TOUYZ, W., KRASS, J., THOMPSON, P. & PHILIPS, T. (1987). Variability in body shape perception in anorectic, bulimic, obese and control subjects. International Journal of Eating Disorders, 6, 633-638.

COMER, R. K. (1995). Klinische Psychologie. Heidelberg: Spektrum-Verlag.

CONNORS, M. E. & MORSE, W. (1992). Sexual abuse and eating disorders: a review. International Journal of Eating Disorders, 13, 1-11.

COOPER; P. J. & FAIRBURN, C. G. (1993). Confusion over the core psychopathology of bulimia nervosa. International Journal of Eating Disorders, 13, 385-389.

COOPER; P. J., TAYLOR, M. J., COOPER, Z. & FAIRBURN, C. G. (1987). The development and validation of the Body Shape Questionnaire. International Journal of Eating Disorders, 6, 485-494.

COX, C. L. & GLICK, W. H. (1986). Resume evaluations and cosmetic use: When more is not better. Sex Roles, 14, 51-58.

CSEF, H. (1997). Psychotherapie der Magersucht und Bulimia nervosa. Psychotherapeut, 42, 381-392. Berlin: Springer.

CRISP, A. H. & KALUCY, R. (1974). Aspects of the perceptual disorder in anorexia nervosa. British Journal of Medical Psychology, 47, 349-361.

DETER, H. C. & HERZOG, W. (1994). Anorexia nervosa in long-term perspective: Results of the Heidelberg-Mannheim study. Psychosomatic Medicine, 56, 20-27.

DETER, H. C. & HERZOG, W. (1995). Langzeitverlauf der Anorexia nervosa. Göttingen, Zürich: Vandenhoeck & Herzog.

DETER, H. C., MANZ, R., HERZOG, W. & MÜLLER, S. (1997). Körperbildstörungen von Anorexia nervosa-Patienten 12 Jahre nach der klinischen Vorstellung. Psychother. Psychosom. Med. Psychol., 47, 1-11.

DIAGNOSTISCHES UND STATISTISCHES MANUAL PSYCHISCHER STÖRUNGEN (DSM-III-R). Wittchen, H. U., Saß, H., Zaudig, M. & Koehler, K. (1989). DSM-III-R. Weinheim & Basel: Beltz.

DIAGNOSTISCHES UND STATISTISCHES MANUAL PSYCHISCHER STÖRUNGEN (DSM-IV). Wittchen, H. U., Saß, H., Zaudig, M. & Koehler, K. (1997). DSM-III-R. Weinheim & Basel: Beltz.

DWEYER, J. T., FELDMAN, J. J. & MAYER, J. (1967). Adolescent dieters: Who are they? Physical characteristics, attitudes and dieting practices of adolescent girls. The American Journal of Clinical nutrition, 20, 1045-1056.

ELTZE, CH. M. (1996). Körperwahrnehmung und Körperbild bei Anorexia und Bulimia nervosa Patienten. Dissertation. Köln.

ENGEL, K. (1980). Zur theoretischen Bedeutung der Variablen der Holtzman-Inkblot-Technik. Hochschuls. Philosophie Psychologie, Bd. 5.

FABIAN, L. & THOMPSON, J. K. (1989). Body image and eating disturbance in young females. International Journal of Eating Disorders, 8, 63-74.

FÄH, M. & FISCHER, M. (1998). Sinn und Unsinn in der Psychotherapieforschung. Gießen: Psychosozial-Verlag.

FAIRBURN, C. G. (1985). Cognitive-behavioral treatment for bulimia. In: D. M. GARNER & P. E. GARFINKEL (Eds.) Handbook of psychotherapy for anorexia nervosa and bulimia (S. 160-192). New York: Guilford .

FAIRBURN, C. G. & GARNER, D. M. (1986). The diagnosis of bulimia nervosa. International Journal of Eating Disorders, 5, 403-419.

FAIRBURN, C. G., JONES, R., PEVELER, R. C., HOPE, R. A. & O´CONNOR, M. E. (1993). Psychotherapy and bulimia nervosa. Archives of General Psychiatry, 50, 419-428.

FALLON, A. (1990). Culture in the mirror: Sociocultural determinants of body image. In: CASH, T. F. & PRUZINSKY, T. (1990). Body images: development, deviance and change. (S. 80-109). New York: Guilford .

FEIEREIS, H. (1989). Diagnostik und Therapie der Magersucht und Bulimie, München: Hans Marseille.

FEIGHNER, J. P., ROBINS, E., GUZE, B., WOODRUFF, R. A., WINOKUR, G. & MONUZ, R. (1972). Diagnostic criteria for use in psychiatric research. Archives of General Psychiatry, 26, 57-63.

FELDENKRAIS, M. (1974). Bewegungserziehung zur Verbindung von Körper und Geist. In: H. PETZOLD (1974). Psychotherapie und Körperdynamik (S. 174-192). Paderborn: Junfermannsche Verlagsbuchhandlung.

FELDENKRAIS, M. (1978). Bewußtheit durch Bewegung. Der aufrechte Gang. Frankfurt: Suhrkamp.

FERNANDEZ, F., DAHME, B. & MEERMANN, R. (1994 a). Body image in eating disorders and clinical controls: a multidimensional evaluation. In: M. PROBST & G. DE CUYPERE (Moderatoren). Body image disturbance. Symposium auf dem 20th European Conference on Psychosomatic Research. Gent, Belgien.

FERNANDEZ, F. E., PROBST, M. & MEERMANN, R., BENTS, H. & VANDEREYCKEN, W. (1993, Januar). Video assessment of body image in anorectic and bulimic patients compared to women with normal eating behavior. Vortrag auf dem 2nd International Symposium in Eating Disorders. Rome, Italien.

FERNANDEZ, F. E., PROBST, M. MEERMANN, R. & VANDEREYCKEN, W. (1994 b). Body Size Estimation and Body Dissatisfaction in Eating Disorder Patients and Normal Controls. International Journal of Eating Disorders, 16 (3), 307-310.

FERNANDEZ, F. E., TURON, J., SIEGFRIED, J., MEERMANN, R. & VALLEJO, J. (1995). Does additional body therapy improve the treatment of anorexia nervosa? A comparison of two differernt approaches. Eating Disorders: Treatment and Prevention, 3, 158-164.

FERNANDEZ, F. & VANDEREYCKEN, W. (1994). Influence of video-confrontation on the self-evaluation of anorexia nervosa patients: A controlled study. Eating Disorders, 2, 135-140.

FERNANDEZ-ARANDA, F. E. (1996). Körperwahrnehmung und -zufriedenheit bei Bulimia und Anorexia nervosa – eine empirische Vergleichsstudie vor und nach stationärer Psychotherapie. Dissertation. Hamburg.

FICHTER, M. M. (1985). Magersucht und Bulimie. Berlin, Heidelberg: Springer.

FICHTER, M. M. (1989). Bulimia nervosa. Stuttgart: Enke.

FICHTER, M. M. & KEESER, W. (1980). Das Anorexia-nervosa-Inventar zur Selbstbeurteilung (ANIS). Arch. Psychiat. Nervenkr., 228, 67-89.

FICHTER, M. M. & MEERMANN, R. (1981). Zur Psychopathometrie der Anorexia nervosa. In: R. MEERMANN (Hrsg.). Anorexia nervosa. Ursachen und Behandlung (S. 17-31). Stuttgart: Enke.

FICHTER, M. M., MEISTER, I. & KOCH, H. J. (1986). The measurement of body image disturbances in anorexia nervosa: Experimental comparison of different methods. British Journal of Psychiatry, 148, 453-461.

FISHER, E. & THOMPSON, J. K. (1994). A comparative evaluation of cognitive-behavioral therapy (CBT) versus exercise therapy (ET) for the treatment of body image disturbance. Behavior Modification, 18 (2), 171-185.

FISHER, S. (1970). Body Experience in Fantasy and Behavior. Appleton-Century-Crofts: New York.

FISHER, S. (1986). Development and structure of the body image (Vol. 1 & 2), Hillsdale, NJ: Erlbaum.

FISHER, S. & CLEVELAND, E. (1958). Body image and personality. Van Nostrand: Princeton.

FISHER, S. & CLEVELAND, E. (1968). Body Image and Personality (2. Aufl.). New York: Dover Publications.

FORSTER, J. (1997). Veränderungen durch Körpertherapie im Rahmen einer teilstationären Psychotherapie des Therapiezentrums für Eßstörungen (TCE) am Max-Planck-Institut in München – eine empirische Studie. Unveröffentliche Diplomarbeit, Universität zu Köln.

FRANK, H. (1987). Die Bedeutung des Vaters in der psychoanalytischen Literatur. Kind und Umwelt, 54, 2-17.

FRANK, H. (1988). Ein Beitrag zur Rolle des Vaters bei psychosomatischen Erkrankungen im Kindesalter. Prax. Psychother. Psychosom., 33 (5), 242-248.

FRANZEN, U., FLORIN, S., SCHNEIDER, S. & MEIER, M. (1988). Distorted body image in bulimic women. Journal of Eating Disorders, 4, 439-456.

FREEMAN, R. J., THOMAS, C. D., SOLYOM, L. & HUNTER, M. A. (1984). A modified video camera for measuring body image distortion: technical description and reliability. Psychological Medicine, 14, 411-416.

FREEMAN, R. J., BEACH, B., DAVIS, R. & SOLYOM, L. (1985 a). The predection of relapse in bulimia nervosa. Journal of Psychiatric Research, 19, 349.

FREEMAN, R. J., THOMAS, C. D., SOLYOM, L. & KOOPMAN, R. F. (1985 b). Clinical and personality correlates of body size overestimation in anorexia and bulimia nervosa. International Journal of Eating Disorders, 4 (4), 439-456.

GARFINKEL, P. E. & GARNER, D. M. (1982). Anorexia nervosa: a multidimensional perspective. New York: Bruner/Mazel.

GARFINKEL, P. E., GOLDBLOOM, D., DAVIS, R., OLMSTED, M. P., GARNER, D. M. & HALMI, K. A. (1992). Body dissatisfaction in bulimia nervosa: relationship to weight and shape concerns and psychological functioning. International Journal of Eating Disorders, 11 (2), 151-161.

GARNER, D. M. (1985). Iatrogenesis in anorexia nervosa and bulimia nervosa. International Journal of Eating Disorders, 4, 701-726.

GARNER, D. M. (1990). Soziokulturelle Aspekte bei Eßstörungen. In: JACOBI, C. & PAUL, TH. (Hrsg.). Bulimia und Anorexia nervosa. Ursachen und Therapie (S. 11-23). Berlin: Springer.

GARNER, D. M. (1991). EDI 2 – Professional Manual. Psychological Assessment Ressources, Inc. (PAR).

GARNER, D. M. & BEMIS, K. M. (1982). A cognitive behavioral approach to Anorexia nervosa. Cognitive Therapy and Research, 6 (2), 123-150.

GARNER, D. M. & GARFINKEL, P. E. (1981). Body image in anorexia nervosa: measurement, theory and clinical implications. International Journal of Psychiatry Medicine, 11, 263-284.

GARNER, D. M. & GARFINKEL, P. E. (Eds.). (1985). Handbook of psychotherapy with anorexia and bulimia. New York: Guilford.

GARNER, D. M., GARFINKEL, P. E. & SHAUGHNESSY, M. (1985). The validity of the distinction between Bulimia with and without Anorexia Nervosa. American Journal of Psychiatry, 142, 581-587.

GARNER, D. M., GARFINKEL, D. E., SCHWARTZ, D. & THOMPSON, M. (1980). Cultural expectations of thinness in women. Psychological Reports 47, 483-491.

GARNER, D. M., GARFINKEL, P. E., STANCER, H.C. & MOLDOFSKY, H. (1976). Body image disturbances in anorexia nervosa and obesity. Psychosomat. Med., 38, 327-336.

GARNER, D. M., GARNER, M. V. & VAN EGEREN, L. F. (1992). Body dissatisfaction adjusted for weight: The Body Illusion Index. International Journal of Eating Disorders, 12 (3), 263-271.

GARNER, D. M., OLMSTEDT, M. P. & POLIVY, J. (1983). Development and validition of a multidimensional eating disorder inventory for anorexia nervosa and bulimia. International Journal of Eating Disorders, 2, 15-34.

GARNER, D. M., OLMSTEDT, M. P., POLIVY, J. & GARFINKEL, P. E. (1984). Comparison between weight preoccupied women and anorexia nervosa. Psychosomatic Medicine, 46, 255-266.

GERLINGHOFF, M. & BACKMUND, H. (1989). Magersucht – Anstöße für eine Krankheitsbewältigung. Stuttgart.

GERLINGHOFF, M. & BACKMUND, M. (1992). Magersüchtig – Eine Therapeutin und Betroffene berichten (4. Aufl.). München: Piper.

GERLINGHOFF, M. & BACKMUND, H. (1995). Therapie der Magersucht und Bulimie – Anleitung zu eigenverantwortlichem Handeln. Weinheim: Psychologie Verlags Union.

GERLINGHOFF, M., BACKMUND, U., FRANZEN, U., GORZEWSKI, B. & FRENZEL, T. (1997 a). Strukturiertes tagklinisches Therapie-Programm für Eßstörungen. Psychother. Psychosomat. Med. Psycholo., 47, (S. 12-20). Stuttgart: Thieme.

GERLINGHOFF, M., BACKMUND, H. & MAI, N. (1997 b). Magersucht und Bulimie – Verstehen und Bewältigen. Weinheim: Psychologie Verlagsunion.

GEUTER, U. (1996). Körperbilder und Körpertechniken in der Psychotherapie. Psychotherapeut., 41, 99-106.

GINDLER, E. (1926). Die Gymnastik der Berufsmenschen. In H. STOLZE (Hrsg.). Die Konzentrative Bewegungstherapie (S. 227-233). Berlin: Springer.

GLEGHORN, A. A. & PENNER, L. A. (1989). Body image and self-esteem in normalweight women. Paper presented at the annual meeting of the American Psychological Association, New Orleans.

GLUCKSMANN, M. L. & HIRSCH, J. (1969). The response of obese patients to weight reduction. The perception of body size. Psychosomatic Medicine, 31, 249-263.

GOLDBLOOM, D. & OLMSTED, M. P. (1993). Pharmacotherapy of bulimia nervosa with fluoxetine: assessment of clinically significant attitudinal change. American journal of Psychiatry, 150, 770-774.

GOLDFARB, L.A., DYKENS, E. M. & GERRARD, M. (1985). The Goldfarb fear of fat scale. Journal of Personality Assessment, 49, 329-332.

GOUGH, H. (1952). The adjective check list. Palo Alto, Calif.

GRAHAM, J. A. & JOUHAR, A. J. (1981). The effects of cosmetics on person perception. International Journal of Cosmetic Science, 3, 199-210.

GRANT, J. R. & CASH, T. F. (1995). Cognitive-behavioral body image therapy: comparative efficacy of group and modest-contact treatments. Behavior Therapy, 26, 69-84.

GREEN, B. (1994). Körpertherapie. In CORSINI (Hrsg.). Handbuch der Psychotherapie (Bd.1, 4. Aufl.), (S. 513-528). Weinheim: Psychologie Verlagsunion.

HAIMOVITZ, D., LANSKY, L. M. & O'REILLY, P. (1993). Fluctuations in body satisfaction across situations. International Journal of Eating Disorders, 13 (1), 77-84.

HALL, A., LEIBRICH, J. & WALKEY, F. H. (1983). The development of a Food, Fitneß and Looks Questionnaire and ist use in a study of weight pathology in 204 nonpatient families. In: P. L. DARBY, P. E. GARFINKEL, D. M. GARNER & D. V. COSCINA (Eds.). Anorexia Nervosa: Recent Developments in Research. New York: Alan R. Liss.

HALMI, K. A., GOLDBERG, S. & CUNNINGHAM, S. (1977). Perceptual distribution of body image in adolescent girls: Disturtion of body image in adolescence. Psychological Medicine 67, 253-257.

HART, M. (1968). The relationship between supported satisfaction with body image, anxiety and the occurance of physiological deviations among healthy college females. Diss. Abstracts, 28 (11-A), 4376-4377.

HART, K. J. & OLLENDICK, T. H. (1985). Prevalence of bulimia in working and university women. American Journal of Psychiatry, 142 (7), 851-854.

HEAD, H. & HOLMES, G. (1911, 1912). Sensory disturbances from cerebral lesions. Brain 34, 102-245.

HEIN, J., NEUMÄRKTER, K.-J. & NEUMÄRKTER, U. (1998). Untersuchungen zum Eßverhalten in einer unselektierten Schülerpopulation der 7.-10. Klasse einer Berliner Schule. Zeitschrift für Kinder- und Jugendpsychiatrie und Psychotherapie, 26 (1), 21-33. Bern: Verlag Hans Huber.

HEINBERG, L & THOMPSON, J. K. (1992). Social comparison: Gender, target importance ratings, and relation to body image disturbance. Journal of Social Behavior and personality, 7 (2), 335-344.

HEISTERKAMP, G. (1993). Heilsame Berührungen. Praxis leibfundierter analytischer Psychotherapie. München: Pfeiffer.

HERZOG, D. B., KELLER, M., STROBER, M., YEH, C. & PAI, S. (1992). The current status of treatment for anorexia nervosa and bulimia nervosa. International Journal of Eating Disorders, 12, 215-220.

HERZOG, W., DETER, H.-CH. & VANDEREYCKEN, W. (1992). The course of Eating Disorders. Longterm Follow-up-studies of Anorexia and Bulimia nervosa. Berlin, Heidelberg, New York, Tokyo: Springer.

HILDEBRANDT, K. A. & FITZGERALD, H. E. (1983). The infant´s physical attractiveness: Its effect on bonding and attachment. Infant Mental Health Journal, 4, 3-12.

HIRSCHENFANG & BENTON, J. G. (1966). Assessment of phantom limb sensation among patients with lower extremity amputation. Journal of Psychology, 63, 197-199.

HÖHMANN-KOST, A. (1991). Bewegung ist Leben – Einführung in Theorie und Praxis der Integrativen Bewegungstherapie. Paderborn: Junfermann.

HÖLTER, G. (Hrsg.; 1993). Mototherapie mit Erwachsenen – Sport, Spiel und Bewegung in Psychiatrie, Psychosomatik und Suchtbehandlung. Bd. 13. Schorndorf: Hofmann.

HUENEMANN, R. L., SHAPIRO, L. R., HAMPTON, M. C. & MITCHELL, B. W. (1966). A longitudinal study of gross body composition and body conformation and their association with food and activity in a teen-age population. American Journal of Clinical Nutrition, 18, 325-338.

HUON, G. & BROWN, L. B. (1983). Attitudinal correlates of weight control. Unpublished manuscript.

HUON, G. & BROWN, L. B. (1984). Psychological correlates of weight control among anorexia nervosa patients and normal girls. British Journal of Medical Psychology, 57, 61-66.

HUON, G. & BROWN, L. B. (1986). Body images in anorexia nervosa and bulimia nervosa. International Journal of Eating Disorders, 5, 421-439.

HSU, L. K. G (1982). Is there a disturbance in body image in anorexia nervosa? The Journal of Mental Diseases. 170, 305-307.

HSU, L. K. G (1990). Eating Disorders. London: The Guilford.

HSU, L. K. G. & SOBKIEWICZ, T.A. (1991). Body image disturbance: time to abandon the concept for eating disorders? International Journal of Eating Disorders, 10 (1), 15-30.

JASPER, K. & MADDOCKS, E. (1992). In: HARPER-GIUFFRE, H. & MAC KENZIE, K. R. (Eds.). Group Psycho-therapy for Eating Disorders. Washington, London.

JOHNSON, L. C. (1956). Body cathexis as a factor in somatic complaints. Journal of Consulting Psychology, 20, 145-149.

KÄCHELE, H. & KORDY, H. (1992). Psychotherapieforschung und therapeutische Versorgung. In: Der Nervenarzt, 63, 517-526.

KAISER, B. (1985). The psychology of clothing. New York: Macmillan.

KALLIOPUSKA, M. (1982). Body-image disturbances in patients with anorexia nervosa. Psychological Reports, 51, 715-722.

KANFER, F. H., REINECKER, H. & SCHMELZER, D. (1991). Selbstmanagement-Therapie. Berlin, Heidelberg: Springer.

KEARNEY-COOKE, A. (1988). A group treatment of sexual abuse among women with eating disorders. Women and Therapy, 7 (1), 5-21.

KIENER, F. (1973). Untersuchungen zum Körperbild (Body Image), Teil 1, Zeitschr. f. Klin. Psychol. und Psychother., 21, 335-351.

KIENER, F. (1974). Untersuchungen zum Körperbild (Body Image), Teil 2, Zeitschr. f. Klin. Psychol. und Psychother., 22, 45-66.

KLEIN, P. (1988). Tanztherapie – Eine einführende Betrachtung im Vergleich mit Konzentrativer und Integrativer Bewegungstherapie. Bremen.

KLESGES, R. C. (1983). An analysis of body image distortions in a nonpatient population. International Journal of Eating Disorders, 2, 35-41.

KOFF, E. & RIERDAN, A. J. (1991). Perceptions of weight and attitudes towards eating in early adolescent girls. Journal of Adolescent Health, 12, 307-312.

KOST, U. (1979). Vom Erkennen der Erlebnisstörung in der Konzentrativen Bewegungstherapie. In: H. STOLZE (Hrsg.). Die Konzentrative Bewegungstherapie (S. 460-465). Berlin: Springer.

KUTTER, P. (1980). Emotionalität und Körperlichkeit. Anmerkungen zu einer Emotiogenese psychosomatischer Störungen. Prax. Psychother. Psychosom. 25, 131-145.

LABAN, R. (1948). Modern Educational Dance. London.

LANG, H. (1994). Beziehung und Gespräch als psychotherapeutische Wirkfaktoren. In: H. Lang (Hrsg.; 1994). Wirkfaktoren der Psychotherapie. Berlin: Springer.

LANG, H., FALLER, H. & SCHILLING, S. (1987): Krankheitsverarbeitung aus psychosomatisch-psychotherapeutischer Sicht am Beispiel pankreatektomierter Patienten. Psychother. med. Psychol., 39, 239-247.

LAUMER, U., BAUER, M., FICHTER, M. & MILZ, H. (1997). Therapeutische Effekte der Feldenkrais-Methode „Bewußtheit durch Bewegung" bei Patienten mit Eßstörungen. Psychother. Psychosom. med. Psychol., 47, (S. 170-180). New York: Thieme.

LAWRENCE, M. (1979). Anorexia Nervosa – The control paradox. Women´s Studies International Quaterly, 2, 93-101.

LEHMKUHL, G., SCHMIDT, M. & MASBERG, J. (1989-1990). Selbstwahrnehmung jugendlicher Patienten mit Anorexia nervosa. Musiktherapeutische Umschau, 10 (11), 152-160.

LEHMKUHL, G., FLECHTNER, H., WOERNER, I., WOERNER, W. & MASBERG, J. (1990). Self-perception of anorectic and normal-weight adolescents. In: H. REMSCHMIDT & M. H. SCHMIDT (Hrsg.). Anorexia nervosa. Toronto, Ontario: Hogrefe & Huber Publishers.

LERNER, R.M., KARABENICK, A. & STUART, J. L. (1973). Relations among physical attractiveness, body attitudes, and self-concept in male and female college students. The journal of Psychology, 85, 119-129.

LEVINE, M. P., SMOLAK, L. & HAYDEN, H. (1994 a). The relationship of sociocultural factors to eating attitudes and behavior among middle school girls. Journal of Early Adolescence, 14, 471-490.

LEVINE, M. P., SMOLAK, L., MOODEY, A. F., SHUMAN, M. D. & HESSEN, L. D. (1994 b). Normative developmental challenges and dieting and eating disturbances in middle school girls. International Journal of Eating Disorders, 15, 11-20.

LEVY, D. M. (1932). Body interest in children and hypochondriasis. Americ. Journ. Psychiat., 12, 295-311.

LINDHOLM, L. & WILSON, G. T. (1988). Body image assessment in patients with bulimia nervosa and normal controls. International Journal of Eating Disorders, 7 (4), 527-539.

MAASER, R. (1982). Über das Körperbild bei Anorexia nervosa – eine klinische Studie zur tiefenpsychologischen Hypothesenbildung. Dissertation. Würzburg.

MAASER, R., BESUDEN, F., BLEICHNER, F. & SCHÜTZ, R. (1994). Theorie und Methode der körperbezogenen Psychotherapie. Ein Leitfaden für die klinische Praxis. Stuttgart, Berlin, Köln: Kohlhammer.

MACHOVER, K. (1949, 1957). Personality projection in the drawing of the human figure. Thomas, Springfield, 11.

MAHONEY, E. R. (1974). Body cathexis and self-esteem: the importance of subjective importance. The journal of Social Psychology, 88, 27-30.

MAHONEY, E. R. & FINCH, M.D. (1976). Body cathexis and self-esteem: a reanalysis of the differential contribution of specific body aspects. The Journal of Social Psychology, 99, 251-258.

MARSELLA, A. J., SHIZURU, L., BRENNAN, J. & KAMEOKA, V. (1981). Depression and body image satisfaction. Journal of Cross-Cultural Psychology, 12 (3), 360-371.

MEERMANN, R. (1981 a). Anorexia nervosa. Stuttgart: Enke.

MEERMANN, R. (1981 b). Body image disturbances in anorexia nervosa: some diagnostic and therapeutic implications. Paper read at the 1st European Conference on Psychotherapy Research in Trier, 1981. Frankfurt: Peter Lang.

MEERMANN, R. (1982). Experimental investigation of disturbances in body image estimations in anorexia nervosa patients, ballett- and gymnastik pupils. International Journal of Eating Disorders, 2 (4), 91-100.

MEERMANN, R. & FICHTER, M.M. (1982). Störungen des Körperschemas (Body Image) bei psychischen Krankheiten – Methodik und experimentelle Ergebnisse bei Anorexia nervosa. Psychother. u. Mediz. Psychol., 32, 162-169.

MEERMANN, R. (1983 a). Verzerrungen und Körperwahrnehmung bei Anorexia nervosa: Einige diagnostische und therapeutische Implikationen. In: W. R. MINSEL & W. HERFF (Hrsg.). Studien zur pädagogischen und psychologischen Intervention, Band 4, Frankfurt: Lang.

MEERMANN, R. (1983 b). Experimental investigations of disturbances in body image estimation in Anorexia nervosa. International Journal of Eating Disorders, 4, 91-100.

MEERMANN, R. (1990). Body-image-Störungen bei Anorexia und Bulimia nervosa und ihre Relevanz für die Therapie. In: C. JACOBI & T. PAUL. Bulimia und Anorexia nervosa. Ursachen und Therapie. Berlin: Springer.

MEERMANN, R., VANDEREYCKEN, W. & NAPIERSKI, C. (1988). Experimental body image research in anorexia nervosa patient In B.J. BLINDER, F. CHAITIN & R. GOLDSTEIN (Hrsg.; 1988). The eating disorders (S. 177-194). PMA Publishing Corporation.

MEERMANN, R. & VANDEREYCKEN, W. (1987). Therapie der Magersucht und Bulimia nervosa – Ein klinischer Leitfaden für den Praktiker. Berlin, New York: de Gruyter.

MEERMANN, R., VANDEREYCKEN, W. & NAPIERSKI, C. (1986). Methodological problems of body research in anorexia nervosa patients. Acta belgica., 86, 42-51.

MEYER, J.-E. (1961). Konzentrative Entspannungsübungen nach Elsa Gindler und ihre Grundlagen. In: H. STOLZE (Hrsg.). Die Konzentrative Bewegungstherapie (S. 50-57). Berlin: Springer.

MEYER, J. E. & TUCHELT-GALLWITZ, A. (1968). A study on social image, body image and the problem of psychogenetic factors in obesity. Comprehensive Psychiatr., 9, 148-154.

MEYER, J.-E. (1974). Konzentrative Bewegungstherapie. In H. PETZOLD. Psychotherapie und Psychodynamik (S. 157-173). Paderborn: Junfermann.

MINUCHIN, S., ROSMAN, B. L. & BAKER, L. (1978). Psychosomatic families: Anorexia nervosa in context. Cambridge, MA: Harvard University Press. Deutsch: Die psychosomatischen Krankheiten der Familie (1981). Stuttgart: Klett-Cotta.

MITCHELL, J. E., HATSUKAMY, D., ECKERT, E. D. & PYLE, R. L., (1985). Characteristics of 275 patients with Bulimia. Americ. Journ. Psychiat., 124, 482-485.

MITCHELL, J. E., HATSUKAMY, D., GOFF, G., PYLE, R. L., ECKERT, E. D. & DAVIS, L. E. (1985). Intensive outpatient group-treatment for bulimia. In: D. M. GARNER, & P. E. GARFINKEL (Eds.; 1985). Handbook of psychotherapy with anorexia and bulimia (S. 240-256). New York: Guilford .

MITCHELL, J. E., PYLE, R. L. & FLETCHER, L. (1991). The topography of binge eating, vomiting and laxative abuse. International Journal of Eating Disorders, 10 (1), 43-48.

MURRAY, J. B. (1986). Psychological aspects of anorexia nervosa. Genetic, Social & Genetic Psychology Monographs, 112 (1), 5-40.

NICHTER, M., & VUCKOVIC, N. (1994). Fat talk: Body image among adolescent girls. In: N. SAULT (Ed.). Many mirrors: Body image and social relations (pp. 109-131). New Brunswick, NJ: Rutgers University Press.

NIEBEL, G. (1987). Psychopathologische Aspekte gestörten Eßverhaltens bei Frauen – Zur Bedeutung und Funktion des Körperbildes und seiner Determinanten. Psychother. Med. Psychol., 37, 317-323.

NOLES, W., CASH, T. F. & WINSTEAD, B. A. (1985). Body image, physical attractiveness, and depression. Journal of Consulting and Clinical Psychology, 53, 88-94.

NORRIS, D. L. (1984). The effect of mirror confrontation on self-estimation of body dimensions in anorexia nervosa, bulimia and two control groups. Psychological Medicine, 14, 835-842.

NYLANDER, I. (1971). The feeling of beeing fat and dieting in a school population. Acta Socio-Medica Scandinavica, 1, 17-26.

ORBACH, S. (1978). Fat is a feminist issue. London-New York: Paddington Press.

ORBACH, S. (1985). Visibility/invisibility: Social considerations in anorexia nervosa – a feminist perspective. In: S. W. EMMETT (Ed.). Theory and Treatment of Anorexia Nervosa and bulimia (S. 127-138). New York: Brunner/Mazel.

ORBACH, S. (1990). Hungerstreik. Düsseldorf: Econ.

OSSIP-KLEIN, D. J., DOYNE, E. J., BOWMAN, E. D., OSBORN, K. M., MC DOUGALL-WILSON, I. B. & NIEMEYER, R. A. (1989). Effects of running or weightlifting on self-concept in clinically depressed women. Journal of Consulting and Clinical Psychology, 57, 158-161.

OVERBECK, G. (1985). Psychosomatische Medizin. Zur psychosomatischen Krankheitsentstehung. In: Familien mit psychosomatischen Kindern. Göttingen: Vandenhoeck & Ruprecht.

PALMER, R. L. (1995). Sexual abuse and eating disorder. In: K. D. BROWNELL & C. G. FAIRBURN (Eds.): Eating disorders and obesity. A Comprehensive Handbook (pp. 230-233). New York: Guilford .

PAULUS, P. (1982). Zur Erfahrung des eigenen Körpers. Weinheim und Basel: Beltz.

PAULUS, P. & OTTE, R. (1979). Zur Erfassung der Zufriedenheit mit dem Aussehen des eigenen Körpers. Psychother. med. Psychol., 29, Stuttgart, 128-141.

PAXTON, J. (1996). Prevention implications of peer influences on body image dissatisfaction and disturbed eating in adolescent girls. Eating Disorders, 4 (4), 334-347.

PAXTON, J., SCHULTZ, H. K., WERTHEIM, E. H. & MUIR, S. L. (1996). Friendship clique and peer influences on body image attitudes, dietary restraint, extreme weight loss behaviors and binge eating in adolescent girls. Unpublished manuscript.

PETER-BOLAENDER, M. (1986). Förderung von Körperbewußtheit und Körperbewußtsein durch Tanzimprovisation. In: J. BIELEFELD. Körpererfahrung (S. 252-257). Göttingen: Verlag für Psychologie (Hogrefe).

PETZOLD, H. (1988). Integrative Bewegungs- und Leibtherapie – Ein ganzheitlicher Weg leibbezogener Psychotherapie, Bd. I/1. Paderborn: Junfermann.

PICK, A. (1908). Über Störungen der Orientierung am eigenen Körper. In: A. PICK. Arbeiten aus der deutschen Universitätsklinik in Prag (S. 1-19). Berlin: Karger.

PINHAS, L., TONER, B. B., ALI A., GARFINKEL, P. E. & STUCKLESS, N. (1998). The effects of the ideal female beauty on mood and body satisfaction. International Journal of Eating Disorders, 25, 223-226.

PIRAN, N. P., KAPLAN, A., KERR, A., SHEKTER-WOLFSON, L., WINOCUR, S., GOLD, E. & GARFINKEL, P. E. (1989 a). A day hospital program for anorexia nervosa and bulimia. International Journal of Eating Disorders, 8 (5), 511-521.

PIRAN, N. P., LANGDON, L., KAPLAN, A. & GARFINKEL, P. E. (1989 b). Evaluation of a day hospital program for eating disorders. International Journal of Eating Disorders, 23, 8 (5), 523-532.

PROBST, M., VANDEREYCKEN, W., VAN COPPENOLLE, H., LEUVEN-BELGIEN, R. & MEERMANN, R. (1990). Zur Evaluation der Körperbild-Wahrnehmung bei Patienten mit Anorexia Nervosa. Psychiatr. Praxis, 17, 115-120.

PROBST, M., VAN COPPENOLLE, H., VANDEREYCKEN, W. & GORIS, M. (1992). Body image assessment in anorexia nervosa patients and university students by means of video distortion: a reliability study. Journal of Psychometric Research, 36, 89-97.

PROBST, M., VANDEREYCKEN, W., VAN COPPENOLLE, H. & VANDERLINDEN, J. (1995). The Body Attitude Test for patients with an eating disorder: Psychometric Characteristics of a new Questionnaire Eating Disorders, 3 (2), 133-164.

RAICH, R. M., SOLER, A. & MORA, M. (1995). A cognitive-behavioral: approach to the treatment of body image disorder: a pilot study. Eating Disorders, 3 (2), 175-182.

RATNASURIYA, R. H., EISLER, I., SZMUKLER, G. I. & RUSSELL, G. F. M. (1991). Anorexia nervosa: outcome and prognostic factors after 20 years. British Journal of Psychiatry, 158, 495-502.

RATHNER, G. (1996). Soziokulturelle Faktoren für die Entstehung von Eßstörungen. Psycho, 22 (3), 179-287.

REED, D., THOMPSON, J. K., BRANNICK, M. & SACCO, W. (1991). Development and Validation of the Physical Appearance and Trait Anxiety Scale. Journal of Anxiety Disorders, 5, 323-332.

REITMANN, E. E. & CLEVELAND, S. E. (1964). Changes in body image following sensory deprivation in schizophrenic and control groups. Journal of Abnormal and Social Psychology, 68, 168-176.

RITTNER, V. & MRAZEK, J. (1986). Neues Glück aus dem Körper. Psychologie Heute, 13 (11), 54-63.

RODIN, J. (1993 a). Die Körper-Falle. Psychology Today, 20 (7), 20-23.

RODIN, J. (1993 b). Der Attraktivitäts-Terror. Die Zurichtung weiblicher und männlicher Körper. Psychologie Heute, 23-25.

RORTY, M., YAGER, J. & ROSSOTTO, E. (1993). Why and how do women recover from bulimia nervosa? The subjective appraisal of forty women recovered a year or more. International Journal of Eating Disorders, 14, 249-260.

ROSEN, J. C. (1990). Body-image disturbance in eating disorder. In: CASH, T. F. & PRUZINSKY, T. (Eds.). Body Image Development, Deviance and Change (S. 190-214). New York, London: Guilford.

ROSEN, J. C. (1992). Body-image disorder: Definition, development, and contribution to eating disorders. In: J. H. CROWTHER, D. L. TENNENMAUM, E. HOBFOLL & M. A. P. STEPHENS (Eds.). The etiology of bulimia: The individual and familial context (S. 157-177). Washington, D. C.: Hemisphere.

ROSEN, J. C. (1996). Body image assessment and treatment in controlled studies of eating disorders. International Journal of Eating Disorders, 20 (4), 331-343.

ROSEN, J C. & GROSS, J. H. (1987). Prevalence of weight reducing and weight gaining in adolescent girls and boys. Health Psychology, 6, 131-147.

ROSEN, J. C., CADO, S., SILBERG, N.T., SREBNIK, D. & WENDT, S. (1990). Cognitive behavior therapy with and without size perception training for women with body image disturbance. Behavior Therapy, 21, 481-498.

ROSEN, J. C., REITER, J. & OROSAN, P. (1995). Cognitive-behavioral body image therapy for body dysmorphic disorder. Journal of Consulting and Clinical Psychology, 63 (2), 263-269.

ROSEN, J. C., OROSAN-WEINE, S. & TANG, P. (1997). Critical experiences in the development of body image. Eating Disorders, 5 (3), 191-204.

ROSEN, J. C., SALTZBERG, E. & SREBNIK, D. (1989). Cognitive behavior therapy for negative body image. Behavior Therapy, 20, 393-404.

ROSEN, J. C., SALTZBERG, E. & SREBNIK, D. (1990). Development of a body image behavior questionnaire. Unpublished manuscript.

ROSENBERG, M. (1965). Society and the adolescent self-image. Princeton, New York.

ROTHBLUM, E. D. (1992). The stigma of womens` weight: Social and economic realities. Feminism and Psychology, 2 (1), 61-73.

SAYERS, J. (1988). Anorexia, psychoanalysis and feminism: Fantasy and reality. Journal of Adolescence, 11 (4), 361-371.

SCHILDER, P. (1923). Das Körperschema – Ein Beitrag zur Lehre vom Bewußtsein des eigenen Körpers. Berlin: Springer.

SCHILDER, P. (1935). The image and appearance of the human body. New York: International Universities Press.

SCHÖNFELDER, T. (1982). Die therapeutischen Möglichkeiten der Konzentrativen Bewegungstherapie. In: H. STOLZE. Die Konzentrative Bewegungstherapie (S. 3-9). Berlin: Springer.

SCHULMAN, R. G., KINDER, B. N., POWERS, P., PRANGE, M. & GLEGHORN, A. A. (1986). The development of a scale to measure cognitive distortions in bulimia. Journal of Personality Assessment, 50, 630-639.

SCHWARTZ, D. J., PHARES, V., TANTLEFF-DUNN, S. & THOMPSON, J. K. (1999). Body image, psychological functioning, and parental feedback regarding physical appearance. International Journal of Eating Disorders, 8 (Dezember), 339-343.

SECORD, P. F. & JOURARD, M. (1953). The appraisal of body-cathexis: Body-cathexis and the self. Journal of Consulting Psychology, 17, 343-347.

SELG, H., KLAPPROTT, J. & KAMENZ, R. (1992). Forschungsmethoden der Psychologie. Stuttgart: Kohlhammer.

SELIGMANN, J., ROGERS, P. & ANNIN, P. (1994, May 2). The pressure to lose. Newsweek, 60-61.

SELIGMANN, J., JOSEPH, N., DONOVAN, J. & GOSNELL, M. (1987, July). The littlest dieters. Newsweek, 48.

SELVINI-PALAZZOLI, M. (1982). Magersucht. Stuttgart: Klett-Cotta.

SENF, W. (1988). Was hilft in der Psychotherapie? Sicht der Therapeuten – Rückblick der Patienten. Prax. Psychother. Psychosom. (1988), 33 (6), 281-291.

SHARP, C. W. & FREEMAN, C. P. L. (1993). The medical complications of anorexia nervosa. British Journal of Psychiatry, 162, 452-462.

SHARPE, T. M., KILLEN, J. D., BRYSON, W., SHISSLAK, C. M., ESTES, L. S., GRAY, N. CRAGO, M. & TAYLOR, C. B. (1998). Attachment style and weight concerns in preadolescent and adolescent girls. International Journal of Eating Disorders, 23, 39-44.

SHAW, R. & FICHTER, M. M. (1996). Therapie von Eßstörungen. Psycho, 22 (3), 198-210.

SHONTZ, F. C. (1969). Psychological and cognitive aspects of body experience. New York, Academic Press.

SHONTZ, F. C. (1974). Body image and ist disorders. International Journal of Psychiatrie in Medicine, 5 (4), 461-472.

SHONTZ, F. C. (1990). Body image and physical disability. In: T. F. CASH & T. PRUZINSKY (Hrsg.). Body images: development, deviance and change (S. 149-169). New York: Guilford-Press.

SILVERSTEIN, B., PERDUE, L., PETERSON, B., VOGEL, L. & FANTANI, D. A. (1986). Possible causes of the thin standard of bodily attractiveness for women. International Journal of Eating Disorders, 5, 907-916.

SKRINAR, G., BULLEN, B. A., CHEEK, J. M., MAC ARTHUR, J. W. & VAUGHAN, L. K. (1986). Effects of endurance training of body-consciousness in women. Perceptual and Motor Skills, 62, 483-490.

SLADE, P. D. (1977). Awareness of body dimensions during pregnancy: An analogue study. Psychological Medicine, 7, 245-252.

SLADE, P. D. (1985). A review of body-image studies in anorexia nervosa and bulimia nervosa. Journal. Psychiatr. Res., Oxford, 255-265.

SLADE, P. D. (1988). Body image in anorexia nervosa. British Journal of Psychiatrie, 153, (suppl. 2), 20-22.

SLADE, P. D. & RUSSELL, G. F. M. (1973). Awareness of body dimensions in anorexia nervosa: cross-sectional and longitudinal studies. Psychological Medicine, 3, 188-199 .

SMEAD, V. S. (1983). Anorexia nervosa, buliminarexia and bulimia: Labelled pathology and the Western female. Women & Therapy: A feminist Quaterly, 2 (1), 19-35.

SMEETS, M. & PANHUYSEN, G. (1995). What can be learned from body size estimation? It all depends on your theory. Eating Disorders, 3 (2), 101-114.

SMITH, J. E., WALDORF, A. & TREMBATH, D. L. (1990). Single white male looking for thin, very attractive... Sex Roles, 23 (11), 675-685.

SOLOMON, M. R. (Ed.), (1985). The psychology of fashion. Lexington, MA: Lexington Books.

SPRINGER, E. A., WINZELBERG, A. J., PERKINS, R. & TAYLOR, C. B. (1999). Effects of a body curriculum for college students on improved body image. International Journal of Eating Disorders, 26, 13-20.

STAEMMLER, F.-M. (1991). Körperorientierte Psychotherapie. In: C. KRAIKER & B. PETER (Hrsg.). Psychotherapieführer (3. Aufl.). München: Beck.

STEINEM, G. (1993). Der Körper in unserer Vorstellung. Psychologie Heute, 26-29.

STEINER, H. SMITH, C., ROSENKRANZ, R. T. & LITT, S. (1991). The early care and feeding of anorexics. Child Psychiat. Human. Dev., 21 (3), 163-167.

STEINHAUSEN, H.-CH. (1985). Das Körperbild bei jungen Mädchen und Frauen im Vergleich zu anorektischen Patientinnen: Prüfung eines Meßinstruments. Nervenarzt, 56, 270-274.

STEINHAUSEN, H.-CH. (1990). The assessment of body-image distortion using a Semantic Differential: a methodological study. In: H. REMSCHMIDT & M. H. SCHMIDT. Anorexia Nervosa (S. 95-102). Toronto, Ontario: Hogrefe and Huber Publishers.

STOLZE, H. (1960). Zur Bedeutung des Leib-Inbilds für die psychotherapeutische Behandlungsmethodik und die Neurosenlehre. In: H. STOLZE, Die Konzentrative Bewegungstherapie (S. 39-42). Berlin: Springer.

STOLZE, H. (1958). Psychotherapeutische Aspekte einer Konzentrativen Bewegungstherapie. In: H. STOLZE. Die Konzentrative Bewegungstherapie (S. 15-27). Berlin: Springer.

STOLZE, H.(1959). Zur Bedeutung von Erspüren und Bewegen für die Psychotherapie. In: H. STOLZE. Die Konzentrative Bewegungstherapie (S. 28-38). Berlin: Springer.

STOLZE, H. (1977). Konzentrative Bewegungstherapie. In: EICKE (Hrsg.). Die Psychologie des 20. Jahrhunderts., Bd. 3, 1267. Zürich, München.

STOLZE, H. (1981). Geleitwort. In: H. BECKER. Konzentrative Bewegungstherapie (KBT). Stuttgart: Thieme.

STOLZE, H. (1989). Die Konzentrative Bewegungstherapie – Grundlagen und Erfahrungen. (2. Aufl.). Berlin: Springer.

STORMER, M. & THOMPSON, J. K. (1996). Explanations of Body Image Disturbance: a test of maturational status, negative verbal commentary, social comparison, and sociocultural hypotheses. International Journal of Eating Disorders, 19 (2), 193-202.

STRAUSS, B. & APPELT, H.(1983). Ein Fragebogen zur Beurteilung des eigenen Körpers. Diagnostica, 24, 145-164.

STRAUSS, B. & APPELT, H. (1995). Erfahrungen mit einem Fragebogen zum Körpererleben. In: E. BRÄHLER (Hrsg.). Körpererleben. Ein subjektiver Ausdruck von Körper und Seele. Gießen: Psychosozial-Verlag.

STRIEGEL-MOORE, R. H., MC AVAY, G. & RODIN, J. (1986). Psychological and behavioral correlates of feeling fat in women. International Journal of Eating Disorders, 5, 935-947.

STRIEGEL-MOORE, R. H., SILBERSTEIN, L. R. & RODIN, J. (1993). The social self in bulimia nervosa: Public self-consciousness, social anxiety, and perceived fraudulence. Journal of Abnormal Psychology, 102, (2) 297-303.

STROBER, M. (1995). Familiy-genetic perspectives on anorexia and bulimia nervosa. In: K. D. BROWNELL& C. G. FAIRBURN (Eds.): Eating disorders and obesity. A Comprehensive Handbook (S. 212-218). New York: Guilford.

TAYLOR, M. J. & COOPER, P. J. (1986). Body size overestimation and depressed mood. British Journal of Clinical Psychology, 25, 153-154.

TCE (Forschungsgruppe des Therapiezentrums für Eßstörungen am Max-Planck-Institut für Psychiatrie in München unter der Leitung von M. Gerlinghoff, 1999). Studie zur Verbreitung eßgestörten Verhaltens bei Kindern und Jugendlichen im Rahmen eines Präventionsprojektes. In: FOCUS, 37, 1999.

TEEGEN, F. & CERNEY-SEELER, B. (1999). Sexuelle Kindesmißhandlung und die Entwicklung von Eßstörungen. Zeitschrift für Klinische Psychologie, Psychiatrie und Psychotherapie, 46. Paderborn: Ferdinand Schöningh.

THIEL, A. & PAUL, T. (1988). Entwicklung einer deutschsprachigen Version des Eating-Disorder-Inventory (EDI). Zeitschrift für Differentielle und Diagnostische Psychologie, 9 (4), 267-278.

THOMPSON, J. K. (1990). Body image disturbance: assessment and treatment. Pergamon Press, Member of Maxwell Macmillan Pergamon Publishing Corporation.

THOMPSON, J. K. (1992). Body image: extent of disturbance, associated features, theoretical models, intervention strategies, and a proposal for a new DSM-IV diagnostic category–Body image disorder. In: M. HERSEN, R. M. EISELER & P. M. MILLER (Hrsg.). Progress in behavior modification (S. 3-54). Sycamore, IL; Sycamore Publishing Company.

THOMPSON, H., CORWIN, J. & SARGENT, R. G. (1996). Ideal body size beliefs and weight concerns of fourth-grade children. International Journal of Eating Disorders, 21, 279-284.

THOMPSON, J. K. & HEINBERG, L. (1993). Preliminary test of two hypotheses of body image disturbance. International Journal of Eating Disorders, 14 (1), 9-63.

THOMPSON, J. K. HEINBERG, L. & TANTLEFF, S. (1991). The physical appearance comparison scale. The Behavior Therapist, 14, 174.

THOMPSON, J. K., PENNER, L. A. & ALTABE, M. N. (1990). Procedures, problems and progress in the assessment of body image. In CASH, T. F. & PRUZINSKY, T. (Eds.). Body images: development, deviance and change (S. 21-79). New York: Guilford.

THOMPSON, J. K. & THOMPSON, C. M. (1986). Body size distortion and self-esteem in asymptomatic, normal weight males and females. International Journal of Eating Disorders, 5 (6), 1061-1068.

TIGGEMANN, M. & PICKERING, A. (1996). Role of television in adolescent women`s body dissatisfaction and drive for thinness. International Journal of Eating Disorders, 20, (2), 199-203.

TOBIN, D. L. & JOHNSON, C. L. (1991). The integration of psychodynamic and behavior therapy in the treatment of eating disorders: Clinical issue versus theoretical mystique. In: C. L. JOHNSON (Ed.) Psychodynamic treatment of anorexia nervosa and bulimia. New York: Guilford.

TOUYZ, W., BEAUMONT, P. J., COLLINS, J. K. & COWIE, I. (1985). Body shape perception in bulimia and anorexia nervosa. International Journal of Eating Disorders, 4, 259-265.

TOUYZ, W., BEAUMONT, P. J., COLLINS, J. K., MC CABE, M. & JUPP, J. (1984). Body shape perception and its disturbance in anorexia nervosa. British Journal of Psychiatry, 144, 167-171.

TRAUB, A. C. & ORBACH, J. (1964). Psychophysical studies of body image. The adjustable body distortion mirror. Arch. Gen. Psychiatr., 11, 53-66.

TRESS, W. (1986). Die positive frühkindliche Bezugsperson. Der Schutz vor psychogenen Erkrankungen. Psychother. med. Psychol., 36, 51-57.

TUCKER, L. A. (1987). Effect of weight training in body attitudes: who benefits most? Journal of Sports Medicine, 27, 70-77.

TUSCHEN, B, FLORIN, I. & SCHRÖDER, G. (1993). Beeinflußt die Stimmung die Figurwahrnehmung? Zeitschrift für Klinische Psychologie Band XXII, Heft 3, 322-331.

VAN COPPENOLLE, H., PROBST, M., VANDEREYCKEN, W., GORIS, M. & MEERMANN, R. (1990). Construction of a questionnaire on the body experience of anorexia nervosa. In: H. REMSCHMIDT & H. SCHMIDT (Ed.) Anorexia Nervosa (S. 103-113). Toronto: Hogrefe und Huber.

VANDEREYCKEN, W. (1985). Inpatient treatment of anorexia nervosa: Some research-guided changes. Journal of Psychiatric Research, 19, 413-422.

VANDEREYCKEN, W. (1986). Anorexia nervosa and visual impairment. Compr. Psychiatry, 27, 545.

VANDEREYCKEN, W. (1989). Körperschemastörungen und ihre Relevanz für die Behandlung der Bulimie. In: W.W. FICHTER. Bulimia nervosa (S. 275-283). Stuttgart: Enke.

VANDEREYCKEN, W. & PIERLOOT, R. (1980). Criteria for research in anorexia nervosa. Proceedings of the 13th. European conference on psychosomatic research. Istanbul, 1980.

VANDEREYCKEN, W. & PIERLOOT, R. (1981). Ein dimensionales Modell für Eß- und Gewichtsstörungen. In: R. MEERMANN (Hrsg.). Anorexia nervosa. Ursachen und Behandlung (S. 69-73). Stuttgart: Enke.

VANDEREYCKEN, W. & MEERMANN, R. (1984). Anorexia nervosa: A clinical's guide to treatment. Berlin, New York: Walter de Gruyter.

VANDEREYCKEN, W., DEPREITERE, L. & PROBST, M. (1987). Body oriented therapy for Anorexia nervosa patients. American Journal of Psychotherapy, 61, 252-258.

VANDEREYCKEN, W. & VANDERLINDEN, J. (1983). Denial of illness and the use of selfreporting measures in anorexia nervosa patients. International Journal of Eating Disorders, 2 (4), 101-107.

WAKELING, A. (1996). Epidemiology of Anorexia Nervosa. Psychiatriy Res., 62, 3-9.

WARDETZKI, B. (1991). Weiblicher Narzißmus. Der Hunger nach Anerkennung. München: Kösel.

WEISS, D. S. (1991). The Great Divide. New York: Poseidon Press/Simon & Schuster.

WEISS, L., KATZMAN, M. & WOLCHIK, S. (1985). Treating bulimia: a psychoeducational approach. New York: Pergamon.

WELTGESUNDHEITSORGANISATION: Internationale Klassifikation psychischer Störungen (ICD-10). Kapitel V (F). Übers. und Hrsg. von H. Dilling (1995). Bern, Göttingen, Toronto, Seattle: Huber, 199-205.

WHITEHOUSE, A. M., FREEMAN, C. L. & ANNADALE, A. (1986). Body size estimation in Bulimia. British Journal of Psychiatry, 149, 98-103.

WIEDEMANN, P. E. (1995). Konzepte, Daten und Methoden zur Analyse des Körpererlebens. In: E. BRÄHLER (Hrsg.). Körpererleben. Ein subjektiver Ausdruck von Körper und Seele. Gießen: Psychosozial-Verlag.

WIEDERMAN, M. W. & PRYOR, T. (1997). Body dissatisfaction and sexuality among women with bulimia nervosa. International Journal of Eating Disorders, 21, 361-365.

WILLIAMSON, D. A., KELLEY, M. L., DAVIS, C. J., RUGGIERO, L. & BLOUIN, D. C. (1985). Psychopathology of eating disorders: a controlled comparison of bulimic, obese and normal subjects. Journal of Consulting and Clinical Psychopgy, 53 (2), 161-166.

WILLKE, E. (1991). Einführung: Tanztherapie – Grundzüge und Entwicklung therapeutischer Praxis und Theorie. In: E. WILLKE, H. PETZOLD & G. HÖLTER (Hrsg.). Tanztherapie – Theorie und Praxis (S. 13-47). Paderborn: Junfermann.

WINSTEAD, B. A. & CASH, T. F. (1984). Reliability and validity of the Body Self Relations Questionnaire. Vortrag auf dem Southeastern Psychological Association, New Orleans.

WITKIN, H. A. (1962). Psychological differentation. New York: Wiley.

WIRSCHLING, M. & STIERLIN, H. (1983). Psychosomatische Familien-Dynamik und Therapie. Psyche, 37, 596-623.

WOOLEY, C. & WOOLEY, W. (1985). Intensive outpatient and residental treatment for bulimia. In: D. M. GARNER & P. E. GARFINKEL (Eds.). Handbook of psychotherapy for anorexia nervosa and bulimia (S. 391-430) New York: Guilford.